河北省教育厅人文社会科学研究重大课题攻关项目“习近平新时代意识形态建设思想整体性研究”（ZD201819）的最终成果。

|博士生导师学术文库|

A Library of Academics by Ph.D.Supervisors

意识形态建设理论整体性研究

申文杰 著

光明日报出版社

图书在版编目（CIP）数据

意识形态建设理论整体性研究 / 申文杰著. -- 北京：光明日报出版社，2022.4

ISBN 978-7-5194-6441-7

Ⅰ.①意… Ⅱ.①申… Ⅲ.①中国特色社会主义—社会意识形态—建设—研究 Ⅳ.①D616

中国版本图书馆 CIP 数据核字（2021）第 278676 号

意识形态建设理论整体性研究

YISHI XINGTAI JIANSHE LILUN ZHENGTI XING YANJIU

著　　者：申文杰

责任编辑：杨　茹　　　　责任校对：崔瑞雪

封面设计：一站出版网　　　　责任印制：曹　诤

出版发行：光明日报出版社

地　　址：北京市西城区永安路 106 号，100050

电　　话：010-63169890（咨询），010-63131930（邮购）

传　　真：010-63131930

网　　址：http://book.gmw.cn

E - mail：gmrbcbs@gmw.cn

法律顾问：北京市兰台律师事务所龚柳方律师

印　　刷：三河市华东印刷有限公司

装　　订：三河市华东印刷有限公司

本书如有破损、缺页、装订错误，请与本社联系调换，电话：010-63131930

开　　本：170mm×240mm

字　　数：305 千字　　　　印　　张：17

版　　次：2022 年 4 月第 1 版　　　　印　　次：2022 年 4 月第 1 次印刷

书　　号：ISBN 978-7-5194-6441-7

定　　价：95.00 元

序

中国共产党高度重视意识形态工作，习近平总书记明确提出“意识形态工作是党的一项极端重要的工作”的新论断，他还强调：做好意识形态工作，事关党的前途命运，事关国家长治久安，事关民族凝聚力和向心力。党的十八大以来，中国共产党为促进和加强意识形态建设多次召开会议或座谈会研究这一问题，如2013年8月19日召开全国宣传思想工作座谈会，2014年10月15日召开文艺工作座谈会，2016年2月19日召开的新闻舆论工作座谈会，2016年4月19日召开网络安全和信息化工作座谈会，2016年5月17日召开哲学社会科学工作座谈会，2016年12月8日召开的全国高校思想政治工作会议，2018年5月4日召开纪念马克思200周年诞辰大会，2018年8月22日召开全国宣传思想工作会议，2018年9月10日召开全国教育大会，2019年3月18日召开学校思想政治理论课教师座谈会……在这些会议或座谈会上，习近平总书记就做好意识形态工作发表一系列重要讲话。同时，习近平总书记在论述其他方面的工作时，也从不同角度论述了意识形态问题。习近平总书记关于意识形态建设的一系列重要论述，不仅内容深刻、思想深邃，而且对意识形态建设的重要论述已经系统化、理论化。我党的理论创新成果每发展一步，就要求理论宣传和研究跟进一步。因此，全面系统地从理论上研究党的十八大以来中国共产党特别是习近平总书记关于意识形态建设的重要论述，是理论研究工作者的一项重要职责。申文杰教授的《意识形态建设理论整体性研究》这部专著正是适应了这一要求，该专著论述了新时代中国共产党意识形态建设理论的思想基础和时代境遇，多角度概述了新时代中国共产党关于意识形态建设重要性的相关理论观点，多层次分析了新时代中国共产党关于意识形态建设重要性的基本观点，多方面归纳凝练了新时代中国共产党关于意识形态建设的主要内容，多视角探究了新时代中国共产党关于意识形态建设的基本途径，该著作的特点有三个方面。

第一，坚持学理性与政治性相统一。新时代中国共产党关于意识形态建设的一系列重要理论，不只是一些具体化的观点，而是已经成为一种系统化的理论，必须站在理论的高度来体悟、把握新时代中国共产党特别是习近平总书记关于意识形态建设的一系列重要论述，基于这种研究定位，该专著特别注重对习近平总书记关于意识形态建设一系列重要论述进行理论层面的研究，通过这些分析研究，有助于从理论上自觉把握新时代中国共产党关于意识形态建设的重要理论。该著作注重理论研究的同时，更加注重坚持正确的政治立场和政治方向，深刻把握新时代中国共产党意识形态建设理论的政治指导意义，自觉做到用新时代中国共产党意识形态建设理论指导我国政治建设实践，提高政治判断力、政治领悟力、政治参与力，坚持马克思主义在我国意识形态领域的指导地位，巩固全党全国人民团结奋斗的共同思想基础。

第二，坚持宏观分析与具体领域的分析相统一。该著作一方面，从宏观上分析了新时代中国共产党意识形态建设理论的来源、产生背景、主要内容、建设途径等；另一方面，对这些问题进行了具体化的阐述。如在论述中国共产党意识形态建设理论的历史发展过程问题时，作者具体分析了马克思、恩格斯的意识形态理论，毛泽东的意识形态理论，邓小平的意识形态理论，江泽民的意识形态理论，胡锦涛的意识形态理论等。在意识形态建设内容方面，该书归纳了新时代中国共产党特别是习近平总书记有关社会主义核心价值观、指导思想、新闻舆论、道德建设、理想信念、政治文化、革命精神等方面的内容，这就把新时代中国共产党关于意识形态建设的内容具体到各个领域进行分析，进而对新时代中国共产党意识形态建设理论的学习、研究更加具有针对性。通过对新时代中国共产党意识形态建设理论从宏观和具体领域的分析，既有助于从总体上把握新时代中国共产党意识形态建设理论，又有助于深入学习和研究各个领域的意识形态问题。

第三，坚持历史与现实相统一。新时代中国共产党意识形态建设理论有深厚的理论渊源，马克思主义经典作家对意识形态问题进行了多方面的论述，我党历史上非常重视意识形态建设，历代领导人在意识形态建设方面提出了丰富的理论。该著作在研究新时代中国共产党意识形态建设理论时，对这些历史资源进行了很大程度的提炼和整理，较好地把握了新时代中国共产党意识形态建设理论的历史逻辑性。同时，该著作非常重视新时代中国共产党意识形态建设理论的现实性，该书立足我国现实情况，分析了新时代中国共产党意识形态建设理论提出的时代境遇，探究了新时代中国共产党关于意识形态建设的多方面实现途径，特别重视新时代中国共产党意识形态建设理论的现实指导意义，所有这些分析都使该著作充满浓厚的现实感。

总之，《意识形态建设理论整体性研究》注重研究的政治性、理论性、系统性、现实性，是研究新时代中国共产党意识形态建设理论方面的一部力作，值得党政干部、理论研究工作者、舆论宣传工作者一读。

王　莹

2020 年 12 月 28 日

目 录
CONTENTS

引　言

中国共产党非常重视意识形态工作。习近平总书记明确提出了“意识形态工作是党的一项极端重要的工作”的新论断，把意识形态建设提到了前所未有的高度。中国特色社会主义进入新时代，我国意识形态建设取得了显著成效，在思想道德、宣传舆论、文化发展、理想信念、网络阵地、思想政治工作等方面的建设成效尤为突出。随着我国意识形态建设全方位深入推进，新时代中国共产党对我国意识形态建设的重要性、内容、存在的问题、具体功能、途径方式等，提出了多方面理论观点。新时代中国共产党关于意识形态建设方面的理论，是党的创新理论的重要组成部分。新时代中国共产党关于意识形态建设理论具有相对独立的理论体系，对新时代中国共产党关于意识形态建设理论进行系统、深入的研究，有重要的理论价值、政治价值、实践价值。

一、研究背景及研究意义

（一）研究背景

党的十八大以来，是党和国家发展进程中极不平凡的发展时期，我国改革开放和社会主义现代化建设取得了历史性成就。我国经济保持中高速增长，在世界主要国家中名列前茅，国内生产总值突破100万亿元，稳居世界第二位，对世界经济增长贡献率超过30%。数字经济等新兴产业蓬勃发展，高铁、公路、桥梁、港口、机场等基础设施建设快速推进。创新型国家建设成果丰硕，天宫、蛟龙、天眼、悟空、墨子、大飞机等重大科技成果相继问世。随着我国经济实力的增强，我国的国际影响力、感召力、塑造力进一步提高，在国际事务中的话语权也不断增强。党的十八大以来，党的建设成效卓著，中央出台八项规定，严厉整治形式主义、官僚主义、享乐主义和奢靡之风，坚决反对特权，坚定不移“打虎”“拍蝇”“猎狐”，不敢腐的目标初步实现，不能腐的笼子越扎越牢，不想腐的堤坝正在构筑，反腐败斗争压倒性态势已经形成并巩固发展，广大人民群众对党的反腐败斗争取得的成就高度赞赏，极大地增强了新时代党执政的群众基础。

党的十八大以来，文化事业和文化产业蓬勃发展，互联网建设管理运用不断完善。主旋律更加响亮，正能量更加强劲，文化自信得到彰显，国家文化软实力和中华文化影响力大幅度提升。我国思想文化建设取得重大进展，党的理论创新全面推进，马克思主义在意识形态领域的指导地位更加鲜明，中国特色社会主义和中国梦深入人心，社会主义核心价值观和中华优秀传统文化广泛弘扬。我国意识形态领域主流是积极健康向上的，广大人民群众对党和国家的方针政策高度支持，对以习近平同志为核心的党中央坚决拥护和充分信赖，广大党员的政治意识、大局意识、核心意识、看齐意识不断增强，社会主义道路自信、理论自信、制度自信、文化自信更加坚定，错误思潮在我国思想文化领域肆意泛滥的势头得到有效遏制。

党的十八大以来，我党进一步加强对意识形态工作的领导，召开了一系列直接相关的会议、座谈会等，提出了多方面意识形态建设的新思想、新观点、新举措。其中主要有：2013 年 8 月 19 日召开的全国宣传思想工作座谈会，2014 年 10 月 15 日召开的文艺工作座谈会，2016 年 2 月 19 日召开的新闻舆论工作座谈会，2016 年 4 月 19 日召开的网络安全和信息化工作座谈会，2016 年 5 月 17 日召开的哲学社会科学工作座谈会，2016 年 12 月 8 日召开的全国高校思想政治工作会议，2018 年 5 月 4 日召开的纪念马克思 200 周年诞辰大会，2018 年 8 月 22 日召开的全国宣传思想工作会议，2018 年 9 月 10 日召开的全国教育大会，2019 年 3 月 18 日召开的学校思想政治理论课教师座谈会等。在这些重要会议、座谈会上，习近平总书记发表了重要讲话，这些重要讲话集中体现了新时代中国共产党意识形态建设理论的基本观点，成为新时代我国意识形态建设的纲领性文件。新时代中国共产党关于建设的理论观点极大地丰富了马克思主义意识形态理论。

在认识到我国意识形态工作取得显著成效的同时，也要清醒地认识到，我国意识形态工作还存在一些问题，意识形态领域还面临一些挑战。世界范围内各种思想文化交流交融交锋更加频繁，国际思想文化领域的斗争深刻而复杂，西方国家把我国的发展壮大视为对其价值观和制度模式的挑战，加紧对我国进行思想文化渗透，我国在意识形态领域面临的斗争和较量是长期的、复杂的。国内一些错误观点时有出现，有的宣扬西方价值观，有的专拿党史国史说事，有的以“反思改革”为名否定改革开放，有的否定四项基本原则。在我国社会深刻变革和对外开放不断扩大的条件下，各种社会矛盾和问题相互叠加、集中呈现，人们思想活动的独立性、选择性、多变性、差异性明显增强，思想道德领域出现了一些不容忽视的现象，一些人理想信念不坚定，一些腐朽落后思想文化沉渣泛起，拜金主义、享乐主义、极端个人主义有所滋长，等等。中国特色社会主义进入新时代，国内外形势正在发生深刻复杂变化，我国发展仍处于战略机遇期，前景十分光明，也面临严峻挑战，在这种现实背景下，全面系统地研究新时代中国共产党意识形态建设理论具有重要的现实意义。

（二）研究意义

1. 理论意义

第一，有助于丰富发展马克思主义意识形态理论。马克思、恩格斯提出了丰富的意识形态理论，他们把意识形态看作对客观现实的反映，是人类社会的观念上层建筑，是反映一定阶级利益的思想体系。列宁进一步发展了马克思、恩格斯的意识形态理论，明确把意识形态划分为科学的意识形态和非科学的意识形态，并提出要把科学的意识形态灌输到工人运动中去，用科学的意识形态武装工人阶级。毛泽东从中国的现实出发，初步提出了中国共产党的意识形态理论，对意识形态问题进行了多方面的阐述，特别重视意识形态的重要作用，毛泽东指出："除了生产关系和生产力发展的这种又相适应又相矛盾的情况以外，还有上层建筑和经济基础的又相适应又相矛盾的情况。人民民主专政的国家制度和法律，以马克思列宁主义为指导的社会主义意识形态，这些上层建筑对于我国社会主义改造的胜利和社会主义劳动组织的建立起了积极的推动作用。"① 毛泽东还指出："至于新文化，则是在观念形态上反映新政治和新经济的东西，是替新政治新经济服务的。"② 改革开放以来，邓小平、江泽民、胡锦涛等都非常重视意识形态问题，在意识形态建设方面提出了一系列新观点、新措施，如邓小平提出在我国政治生活中要坚持四项基本原则问题，培育有理想、有道德、有文化、有纪律的"四有新人"，特别强调理想、纪律的重要性等。江泽民提出："加强和改进思想政治工作，最根本的是坚持和巩固马克思主义在我国意识形态领域的指导地位。"③ 他进一步指出："任何一个国家的统治阶级，为了巩固其政治统治，都要竭力维护和发展其占统治地位的意识形态。"④ 胡锦涛明确指出，经济搞不好要出大问题，意识形态工作搞不好也要出大问题，并提出了掌握意识形态领导权问题。党的十八大以来，中国特色社会主义进入新

---

① 毛泽东．毛泽东文集：第7卷［M］．北京：人民出版社，1999：215.

② 毛泽东．毛泽东选集：第2卷［M］．北京：人民出版社，1991：695.

③ 江泽民．江泽民文选：第3卷［M］．北京：人民出版社，2006：86.

④ 江泽民．江泽民文选：第3卷［M］．北京：人民出版社，2006：86.

时代，中国共产党更加重视意识形态建设，在这方面提出了一系列新思想、新观点。新时代中国共产党关于意识形态建设理论，是对马克思主义意识形态理论的新发展，深入研究新时代中国共产党意识形态建设理论，有助于为马克思主义意识形态增添新内容，在新的历史条件下丰富发展马克思主义意识形态理论。

第二，有助于系统理解和把握习近平总书记关于意识形态建设方面的重要论述。党的十八大以来，习近平总书记高度重视意识形态建设，明确提出“经济建设是党的中心工作，意识形态工作是党的一项极端重要的工作”① 的新论断。习近平总书记对意识形态建设的论述内涵丰富、思想深邃，这些论述是在不同情况下，针对不同问题提出的，有的是从舆论宣传方面论述的，有的是从哲学社科科学方面阐述的，有的是从网络意识形态工作方面提出的，有的是从思想政治理论课建设方面阐发的，有的是从文艺工作方面强调的，有的是从思想政治工作方面论述的……要全面系统地理解和掌握新时代中国共产党意识形态建设理论，就需要对习近平总书记关于意识形态建设的一系列重要论述认真梳理、搜集详实的资料，进行全面系统的研究。习近平总书记关于意识形态建设的重要论述，已不只是一些具体的观点，而是形成了一套系统化的理论，这一理论主要包括对意识形态建设重要性的论述、关于意识形态建设内容的论述、关于意识形态建设途径的论述等。因此，要全面深刻地理解和把握新时代中国共产党意识形态建设理论必须站在理论的高度来把握。

第三，有助于深入理解新时代中国共产党关于意识形态建设理论的重要地位。党的十八大以来，中国特色社会主义进入新时代，问题是时代的声音，每个时代的理论都反映了这个时代的特点和要求。中国特色社会主义进入新时代，意味着近代以来久经磨难的中华民族迎来了从站起来、富起来到强起来的伟大飞跃，迎来了实现中华民族伟大复兴的光明前景；意味着科学社会主义在 21 世纪的中国焕发出强大生机活力，在世界高高举起了中国特色社会主义伟大旗帜；意味着中国特色社会主义道路、理论、制度、文化不断发展，拓展了发展中国家走向现代化的途径，给世界上那些既希望加快发展又希望保持自身独立性的国家和民族提供了全新选择，为解决人类问题贡献了中国智慧和中国方案。与这一新时代相适应，中国共产党就要不断进行理论创新，提出一些反映时代进步和时代要求的理论，总体上看，习近平新时代中国特色社会主义思想是对马克思主义、毛泽东思想、邓小平理论、“三个代表”重要思想、科学发展观的继

---

① 习近平．习近平谈治国理政［M］．北京：外文出版社，2014：153.

承和发展，是马克思主义中国化最新成果，是党和人民实践经验和集体智慧的结晶，是中国特色社会主义理论体系的重要组成部分，是全党全国人民为实现中华民族伟大复兴而奋斗的行动指南。新时代中国共产党关于意识形态建设的理论是习近平新时代中国特色社会主义思想的有机组成部分，因此，对新时代中国共产党关于意识形态建设理论不能孤立地理解和把握，必须放在新时代中国特色社会主义建设的总体要求上来理解和把握，在习近平新时代中国特色社会主义思想的指导下来理解和把握，这样才能从战略高度上理解和把握好这一理论。

2. 实践意义

深入、系统研究新时代中国共产党意识形态建设理论具有重要的实践意义，依据当前国内外实际，主要可以从以下几个方面理解这一问题。

第一，是加强和完善中国共产党领导的必然要求，事关党的前途命运。中国共产党不仅要重视组织建设、作风建设，而且还要重视政治建设、思想建设，党的政治建设、思想建设也就是党内意识形态建设问题。中国特色社会主义进入新时代，习近平总书记特别重视党的政治建设，党的十九大报告明确指出："旗帜鲜明讲政治是我们党作为马克思主义政党的根本要求。"2018 年 6 月 29 日，习近平总书记在第十九届中共中央政治局第六次集体学习时指出："政治方向是党生存发展的第一位的问题，事关党的前途命运和事业兴衰成败。"政治方向问题，是政党意识形态建设的重要内容，政治方向正确，就能保证党健康成长、发展壮大，政治方向出现偏差，就会使党的发展犯方向性错误，给党带来无可挽回的损失，甚至使一个政党失去政权。苏联共产党由于长期忽视党的意识形态建设，淡化、削弱马克思主义的指导地位，最终失去了政权，这种沉痛的教训我党应时刻牢记。习近平总书记在 2018 年 1 月 11 日第十九届中央纪律检查委员会第二次会议上指出："党中央做出的决策部署，所有党组织都要不折不扣贯彻落实，始终在政治立场、政治方向、政治原则、政治道路上同党中央保持高度一致。任何时候任何情况下，党的领导干部在政治上都要站得稳、靠得住，对党忠诚老实，与党中央同心同德、听党指挥、为党尽责。"我党要坚守的政治方向，就是共产主义远大理想和中国特色社会主义共同理想，"两个一百年"奋斗目标，党的基本理论、基本路线、基本方略等，为把准政治方向，就要做到引导全党坚定理想信念，增强"四个意识"、坚定"四个自信"、做到"两个维护"。这些是新时代中国共产党意识形态建设的重要内容。只有加强意识形态建设，才能保证党沿着正确的方向前进，才能抵制各种腐朽思想的侵蚀，保持高度凝聚力和战斗力，放松或忽视意识形态建设必定使党迷失方向。加强意识形态建设也是党制定正确路线方针政策的重要思想保证，使党制定的政策更加符合人民群众的利益、符合时代发展要求，大大增强党的政治认同。

第二，事关国家长治久安。一个国家政权的稳定取决于多种因素，如果一个国家的经济发展出现问题，民众生活水平严重受影响，势必会减弱民众对国家政权的认同，对执政党和政府产生不满情绪，甚至会导致社会动荡，引发政局不稳定；一个国家如果处理不好民族关系，也会引起民族矛盾，进而引起社会和政治不稳定，甚至发生民族冲突；等等。在影响国家政治稳定的因素中，意识形态因素同样是不可忽视的因素，意识形态对国家政治稳定的影响主要从两个方面认识，一是意识形态具有引导教育功能，特定的意识形态教育有助于提高民众的政治觉悟，增强民众对国家、政党的政治认同，进而强化实现政治稳定。二是意识形态也是国家软实力的重要组成部分，一个国家的政权巩固既需要硬实力，如经济、军事、科技等，也需要软实力，如思想、文化、道德、制度模式、价值观念等，意识形态显然属于国家软实力。一个国家具有强大凝聚力、影响力、引领力的意识形态，也是一个国家软实力强大的重要标志。加强意识形态建设有助于增强国家政权的思想基础。中国特色社会主义进入新时代，面临的挑战和问题是多方面的，如我国存在多方面的发展不平衡问题，民生领域有不少短板，各种敌对势力的破坏活动在不同程度上危害我国政治安全、政权安全、意识形态安全，要有效维护我国政治稳定和国家长治久安，在发展经济、科技的同时，必须高度重视意识形态建设，为我国长治久安提供有力的政治思想保证。

第三，事关民族凝聚力、向心力。我国是一个统一的多民族国家，我国有五十六个民族，我国实行平等、团结、互助、和谐的民族政策，我国各族人民“像石榴籽一样”紧密地抱成一团。此外，民族分裂主义分子、宗教极端势力、恐怖主义分子等的活动仍危及民族团结。因此，中国特色社会主义进入新时代，要实现中华民族伟大复兴的中国梦，要实现“两个一百年”奋斗目标，必须高度重视民族团结，坚决反对民族分裂。在加强民族团结方面，党和国家要制定正确的民族政策，在此基础上，还要高度重视意识形态工作。意识形态是一种“黏合剂”，具有强大的政治凝聚功能，如果意识形态的凝聚功能失去效力，就会导致离心离德，各种政治势力难免会出现争斗，进而导致国家政局混乱。只有高度重视意识形态工作，才能有效地增强民族凝聚力、向心力，使民族团结具有强大的精神纽带，才能不断增强民族感情，消除民族间的思想、心理隔阂，使各民族有共同理想和奋斗目标。在树立中国特色社会主义共同理想的基础上，不断增强民族凝聚力，中国特色社会主义共同理想就是一个重要的意识形态问题，是意识形态的具体表现。同时，通过对各民族人民大力培育和践行社会主义核心价值观，也有助于增强民族凝聚力，只有具有共同的价值，才有共同的行为，社会主义核心价值作为社会主义意识形态的本质体现，在增强民族凝聚力过程中，发挥着重要作用。2020 年 9 月 25 日，习近平总书记在第三次新疆工作座谈会上指出："坚持把社会稳定和长治久安作为新疆工作总目标，坚持以凝聚人心为根本，坚持铸牢中华民族共同体意识，坚持我国宗教中国化方向，坚持弘扬和培育社会主义核心价值观，坚持紧贴民生推动高质量发展，坚持加强党对新疆工作的领导。"这实际上在很大程度上就强调了意识形态工作在维护新疆稳定中的作用，这对实现民族团结、增强民族凝聚力、维护民族地区的稳定有普遍指导意义。

第四，关乎旗帜、关乎道路、关乎国家命运。意识形态涵盖的内容是多方面的，其中主要包括党和国家指导思想、道德、价值观、奋斗目标、理想信念、制度模式等，一个国家和政党坚持什么样的意识形态，实际上就是这个国家和政党在世人面前树立起来的一面旗帜，人们就是靠这面旗帜来判断这个国家和政党的性质，国家和政党也是通过自己所倡导的意识形态来团结和教育民众，形成一种统一的政治力量。国家和政党丢掉了自己所坚持的意识形态，实际上是自毁长城，也就丢掉了自己的旗帜。坚持马克思主义的指导地位，大力培育和践行社会主义核心价值观，树立共产主义远大理想和中国特色社会主义共同理想，为实现中华民族伟大复兴的中国梦努力奋斗，这些都是中国共产党所必须坚持的意识形态，也是中国共产党在世人面前所树立的一面旗帜，如果中国共产党丢掉了马克思主义、丧失了自己的理想信念，也就丢掉了自己的旗帜、丢了自己的根本。"背离或放弃马克思主义，我们党就会失去灵魂、迷失方向。"① 因此，深入、系统地研究新时代中国共产党意识形态建设理论，对于坚持马克思主义指导地位，对于发展、创新我国主流意识形态具有重要意义。

二、研究状况

国内学术界非常重视对新时代中国共产党关于意识形态建设方面的研究，在这方面发表了大量论文，出版了一批高水准的著作，归纳起来，这些研究成果的主要观点有以下几个方面。

① 习近平．在庆祝中国共产党成立 95 周年大会上的讲话［N］．人民日报，2016－07－02.

（一）关于中国共产党意识形态工作重要性的研究

习近平总书记非常重视意识形态工作，提出了“意识形态工作是一项极端重要的工作”这一新论断，围绕习近平总书记这一论断，许多学者深入、具体地研究了习近平总书记关于意识形态工作重要性的问题。如陈秀慧、张磊在《习近平意识形态建设思想论析》（载《厦门特区党校学报》2018 年第 1 期）一文中认为，习近平总书记强调了意识形态工作和经济建设相辅相成、相互促进，经济建设为意识形态工作提供坚实的物质基础，意识形态工作为搞好经济建设提供思想和政治保证；意识形态具有价值整合功能和引导功能，做好意识形态工作有助于增强国家凝聚力；意识形态工作是一项战略性工程，为治国理政提供思想保证，当前我国改革进入攻坚期，更需要凝聚全国人民的力量和智慧。李福岩、付欣在《习近平对马克思主义意识形态理论的新发展》（载《观察与思考》2017 年第 12 期）一文中，认为习近平总书记对意识形态工作进行了新的定位，提出了“经济建设是党的中心工作，意识形态工作是党的一项极端重要的工作”的重大论断，这表明习近平总书记对意识形态工作的地位认识、价值判断有了新的定位，意识形态在整个社会结构中的地位更加凸显，已达到了与经济结构、组织结构同等重要的地位，这样就把意识形态工作的重要性更加明确地凸显了出来；该文还认为，习近平总书记关于意识形态工作重要性的观点，发展了马克思主义意识形态理论，辩证地阐述了意识形态工作与经济、政治、社会、生态文明等方面建设的关系，这就从理论层面论述了意识形态工作的重要性。张博在《“一刻也不能放松对意识形态工作的领导”——学习习近平总书记关于意识形态建设的重要论述》（载《世界社会主义研究》2019 年第 1 期）一文中，认为习近平总书记关于意识形态工作是党的一项极端重要的工作的论述，继承了我党对意识形态工作一贯重视的态度，体现了增强意识形态工作责任感和紧迫感的根本要求，并从政治安全的角度研究了习近平总书记关于意识形态工作重要性的观点，意识形态为共产党执政提供合法性基础，意识形态为社会良性运转提供有力保证，正确的意识形态能够整合社会思想、凝聚人心。赖风在《习近平意识形态战略思想及其现实意义》（载《山西高等学校社会科学学报》2017 年第 5 期）一文中认为，习近平总书记对意识形态工作的战略定位，是我党改革开放以来确立的“两手抓、两手都要硬”方针的继承和发展，有利于全党和全国人民更好地开展物质文明和精神文明建设，有利于处理好经济建设与思想建设的关系；该文还从苏联解体的教训中，研究了习近平总书记关于意识形态工作重要性的观点，习近平总书记提出一个政权的瓦解往往是从意识形态领域先打开缺口，因此，加强意识形态工作是巩固国家政权的必要条件。路媛、崔明霞在《论习近平意识形态建设战略思想的“三个事关”》（载《中共南宁市委党校学报》2016 年第 4 期）一文中，具体研究了习近平总书记提出的做好意识形态工作事关党的前途命运，事关国家长治久安，事关民族凝聚力和向心力，该文认为，习近平总书记提出的意识形态工作的“三个事关”，体现了习近平总书记对意识形态工作重要性的认识更为具体和深入。

（二）对新时代中国共产党意识形态建设理论形成发展问题进行了一定程度的研究

新时代中国共产党意识形态建设理论有一个形成发展的过程，许多学者对这一问题进行了研究。杨竞雄、胡凯在《习近平意识形态工作思想形成发展的文明视野》（载《福州党校学报》2016 年第 6 期）一文中，认为习近平总书记 2013 年 8 月 19 日在全国宣传思想工作会议上的讲话，深刻论述了意识形态工作的一系列重要问题，提出了一些新论断、新思想、新措施，是新时代做好意识形态的纲领性文件，是习近平总书记意识形态建设理论形成的标志；该文还认为，习近平总书记 2014 年 10 月 15 日在文艺工作座谈会上的讲话、2014 年 10 月 30 日在全军政治工作会议上的讲话、2016 年 2 月 19 日在新闻舆论工作座谈会上的讲话、2016 年 4 月 19 日在网络安全和信息化工作座谈会上的讲话、2016 年 5 月 17 日在哲学社会科学工作座谈会上的讲话等，进一步丰富发展了意识形态工作的基本理论。武振华在《习近平意识形态建设理论的生成逻辑和时代特色》（载《世界社会主义研究》2018 年第 8 期）一文中，认为习近平总书记意识形态建设理论是马克思主义意识形态理论逻辑、中国特色社会主义意识形态建设实践逻辑发展的必然结果。袁玲红、王瑞芳在《习近平意识形态建设思想探析》（载《长春大学学报》2019 年第 3 期）一文中，认为习近平总书记意识形态建设思想形成的国际背景是世界多元化，各种思想文化相互激荡、碰撞，意识形态安全问题更为重要；形成的国内环境是经济成分多样化，人们的思想观念也出现了多样性、选择性、独立性，这就需要用主流意识形态统一思想，抵制国内外各种错误思想的侵蚀；并认为，习近平总书记意识形态建设思想形成的理论基础是马克思主义意识形态理论。杨雨林在《习近平意识形态工作话语权思想的理论基础与战略思考》（载《四川行政学院学报》2018 年第 3 期）一文中，认为习近平总书记意识形态工作话语权源于中国特色社会主义伟大实践，正是在实践中产生的新问题催生了新的理论。

（三）对新时代中国共产党意识形态建设理论主要观点进行了系统研究

关于新时代中国共产党意识形态建设理论的主要观点是一些学者研究的重点问题，对这一问题很多学者进行了多方面的研究。陈建兵等在《论习近平关于意识形态建设的重要论述及其意义》（载《北京工业大学学报》哲学社会科学版 2018 年第 2 期）一文中，认为习近平总书记关于意识形态的重要论述主要包括下列内容：第一，意识形态工作是党的一项极端重要的工作；第二，坚持以人民为中心的创造导向；第三，加强和改进新形势下军队政治工作；第四，牢牢坚持马克思主义新闻观；第五，切实维护我国网络意识形态安全；第六，着力构建中国特色哲学社会科学；第七，加强和改进高校思想政治工作；第八，加强和落实意识形态责任制。这一研究成果主要是依据习近平总书记主持召开的一系列座谈会的内容，习近平总书记意识形态建设理论主要涵盖文化、舆论、哲学社会科学、网络、学校等多个领域。姚兰等在《习近平关于意识形态建设的内在逻辑和主要特点》（载《党史博采》理论版 2018 年第 1 期）一文中，认为习近平总书记意识形态建设的内在逻辑遵循着战略思维、问题导向、国际视野、底线思维、创新意识，依据这种内在逻辑构建了习近平总书记意识形态建设理论框架。姜迎春在《论习近平意识形态建设理论的整体性》（载《江海学刊》2015 年第 4 期）一文中，认为面对各种错误思潮整体上的挑战，习近平总书记从整体上把握中国特色社会主义发展规律，整体上把握马克思主义中国化的理论发展，整体上把握我国意识形态建设的基本路径。王淇、刘新霞在《浅析习近平意识形态工作的新思想》（载《理论观察》2018 年第 1 期）一文中，认为习近平总书记对意识形态工作进行了新定位，提出意识形态工作是党的一项极端重要的工作；提出意识形态工作的新原则，坚持党性与人民性相统一的原则；提出意识形态工作的新任务，巩固马克思主义在意识形态领域的指导地位，巩固全党全国人民团结奋斗的共同思想基础；提出意识形态建设的新方式；强调意识形态管理工作；注重意识形态工作创新。王文慧、秦书生在《习近平的意识形态战略思想探析》（载《理论与改革》2016 年第 1 期）一文中，认为习近平总书记意识形态战略思想的主要内容包括：社会主义意识形态的本质是社会主义核心价值观，社会主义意识形态的立足点是弘扬中华优秀文化，社会主义意识形态宣传的基本性质是坚持党性和人民性的统一，社会主义意识形态建设的保障是实现"四个全面战略"。赖风在《习近平意识形态战略思想及其现实意义》（载《山西高等学校社会科学学报》2017 年第 5 期）一文中，认为习近平总书记意识形态建设思想的重要内容是：在意识形态工作战略地位上，提出意识形态工作是党的一项极端重要的工作；意识形态工作的根本任务是：巩固马克思主义在意识形态领域的指导地位，巩固全党全国人民团结奋斗的共同思想基础；意识形态工作的根本原则是：坚持党性与人民性的统一；意识形态工作的核心要义是：牢牢掌握意识形态工作领导权和话语权；意识形态工作的战略格局是：把网上舆论工作作为宣传思想工作的重点，坚决打赢网络舆论战；加强国际传播能力建设，精心构建对外话语体系。唐爱军在《习近平意识形态理论框架和基本思路——一个政治合法性的视角》（载《中共贵州省委党校学报》2015 年第 5 期）一文中，认为习近平总书记意识形态理论的总体框架是：对中国特色社会主义的总体定性，关于中国梦的目标设定，关于党的历史的论述，重塑改革话语，政治发展道路的意识形态阐释，核心价值观的建构，国家文化软实力和国际话语权的阐释，对马克思主义、社会主义的功能阐释。袁玲红、王瑞芳在《习近平意识形态建设思想探析》（载《长春大学学报》2019 年第 3 期）一文中，认为习近平总书记意识形态建设思想的主要内容是：巩固马克思主义的指导地位，始终维护和坚持中国共产党的政治领导地位是中国共产党加强意识形态安全建设的根本出发点；意识形态建设要围绕经济建设这个中心，坚持正确的政治方向，维护和谐稳定的局面；要构建有利于社会安全和社会发展的意识形态，必须加强阵地意识，重点是队伍建设、国际传播能力等方面的建设，精心构建对外话语权体系。赵子林、曹海娜在《习近平意识形态安全思想初探》（载《四川民族学院学报》2018 年第 4 期）一文中，认为习近平总书记意识形态安全思想的主要内容包括：三个事关对意识形态工作具有极端重要性，两个巩固是意识形态建设的根本任务。张晋升在《习近平论意识形态工作：新定位、新战略、新格局》（载《暨南学报》哲学社会科学版 2017 年第 7 期）一文中，认为习近平总书记关于意识形态建设的基本观点是：做好意识形态工作是我党的政治优势和优良传统，意识形态工作是党的一项极端重要的工作，牢牢掌握意识形态工作领导权和话语权，充分利用互联网做好网上意识形态工作，用马克思主义新闻观指导新闻舆论工作。刘伟在《习近平关于马克思主义意识形态观的新发展》（载《山西高等学校社会科学学报》2019 年第 6 期）一文中，认为习近平总书记意识形态观主要包括：意识形态工作的战略定位极端重要，九个坚持是意识形态工作的认识和方法论，构建社会主义主流意识形态，意识形态工作的中心环节，以人民为中心是意识形态工作的基本立场，培养时代新人，意识形态工作的基本职责。徐守超在《习近平对马克思主义意识形态理论的新发展》（载《党史博采》理论版 2018 年第 4 期）一文中，认为习近平总书记关于社会主义意识形态建设的新观点是：提出了建设社会主义文化强国的新目标，形成了社会主义意识形态建设的新思想；构建了主流意识形态建设的新机制，提出了社会主义意识形态建设的新手段。

（四）对新时代中国共产党关于意识形态建设途径和方式进行了系统研究

对新时代中国共产党关于意识形态建设途径和方式的研究，是很多学者研究的一个重点问题，取得了一些研究成果。比如，孟宪平在《习近平关于主流意识形态建设的思想论析》（载《探索》2014 年第 5 期）一文中，认为习近平总书记提出的加强主流意识形态建设的主要方法是：历史唯物主义是主流意识形态建设的方法论基础，思想宣传教育是主流意识形态建设的重要方式，学习是加强主流意识形态建设的基本形式；习近平总书记提出的关于主流意识形态建设的基本途径是：把主流意识形态建设贯穿党的建设全过程，把主流意识形态建设贯穿文化软实力建设全过程，把主流意识形态建设贯穿，群众路线教育全过程，把主流意识形态建设贯穿对外交流全过程。汤俪谨、王慧楠在《新时代习近平意识形态话语权构建路径探析》（载《沈阳工业大学学报》社会科学版 2021 年第 1 期）一文中，认为习近平总书记意识形态话语权实现路径是：坚持党的领导，夯实党性原则基础；传承文化基因，增强文化自信；突出主体地位，深入诠释人本思想；加大宣传力度，确保意识形态安全；强化开放战略，彰显大国外交风范。李莉莉在《以习近平新时代中国特色社会主义思想为指导做好意识形态工作》（载《辽宁社会主义学院学报》2018 年第 3 期）一文中，认为习近平总书记提出的做好意识形态工作的路径是：坚持“大宣传”理念，夯实以人民为中心的宣传格局；思想引领与利益关注相衔接，积极搭建做好意识形态工作的载体；坚持马克思主义在意识形态领域的主导地位，牢牢掌握意识形态工作领导权和话语权；加强思想队伍建设，加强意识形态工作的人才支撑。王永贵在《新时代意识形态建设的创新逻辑》（载《马克思主义与现实》2019 年第 3 期）一文中，认为习近平总书记关于意识形态建设的创新思路是：在思维方式方面的创新是，坚持科学判断与整体谋划的统一，善于抓住关键点，立足实践和力求突破的变革思维，坚持防患于未然的底线思维。在内容上的创新是，明确提出意识形态工作的战略地位、任务。在意识形态建设途径上，提出树立“大宣传”理念，打好“组合拳”；强调文化的重要作用，注重意识形态建设的文化途径；发挥好网络新媒体的作用，加快传统媒体与新兴媒体融合，通过互联网途径做好意识形态工作；加强和完善党对意识形态工作的领导；加强社会主义意识形态阵地建设和管理；坚持意识形态工作创新，不断增强意识形态工作的活力。李建柱在《习近平意识形态治理思想研究》（载《海南大学学报》人文社会科学版 2016 年第 6 期）一文中，认为习近平总书记提出的意识形态建设的路径有：深刻认识意识形态工作的重要性，准确掌握意识形态发展的基本规律，加强意识形态工作创新，加强重点群体的意识形态工作。杨雨林在《习近平意识形态工作话语权思想的理论基础与战略思考》（载《四川行政学院学报》2018 年第 3 期）一文中，认为习近平总书记关于意识形态建设的途径主要有：将坚持和发展马克思主义，作为牢牢掌握意识形态工作话语权的本质与核心；将加快构建中国特色社会主义哲学社会科学话语体系，作为意识形态话语权工作的关键环节；将弘扬主旋律与抵制西方话语霸权，作为牢牢掌握意识形态工作话语权的坚定方针；将把握好互联网这个舆论斗争的主战场，作为牢牢掌握意识形态工作话语权的重点方向。赵子林、曹海娜在《习近平意识形态安全思想初探》（载《四川民族学院学报》2018 年第 4 期）一文中，认为习近平总书记提出的意识形态安全思想的践行路径是：以总体国家安全观为指导，增强意识形态安全观念；大力推动马克思主义意识形态与时俱进；加强网络舆论引导，守住网络意识形态阵地；齐抓共管，落实意识形态工作的主体责任。路媛、王永贵在《习近平关于新时代意识形态论述的战略底蕴和实践深意》（载《思想理论教育导刊》2019 年第 1 期）一文中，认为习近平总书记关于意识形态战略实现的路径是：壮大主流意识形态是战略方针，是战战支撑，加强宣传思想工作是战略主导，引导社会思潮方向是战略战术，构建意识形态话语体系维护意识形态安全是战略目的。

（五）对新时代中国共产党关于意识形态建设的基本原则进行了具体研究

一些学者具体深入研究了习近平总书记意识形态建设理论中所提出的一些基本原则。寇清杰、江家城在《习近平关于意识形态工作的基本原则探析》（载《科学社会主义》2019 年第 1 期）一文中，认为习近平总书记关于意识形态工作的基本原则主要有：坚持党性与人民性的统一原则，坚持以正面宣传为主的原则，坚持创新原则，坚持与中华优秀传统文化相融合原则。孟宪平在《习近平关于主流意识形态建设的思想论析》（载《探索》2014 年第 5 期）一文中，认为习近平总书记提出的主流意识形态建设的基本要求和原则是：必须坚持党的领导，坚持整体性推进，善于抓重要时间节点，敢于同错误思潮和观点进行斗争，注重借鉴国外经验。赵子林、曹海娜在《习近平意识形态安全思想初探》（载《四川民族学院学报》2018 年第 4 期）一文中，认为习近平总书记强调了意识形态建设的四个原则，即坚持党性和人民性相统一的原则，一元化和多样性相统一的原则，正面宣传和舆论斗争相统一的原则，坚持继承和创新相统一的原则。

（六）对新时代中国共产党意识形态建设理论的特色进行了一定探索

新时代中国共产党意识形态建设理论是马克思主义意识形态建设理论的继承和发展，在新的历史条件下，面对新的国际国内形势，具有其鲜明的特色。一些学者对这种特色进行了一定程度的概括。张建瑜在《新时代习近平意识形态建设思想的价值意蕴及理论特色》（载《邢台学院学报》2018 年第 3 期）一文中，认为新时代中国共产党意识形态建设思想的特色是继承性与创新性相统一，时代性和民族性相统一，党性和人民性相统一，主导性和多样性相统一。李建柱在《习近平意识形态治理思想研究》（载《海南大学学报》人文社会科学版 2016 年第 6 期）一文中，认为习近平总书记意识形态思想的特点是：毫不动摇地坚持意识形态指导思想一元化，最大限度凝聚意识形态共识，深入拓展意识形态的文化基础，坚定共产主义和社会主义理想信念。赖风在《习近平意识形态战略思想及其现实意义》（载《山西高等学校社会科学学报》2017 年第 5 期）一文中，认为习近平总书记关于意识形态建设思想的特点是：坚定的理想信念，强烈的历史担当意识，以人民为中心的工作导向，务实的工作作风，科学的思想方式等。武振华在《习近平意识形态建设理论的生成逻辑和时代特色》（载《世界社会主义研究》2018 年第 8 期）一文中，认为习近平总书记提出的意识形态理论的时代特色是：坚持党性与人民性的统一，明确界定中国共产党执政意识形态的性质；坚持意识形态工作服务于中心工作，科学定位社会主义意识形态的作用；坚持以核心价值观为统领，以人的全面发展为导向，规范社会主义意识形态本质内容；坚持以“四个自信”为核心，按照“不忘本来、吸收外来、面向未来”的原则，构建中国社会主义意识形态国际话语体系；树立没有网络安全就没有意识形态安全的理念，加快推进网络强国建设，把网络舆论宣传作为意识形态建设的重中之重。

（七）对习近平总书记意识形态建设理论的话语风格进行了特定研究

习近平总书记意识形态建设理论有其独特的话语风格，对这种话语风格进行研究有助于具体深入地掌握习近平总书记提出的意识形态建设理论。舒前毅在《习近平总书记意识形态话语风格创新研究》（载《湖北行政学院学报》2018 年第 6 期）一文中，认为习近平总书记意识形态话语风格的特色在于：一是讲故事的风格，讲好中国故事、外国故事、现实故事、历史故事，增强意识形态工作说服力、感染力；二是引用典故的风格，如引用诗文典句、民间谚语；三是妙用生活用语，用老百姓的语言说明问题；四是凝练新词汇，如“四个全面”“四个自信”“四个意识”“三严三实”“两个一百年”等。

上述研究成果对进一步系统、深入地研究新时代中国共产党意识形态建设理论提供了有益的借鉴和宝贵的启发，特别是一些学者提炼了新时代中国共产党意识形态建设理论的基本观点、归纳了新时代中国共产党意识形态建设途径等，这些研究成果都有较高的思想性、学术性。但也要认识到，这些研究成果还缺乏对新时代中国共产党意识形态建设理论进行系统性的研究，这些成果主要是从特定视角研究的，在某个方面虽然有新意，但是这些研究成果还是比较零散的。此外，有些研究成果对新时代中国共产党意识形态建设理论的研究还不够深入，缺乏一定的学理支撑，对新时代中国共产党意识形态建设理论丰富、深邃的思想内涵挖掘不够。本课题力图对新时代中国共产党意识形态建设理论进行系统化、整体性研究，并尽力探究新时代中国共产党意识形态建设理论的学理支撑，推进对这一问题研究的系统化、深入化。

三、本著作的研究结构和研究思路

（一）本著作的研究结构

本著作除引言外，由五部分内容构成，第一部分：新时代中国共产党意识形态建设理论的思想基础。该部分主要论述马克思、恩格斯的意识形态理论，我党关于意识形态建设的理论。第二部分：新时代中国共产党意识形态建设理论形成的时代境遇。该部分主要论述了西方大国对我国进行意识形态渗透损害我国主流意识形态，一些错误思潮的传播，对我国主流意识形态造成危害，意识形态领域出现的一些错误思想言论，对我国主流意识形态带来多方面干扰，市场经济发展产生的社会多样化及带来的一些负面效应，对我国主流意识形态产生了很大的腐蚀性，互联网对思想文化的深刻影响，对我国主流意识形态形成巨大冲击。基于这种时代背景，新时代中国共产党高度重视意识形态工作。第三部分：新时代中国共产党关于意识形态建设重要性的理论观点。该部分主要分析了意识形态战略地位，意识形态与巩固国家政权的关系，意识形态与民族凝聚力、向心力，意识形态与党的领导等方面的重要性。第四部分：新时代中国共产党提出的意识形态建设的主要内容。主要有：坚持马克思主义在意识形态领域的指导地位；加强习近平新时代中国特色社会主义思想教育；加强理想信念教育；加强思政课，立德树人；加强社会主义、共产主义道德建设；倡导培育和践行社会主义核心价值观；加强爱国主义教育；弘扬革命精神等。第五部分：新时代中国共产党提出的意识形态建设的基本途径。该部分主要分析了新时代中国共产党关于意识形态建设的思想政治教育途径、舆论宣传途径、互联网运用途径、理论建设途径、文化熏陶途径、学校教育教学途径、队伍建设途径等。

（二）本著作研究思路

本著作阐述新时代中国共产党意识形态建设理论的思想基础和来源，立足国内外现实，深入研究新时代中国共产党意识形态建设理论形成的时代背景，具体分析新时代中国共产党关于意识形态建设重要性的理论观点，整体研究新时代中国共产党意识形态建设理论的内容构成，主要是从指导思想、理想信念、道德、价值观、政治文化、爱国主义、革命精神等方面进行提炼；系统归纳新时代中国共产党关于意识形态建设的基本途径，这些途径主要涵盖思想政治教育、舆论宣传、文化熏陶、学校教育、队伍建设等。总体上讲，该著作依据探寻思想来源、立足时代背景、着眼现实重要性、全面研究内容、系统归纳建设途径的思路对新时代中国共产党意识形态建设理论进行整体性研究。

四、本著作的研究方法

（一）文献研究法

搜集、整理、研读、运用大量的资料是完成该著作的前提条件，本著作在搜集资料的过程中，注重资料的权威性、现实性、充实性、准确性。党的十八大以来，我党对意识形态建设进行了多方面的论述，召开了宣传思想工作、舆论、网络、文艺、哲学社会科学、高校等方面的座谈会。同时，习近平总书记在其他方面的讲话中也有很多涉及意识形态建设。近年来我国学者对新时代中国共产党意识形态建设理论进行了多方面的研究，出版了一些专著、发表了大量论文。所有这些都对研究新时代中国共产党意识形态建设理论提供了大量文献和参考资料。本书在研究过程中所要搜集的文献资料主要有四个方面：一是马克思主义经典著作，这部分资料主要是为论述新时代中国共产党意识形态建设理论提供思想基础和来源。二是习近平总书记有关意识形态方面的重要论述，这是研究新时代中国共产党意识形态建设理论的直接的、权威的资料，本著作所阐述的问题就是依据习近平总书记对意识形态的重要论述。三是国内外学者发表的有关新时代中国共产党意识形态建设方面的论文和著作，这部分资料作为本书的主要参考资料，通过这部分资料，掌握有关研究现状、拓宽研究思路。四是公开学习党和政府的有关文件、会议资料，这部分资料是重要的观点支撑，这实际上是对新时代中国共产党意识形态建设理论的一种补充，有助于全面领会和把握新时代中国共产党关于意识形态建设的一些讲话精神。

（二）归纳研究法

新时代中国共产党关于意识形态建设方面的论述内涵丰富、思想深邃、领域广泛，理论研究不同于日常的政治学习，不仅要做到逐篇学习、结合实际工作学习、联系实际问题学习，而且要通过学习，对有关重要论述进行系统分析和归纳，进而对新时代中国共产党意识形态建设理论形成一个系统性认识和把握。通过归纳研究法对一些观点和论述进行分类、梳理，形成完整的认识；把不同领域的意识形态建设问题，如思想领域、宣传领域、文化领域、互联网领域、哲学社会科学领域等进行系统的归纳，进而对我党意识形态建设形成一个完整的认识。通过归纳研究法，深入了解新时代中国共产党意识形态建设理论的特点和实践指导意义，更有效地把握这一理论的实践价值。通过归纳研究法准确把握这一理论的特色，充分认识到新时代中国共产党意识形态建设理论在习近平新时代中国特色社会主义思想中的地位，深刻认识这一理论是对马克思主义意识形态理论的进一步发展。本著作运用归纳研究法，把新时代中国共产党意识形态建设的内容归纳为指导思想、理想信念、道德、价值观、爱国主义、革命精神、政治意识等几个方面，这样对新时代中国共产党意识形态建设理论的内容就有一个相对完整的理解，通过运用归纳研究法，把新时代中国共产党关于意识形态建设途径归纳为思想政治教育、舆论宣传、文化熏陶、队伍建设等方面，这样对新时代中国共产党关于意识形态建设途径问题就有了一个整体的把握。可以说，本著作的内容创新，就是得益于归纳研究法的实际运用，不有效运用归纳研究法，就不可能对新时代中国共产党意识形态建设理论进行明晰的、完整的研究，只能是一些零散的、重复性的研究。

（三）多学科综合研究法

意识形态问题既是一个哲学问题，也是一个政治学、社会学问题，同时与中共党史、科学社会主义、思想政治教育等学科有着密切联系。因此，研究意识形态问题必定要涉及哲学、政治学、社会学、中共党史、科学社会主义、思想政治教育等学科的有关内容，这就必须采取多学科综合研究法，从不同学科的角度阐述意识形态问题。采取多学科综合研究法，就要求从哲学角度，运用物质和意识的辩证关系、经济基础和上层建筑的辩证关系来阐述意识形态问题，深刻认识到意识形态是受物质关系决定的，意识形态作为社会政治上层建筑的组成部分，受经济基础决定，又对经济基础有能动作用。从政治学角度阐述意识形态问题，就要充分认识到意识形态具有鲜明的政治属性，意识形态属于政治文化的重要内容，要从政治心理、政治理论、政治价值等方面深入研究意识形态。从社会学角度研究意识形态，就要认识到意识形态属于社会意识，要受社会存在的制约和决定，各种社会思潮是意识形态的表现形式，注重研究社会思潮对人们观念的影响、对国家政治生活的影响及整个社会发展的影响，还要善于从不同社会阶层的思想观念变化中，研究意识形态发展的新情况。从中共党史角度研究意识形态，就要充分认识到中国共产党必须坚持马克思主义指导地位，坚持发展马克思主义，不断推进马克思主义中国化。政党的指导思想本身就是重要的意识形态，政党的路线方针政策、政党的奋斗目标、理想信念都属于政党政治文化，同时也是政党意识形态，因此，研究意识形态问题离不开研究政党的指导思想、理想信念、方针政策等。从科学社会主义角度研究意识形态，就要充分认识到马克思主义意识形态是无产阶级解放的条件，工人运动只有在马克思主义指导下，才能成为自觉的运动，无产阶级政党才能制定正确的路线方针政策，无产阶级在革命斗争中，要不断地同各种思想进行斗争，用马克思主义占领思想阵地。从思想政治教育角度研究意识形态，就要认识到思想政治教育本身就属于意识形态问题，任何阶级和国家都要用自己的思想和价值观教育民众，特别是青少年，思想政治教育的内容都具有鲜明的政治性，思想政治工作说到底是做人的工作，在我国就是要把青少年培养为合格的社会主义事业建设者和接班人，这既是思想政治工作的任务，也是我国意识形态工作的任务。总之，研究意识形态问题不是单一学科的任务，而是多种学科的任务。从广义上讲，任何一门学科都带有意识形态属性，因此，运用多学科综合研究方法是由意识形态本身的特点所决定的。

（四）历史研究法

历史研究法要求从历史发展过程中研究意识形态问题。任何一种意识形态思想都有其历史继承性，都经历了一定的历史阶段，都反映了时代特征，都肩负着时代任务。新时代中国共产党意识形态建设理论是对马克思主义意识形态理论的继承和发展。中国特色社会主义进入新时代，我国意识形态建设面临的任务更加艰巨、复杂，新时代中国共产党意识形态建设理论适应了中国特色社会主义进入新时代的要求，是与时代变化相适应的，具有鲜明的时代特征。因此，必须站在历史发展高度深入理解这一理论，进而把握好这一理论的思想基础、发展脉络、历史任务。

（五）调查研究法

新时代中国共产党意识形态建设理论有很强的实践性，不仅要重视其理论价值，还要重视实践指导意义。新时代中国共产党意识形态建设理论来自实践、指导实践。这一理论是总结了我国意识形态建设实践而产生的，对当前我国意识形态建设具有直接的指导意义。我国意识形态建设是一种自觉的行为，需要科学理论的指导，在坚持马克思主义在我国意识形态领域的指导地位的同时，还要以新时代中国共产党意识形态建设理论为具体的指导思想，把这一理论运用于我国意识形态建设实践中。此外，要掌握好这一理论，还需要我国深入实际调查研究，及时掌握意识形态领域的新情况、关注意识形态发展新动向。在复杂的国际国内环境下，各种敌对势力加紧对我国进行意识形态渗透，我国必须保持高度的警觉性，这些都需要对现实问题进行认真研究。实践途径也是社会主义意识形态建设任务实现的重要途径，通过实践培育和践行社会主义核心价值观，在实践中体悟社会主义意识形态建设的基本要求。

（六）阶级分析法

意识形态是一定阶级为实现和维护其利益而提出的一套思想体系和价值观。意识形态具有鲜明的阶级性，意识形态不是超阶级的，形形色色的“去意识形态化”“非意识形态化”“意识形态中立化”“意识形态终结论”等观点都是错误的。随着我国经济社会不断发展，国际影响不断增强，西方敌对势力不愿看到中国的强大对其制度模式和价值观的挑战，通过多种手段加紧对我国进行思想文化渗透，企图用西方价值观、民主观、自由观取代马克思主义，试图改变我国政治制度，我国同西方敌对势力在意识形态领域的斗争和较量是长期的、复杂的，这种意识形态的斗争和较量本质是社会主义制度和资本主义制度的斗争和较量，具有鲜明的政治性。国内一些别有用心的人时常散布一些西化言论，攻击社会主义制度和党的领导，这同样也具有政治性。习近平总书记非常重视意识形态的党性、人民性，重视批驳错误思想观点，强调党对意识形态工作的领导，这实际上就是强调意识形态的阶级性。因此，研究意识形态问题必须具有政治敏锐性、政治判断力、政治选择力。离开阶级分析的方法研究意识形态问题，不可能认识到意识形态的本质。

五、本著作的重点、难点和创新之处

（一）重点

本书的重点有三个方面。一是深入研究新时代中国共产党关于我国意识形态建设理论形成的时代背景。特别是要研究我国意识形态建设面临的挑战，这些挑战主要来自西方大国意识形态的渗透、互联网的负面效应、社会思潮的危害、市场经济对意识形态建设的冲击、社会成员思想多样化等。二是系统研究新时代中国共产党意识形态建设的内容。本课题主要的理论依据是马克思、恩格斯关于意识形态内涵的论述，在马克思、恩格斯看来，意识形态主要包括哲学、道德、宗教、法律等，以这一思想为指导，在研究新时代中国共产党意识形态建设的内容时，本书主要归纳为思想、理想信念、道德、价值观、爱国主义、革命精神、政治意识等方面，这样就对意识形态建设的内容形成了一个自觉的、完整的认识。三是全面探究新时代中国共产党关于意识形态建设的途径。本书对这一问题进行了重点探究，主要研究了新时代中国共产党提出的思想政治教育途径、舆论宣传途径、互联网运用途径、理论建设途径、文化熏陶途径、学校教育教学途径、队伍建设途径等。

（二）难点

难点主要有两个方面。一是深入研究新时代中国共产党意识形态建设理论的思想基础。为更好地研究这一问题，需要深入、准确把握马克思、恩格斯关于意识形态的理论，系统梳理我党历史上关于意识形态建设的理论观点。为此，要大量阅读马克思主义经典著作，挖掘、提炼有关意识形态的论述，大量搜集、整理我党关于意识形态建设的资料，这不仅需要大量地搜集资料，而且还要准确把握其思想内涵。要把这部分内容研究得充实、有新意，具有较大的难度。二是把握新时代中国共产党意识形态建设的着力点问题。意识形态建设既需要有宏观途径，也需要有具体的着力点，这些着力点具有鲜明的指向性、具体性，既是意识形态建设途径的组成部分，又是对这些途径的具体化。本著作在论述新时代中国共产党关于意识形态建设途径的过程中，注重提炼意识形态建设的着力点，如坚持党对意识形态建设的领导，坚守意识形态建设的人民性，不断推进意识形态建设方式创新，增强社会主义意识形态的凝聚力、引领力，做好重点群体的意识形态工作，善于利用重要时间节点、社会热点做好意识形态工作，做好基层意识形态工作，各个部门协同做好意识形态工作，旗帜鲜明坚持真理、立场坚定批驳谬误等，但要准确把握这些着力点，具有一定的难度。

（三）创新之处

本书创新之处主要有四个方面。一是从研究定位上看，把党的十八大以来中国共产党意识形态建设理论作为一个特定的研究对象。本书认为，党的十八大以来中国共产党召开一些会议或座谈会，习近平总书记发表一系列有关意识形态建设的重要论述，这些讲话内涵丰富、思想深邃，已不只是一些具体化的观点和指示，而是形成一种系统化的观点，这些对意识形态建设的重要论述已经理论化。二是对新时代中国共产党关于意识形态建设的重要性进行了系统分析。新时代中国共产党关于意识形态建设的重要性，不只是做出了一些重要论断，更主要的是从不同角度论述了这一问题。本书从政治建设、经济建设、文化建设等角度归纳了意识形态建设的重要性。这样对新时代中国共产党关于意识形态建设重要性的认识就更加全面和深刻。三是对新时代中国共产党意识形态建设理论的内容进行了较为完整的提炼和归纳。依据马克思、恩格斯意识形态理论，本书把新时代中国共产党意识形态建设理论的内容归纳为以下几个方面：坚持马克思主义在意识形态领域的指导地位，加强思想政治教育，加强理想信念教育，加强社会主义、共产主义道德建设，倡导培育和践行社会主义核心价值观，加强爱国主义教育，加强革命精神教育等。四是对新时代中国共产党关于意识形态建设的基本途径进行了整体性研究。本书把新时代中国共产党关于意识形态建设的基本途径概括为以下几个方面，即思想政治教育途径、舆论宣传途径、互联网运用途径、文化熏陶途径、学校教育教学途径、队伍建设途径等。

第一章

新时代中国共产党意识形态建设理论的思想基础

新时代中国共产党意识形态建设理论有其深厚的思想基础和理论渊源，新时代中国共产党意识形态建设理论是以马克思、恩格斯意识形态理论为基础的，是我党意识形态建设理论发展的新阶段。新时代中国共产党意识形态建设理论一方面是对马克思主义意识形态建设理论的继承，另一方面是对马克思主义意识形态建设理论的发展。深入探究新时代中国共产党意识形态建设理论的思想基础和理论渊源，对深入全面理解新时代中国共产党意识形态建设理论的科学性、创新性具有深远意义。

一、意识形态内涵界定

本书的核心概念是意识形态，关于什么是意识形态问题，学术界有多种多样的理解和界定，意识形态概念是一个歧义丛生的概念。英国学者大卫·麦克里兰说："意识形态在整个社会科学中是最难把握的概念。"① 英国另一位学者约翰·B. 汤普森在《意识形态与现代文化》一书中也讲道："当我们使用'意识形态'一词时，不论在社会与政治分析方面还是在日常生活谈话中，我们提出了一个具有长期、复杂历史的概念。"② 既然这一概念较为复杂，本书有必要对这一概念的含义进行梳理和界定。

（一）西方学者对意识形态概念的理解

西方学者对意识形态概念的理解是多种多样的，不同的学者站在不同的立场，从各自的研究领域及理解问题的角度出发，对意识形态概念的理解涉及哲学、政治学、社会学、文化学等多种学科。下面列举一些西方学者的代表性观点。

1. 德·特拉西对意识形态概念的理解

学术界公认，最早使用意识形态概念的是法国启蒙学者德·特拉西，他在

① 大卫·麦克里兰．意识形态［M］．孔兆政，蒋龙翔，译．长春：吉林人民出版社，2005：1.

② 约翰·B. 汤普森．意识形态与现代文化［M］．高铦，译．南京：译林出版社，2005：5.

1797 年发表了《意识形态原理》这一著作，在著作中他把意识形态概念看作观念的科学，德·特拉西作为启蒙学者是反对封建神学的，他使用这一概念的目的是与封建神学区别开来，借助于意识形态概念帮助人们正确地认识世界、获得知识，在思想上摆脱封建神学的束缚。意识形态这一概念在德·特拉西看来，实际上就是"人的观念"，而不是神的观念，本质上强调用人的观念和知识认识世界，而不是靠神的力量来认识世界，从这个意义上讲，意识形态概念的最初运用是一种启蒙性思想，强调人的观念的作用，而不是迷信神的力量。但是，以后人们在理解和使用这一概念的过程中，却出现了很大的差异，出现了各种各样对意识形态内涵的界定。

2. 卢卡奇对意识形态概念的阐述

匈牙利思想家卢卡奇（1885—1971）在《历史与阶级意识》一书中，从阶级意识的角度阐述了意识形态问题，他认为意识形态表现为不同的阶级意识，这种阶级意识是对一定阶级利益自觉的、深刻的、系统的认识。"阶级意识不是个别无产者的心理意识或者他们全体的群体心理意识，而是变成为意识的对阶级历史地位的感觉。"① 这种"感觉"是一种理性化的认识，实际就是一种意识形态。他进一步认为，不同阶级之间的斗争必定反映到意识形态领域。"社会的斗争就反映在围绕着意识，围绕着掩盖或揭露社会的阶级特性而进行的意识形态斗争之中。"② 他还认为意识形态斗争是阶级斗争的组成部分，他讲道："意识形态因素不仅'掩盖'了经济利益，不仅是旗帜和斗争口号，而且是实现斗争本身的组成部分和因素。"③ 同时分析认为："无论是在经济方面，还是在意识形态方面，无产阶级和资产阶级都必然是相互依赖的阶级。"④ 这是因为同一个过程或重大事件，对资产阶级来说如果是一场危机，而对无产阶级来说就是积聚力量，是走向胜利的起点。从意识形态方面来讲，对资本主义社会本质的认识越深刻，无产阶级掌握的真理就越多，也同样意味着无产阶级力量的增长，因为真理是取得胜利的武器。从这些论述中可以看出，卢卡奇所阐述的阶级意识，就是一种意识形态。

---

① 卢卡奇．历史与阶级意识［M］．杜章智，任立，燕宏远，译．北京：商务印书馆，2010：138.

② 卢卡奇．历史与阶级意识［M］．杜章智，任立，燕宏远，译．北京：商务印书馆，2010：119.

③ 卢卡奇．历史与阶级意识［M］．杜章智，任立，燕宏远，译．北京：商务印书馆，2010：119.

④ 卢卡奇．历史与阶级意识［M］．杜章智，任立，燕宏远，译．北京：商务印书馆，2010：131.

3. 安东尼奥·葛兰西对意识形态概念的论述

安东尼奥·葛兰西（1891—1937）是西方马克思主义创始人之一，他在《狱中札记》中对意识形态概念进行了分析。他从“文化霸权”角度论述了问题，他认为“文化霸权”的实质在于意识形态领导权，“文化霸权”就是一个集团对另一个集团的意识形态优势，“是通过文化手段对社会精神生活的控制，这是一种知识与道德的领导权”①。他强调意识形态领导权是靠教育、“同意”来实现的，他认为：“每个国家都是伦理国家，因为它们最重要的职能就是把广大国民的道德文化提高到一定的水平，与生产力的发展要求相适应，与统治阶级的利益相适应。”② 安东尼奥·葛兰西还进一步分析了在不同的历史阶段上，统治阶级实施“同意”的手段是不同的，也就是实施意识形态领导权的手段是多样化的，封建地主主要是通过“神秘化”手段，使被统治阶级服从统治阶级，资本主义社会主要是通过“合理化”手段，使工人阶级和劳动人民服从资产阶级的统治。因此，依据安东尼奥·葛兰西的阐述，意识形态实际上就是统治阶级的一种思想意识，这种思想意识就有教化、统领作用，是统治阶级的一种统治工具。

4. 卡尔·曼海姆对意识形态概念的界定

德国著名社会学家卡尔·曼海姆（1893—1947）在《意识形态与乌托邦》一书中，对意识形态问题进行了创造性研究，他提出：“要理解思想界的目前状况，有必要从‘意识形态’问题开始。”③ 他进一步认为，对这一问题的认识莫过于分析术语“意识形态”概念。卡尔·曼海姆首次把意识形态划分为特定的意识形态和总体的意识形态。特定的意识形态主要是指特定的个人提出的思想观点和描述，并认为这种思想观点和描述带有伪装性，“这些思想和描述是对状态的真实本质的或多或少的故意伪装，其实是承认了一种不符合他们利益的东西”④。“意识形态的这种概念只是逐渐地变得不同于普遍意义上的谎言。”⑤ 这

① 安东尼奥·葛兰西．狱中札记［M］．曹雷雨，姜丽，张居先，译．北京：中国社会科学出版社，2020：38.

② 安东尼奥·葛兰西．狱中札记［M］．曹雷雨，姜丽，张居先，译．北京：中国社会科学出版社，2000：214.

③ 卡尔·曼海姆．意识形态与乌托邦［M］．姚仁权，译．北京：中国社会科学出版社，2009：52.

④ 卡尔·曼海姆．意识形态与乌托邦［M］．姚仁权，译．北京：中国社会科学出版社，2009：52.

⑤ 卡尔·曼海姆．意识形态与乌托邦［M］．姚仁权，译．北京：中国社会科学出版社，2009：52.

种特定的意识形态主要建立在心理层面。总体的意识形态“是指一个时代或者一个具体的社会历史集团（比如阶级）的意识形态，我们所关心的是这个时代或这个集团的思维的总体结构的特征和构成”①。总体的意识形态在解释学层面或理论层面起作用。

5. 罗伯特·达尔对意识形态概念的解读

美国当代著名政治学家罗伯特·达尔（1915—2014）在《现代政治分析》一书中，从政治合法性角度阐述了意识形态。他说：“政治体系中的领袖通常维护一套多少持续和统一的信条，这些信条有助于说明和证实他们在体系中进行领导的合理性。一套这种类型的信条常常被称作一种意识形态（莫斯卡称之为‘政治公式’）。”② 他进一步认为，领袖们倡导一种意识形态的一个重要原因是赋予他们的领导以合法性，以便把他们的政治影响力转化成权威。这种意识形态不仅证明其领导的合法性，而且证明政治体系本身的合理性。这样，他们的意识形态就是官方的或统治的意识形态。

6. 路易斯·阿尔都塞对意识形态概念的阐述

法国马克思主义哲学家、西方马克思主义著名代表人物路易斯·阿尔都塞（1918—1990），早期主要是一般地讨论意识形态与科学的对立问题，提出了“意识形态不是科学”的观点。他在《意识形态和意识形态国家机器》一文中，转而从社会结构的角度研究意识形态，提出“意识形态国家机器”这一概念，他认为国家机器有两种，一种是镇压性国家机器，包括军队、法院、政府、监狱等，另一种是意识形态国家机器，主要包括学校、教会、合作社、大众传媒、家庭等。强制性国家机器通过强制的手段发挥作用，意识形态国家机器通过教化手段发挥作用。

7. 尤尔根·哈贝马斯对意识形态概念的理解

德国著名的哲学家和社会学家、法兰克福学派重要代表人物尤尔根·哈贝马斯（1929—），在《作为“意识形态”的技术与科学》一书中，从科学技术功能的角度阐述了意识形态问题。他认为科学技术成了意识形态。在资本主义社会，科学技术统治渗透到经济政治社会生活的各个领域，科学技术统治的合理性逐渐变成资产阶级政治统治的合理性，科学技术为资产阶级统治提供了新

---

① 卡尔·曼海姆．意识形态与乌托邦［M］．姚仁权，译．北京：中国社会科学出版社，2009：53.

② 罗伯特·达尔．现代政治分析［M］．王沪宁，陈锋，译．上海：上海译文出版社，1987：78.

的合法性论证，工人阶级在服从科学技术、科学管理的背后，没有意识到是在服从资本主义统治秩序，在资本主义科学技术统治下，工人阶级失去了反抗意识，这样，科学技术就成为一种“非政治”的意识形态。实际上，尤尔根·哈贝马斯把意识形态看成一种政治控制力量，这种政治控制力量只不过隐藏在科学技术之中。这也说明，科学技术既是发展经济的手段，也是一种政治统治的手段。这也是尤尔根·哈贝马斯对马克思早期异化劳动思想的新发展，科学技术不是造福于工人阶级的工具，而是统治工人阶级的工具。

8. 雷蒙德·盖斯对意识形态概念的解读

英国社会哲学家雷蒙德·盖斯（1946—）在《一种批判理论的理念：哈贝马斯与法兰克福学派》一书中，把意识形态分为三种类型：描述性意义（中性）的意识形态、积极性意义（褒义）的意识形态、批判性意义（贬义）的意识形态。描述性意义的意识形态主要包括社会文化体系中的某种仪式、风俗习惯、艺术、宗教、信仰、心理等，这种意义上的意识形态就是一个社会的文化体系；批判性意义的意识形态是一种否定的意识形态，是一种虚假意识，是被用来维护政治统治的；积极性意义的意识形态是对特定社会的一种期望，积极的意识形态不是被发现的，而是构建出来的，是人们在分析社会现状基础上，构建的一套社会制度模式和理想信念。

9. 斯拉沃热·齐泽克对意识形态观念的阐述

斯洛文尼亚著名的拉康学派哲学家和文化批判家斯拉沃热·齐泽克（1949—）在《图绘意识形态》一书中，认为：“‘意识形态’可以指称任何事物，从曲解对社会现实依赖性沉思的态度到行动取向的一整套信念，从个体赖以维系其与社会结构之关系的不可缺少的媒介，到使得主导的政治权力的合法化的错误观念，几乎无所不包。意识形态正巧在我们试图摆脱它的时候突然冒出来，而在人们认定它会存在的地方反倒不会出现。”①

（二）我国学者对意识形态概念的界定

对于意识形态的含义我国学者也进行了多方面的界定。肖前对意识形态概念的定义是：意识形态是对一定社会经济形态以及由经济形态所决定的政治制度的自觉反映。张国祚对意识形态概念的界定是：意识形态是人们对世界和社会的系统的看法、见解、信仰和追求。李秀林对意识形态的理解是：“意识形态是在人类劳动、思维能力和社会关系发展到一定阶段时才出现的，而且与私有

① 斯拉沃热·齐泽克，泰奥德·阿多尔诺．图绘意识形态［M］．方杰，译．南京：南京大学出版社，2006：3.

制、阶级关系以及脑力劳动与体力劳动的分工密切相关。它属于社会意识，又不能包含全部的社会意识。”① 他还进一步认为，在阶级社会的每一种社会形态中，往往存在着三种不同的意识形态：首先是反映现存社会占统治地位的生产关系并为其服务的意识形态；其次是旧社会的意识形态，它反映已被消灭和正在被消灭的旧的生产关系；最后是反映现存社会中正在成长着的生产关系的意识形态。俞吾金对意识形态概念的界定是：“在阶级社会中，适合一定的经济基础以及竖立在这一基础之上的法律的和政治的上层建筑而形成起来的，代表统治阶级根本利益的情感、表象和观念的总和，其根本的特征是自觉或不自觉地用幻想的联系来取代并掩盖真实的联系。”② 宋惠昌认为：“意识形态是一定阶级或社会的思想体系。”③ 王永贵对意识形态内涵的理解是：“意识形态是一定社会历史条件下的统治阶级和社会利益集团，自觉、全面和客观地反映社会经济形态和政治制度系统化的思想观念、价值体系和理论学说的总称，是社会上层建筑的重要组成部分。具体说来，意识形态是统治阶级和社会集团乃至国家及国家集团基于一定的世界观和价值观，为了自己阶级和集团乃至国家的根本利益和要求，或者为了达到改造世界、建立政权和巩固自己政治统治的目标而提出并确立的社会理想、价值观念、政治原则、行动纲领和实施战略。”④ 黄传新对意识形态概念的界定是：“意识形态以表现一定社会中人们的利益、意志、愿望和要求为内容，其基本职能是直接参与社会生活，以巩固或改变一定的社会关系。意识形态既是人们特定的经济关系的观念表现，又直接构成了人们特定的思想关系和特定的精神生活。”⑤ 宇文利对意识形态的理解是：“狭义的意识形态是一个包含阶级色彩和政治意味的范畴，是指由社会的统治阶级确立和倡导的、面向并作用于所有社会群体的理论学说、精神信仰、思想观念与价值体系。即在社会结构中居于‘形而上’层次的意识体系。”⑥ 赵继伟对意识形态的定义：“意识形态是一个系统化、理论化的思想体系，它是建立在一定经济基础之上的，自觉反映一定阶级或社会利益集团的政治经济利益，是这一阶级或

① 李秀林，王于，李淮春．辩证唯物主义和历史唯物主义［M］．5版．北京：中国人民大学出版社，2004：115.

② 俞吾金．意识形态论［M］．上海：上海人民出版社，1993：212.

③ 宋惠昌．当代意识形态研究［M］．北京：中共中央党校出版社，1993：9.

④ 王永贵．经济全球化与社会主义意识形态建设研究［M］．北京：人民出版社，2005：18.

⑤ 黄传新．构建和谐社会与意识形态建设［M］．合肥：安徽人民出版社，2007：2.

⑥ 宇文利．改革开放与社会主义和谐意识形态的构建［J］．北京大学学报（哲学社会科学版），2009（1）：77－84.

社会集团的思想基础。"① 王万征认为："广义的意识形态是哲学、政治、艺术、宗教、道德等一切人对世界和社会的所有系统的看法和见解的总和。"②

从上述研究成果中可以看出，我国学者对意识形态概念的理解主要是三个层面，一是在政治哲学方面，把意识形态看成一定阶级或集团的思想体系；二是在认知方面，把意识形态看成人们对经济和政治生活的认识和反映；三是在价值功能方面，意识形态对社会发展具有指导作用。在借鉴上述研究成果的基础上，本书也试图对意识形态概念的内涵进行这样的界定：意识形态是在一定阶级或政治组织为实现和维护其利益，而提出的一整套思想观点、价值观念、奋斗目标，是反映特定经济基础和政治制度的上层建筑，是一定阶级或政治组织从事实践活动的理论依据和思想基础。

二、马克思、恩格斯的意识形态理论

马克思、恩格斯尽管没有对意识形态下一个明确的定义，但在他们的著作中蕴含着深刻而丰富的意识形态理论。马克思、恩格斯对意识形态理论的阐述可以从以下两个层面理解。

（一）马克思、恩格斯对意识形态内涵的阐述

马克思、恩格斯在他们的著作中，是从不同的角度使用"意识形态"概念的，其中主要有六个方面。

1. 意识形态作为一种思想意识和观念是对客观现实的反映，具有客观现实性

意识形态属于社会意识的组成部分，作为一种哲学范畴，社会意识包括人们的一切意识要素、观念形态及全部精神现象。任何意识都是对客观现实的反映，马克思、恩格斯说："意识在任何时候都只能是被意识到了的存在，而人们的存在就是他们的现实生活过程。"③ "不是意识决定生活，而是生活决定意识。"④ 人们的观念、观点等，是随着人们的生活条件、社会关系、社会存在的改变而改变。"不是人们的意识决定人们的存在，相反，是人们的社会存在决定人们的意识。"⑤ 意识形态是在人类劳动、思维能力和社会关系发展到一定阶段

---

① 赵继伟．马克思主义意识形态接受论［M］．武汉：武汉大学出版社，2009：30.

② 王万征．对新时期我国意识形态创新的思考［J］．毛泽东邓小平理论研究，2009（2）：41－45.

③ 马克思，恩格斯．马克思恩格斯选集：第1卷［M］．北京：人民出版社，2012：152.

④ 马克思，恩格斯．马克思恩格斯选集：第1卷［M］．北京：人民出版社，2012：152.

⑤ 马克思，恩格斯．马克思恩格斯选集：第2卷［M］．北京：人民出版社，2012：2.

时出现的，而且与所有制、阶级关系以及脑力劳动与体力劳动的分工密切相关，意识形态是社会意识的一个组成部分。社会意识是社会存在的反映，意识形态也是对社会现实的反映。马克思、恩格斯早期著作中在论述意识形态问题时，常常把道德、宗教、法律、哲学等看成意识形态的具体内容和表现形式。“思想、观念、意识的生产最初是直接与人们的物质活动，与人们的物质交往，与现实生活的语言交织在一起的。人们的想象、思维、精神交往在这里还是人们物质行动的直接产物。表现在某一民族的政治、法律、道德、宗教、形而上学等的语言中的精神生产也是这样。”①他们进一步指出：“我们的出发点是从事实际活动的人，而且从他们的现实生活过程中还可以描绘出这一生活在意识形态上的反射和反响的发展。”② 这样，马克思、恩格斯就站在辩证唯物主义立场上，对意识形态问题进行了明确的阐述，意识形态作为一种特定的社会意识形态，不是人们头脑中杜撰的，而是来自客观现实，是对客观现实的反映，受客观现实的决定。

2. 意识形态是属于上层建筑，具有重要能动性

依据马克思、恩格斯社会结构理论，整个社会包括经济基础和上层建筑。一定社会的生产关系的各个方面的总和，构成该社会的经济基础，社会上层建筑是建立在经济基础之上的政治法律制度和与之相适应的意识形态，政治制度主要包括国体、政体、政府制度、议会制度、政党制度、选举制度、司法制度、军事制度等。意识形态主要包括人们的政治观点、法律观点、道德、哲学、艺术、宗教等。马克思指出：“人们在自己生活的社会生产中发生一定的、必然的、不以他们的意志为转移的关系，即同他们的物质生产力的一定发展阶段相适合的生产关系。这些生产关系的总和构成社会的经济结构，即有法律的和政治的上层建筑竖立其上并有一定的社会意识形式与之相适应的现实基础。”③ 上层建筑是一个庞大的体系，其中政治处于主导的地位，意识形态的发展不仅要受经济基础的制约，而且也要受到政治的制约，从属于政治。马克思、恩格斯认为，意识形态是社会上层建筑的组成部分，他们指出：“在不同的财产形式上，在社会生存条件上，耸立着由各种不同的，表现独特的情感、幻想、思想方式和人生观构成的整个上层建筑。”④ 恩格斯具体地指出，“经济状况是基础，

① 马克思，恩格斯．马克思恩格斯选集：第1卷［M］．北京：人民出版社，2012：151－152.

② 马克思，恩格斯．马克思恩格斯选集：第1卷［M］．北京：人民出版社，2012：152.

③ 马克思，恩格斯．马克思恩格斯选集：第2卷［M］．北京：人民出版社，2012：2.

④ 马克思，恩格斯．马克思恩格斯选集：第1卷［M］．北京：人民出版社，2012：695.

但是对历史斗争的进程发生影响并且在许多情况下主要是决定着这一斗争的形式的，还有上层建筑的各种因素阶级斗争的各种政治形式及其成果——由胜利了的阶级在获胜以后确立的宪法等，各种法的形式以及所有这些实际斗争在参加者头脑中的反映，政治的、法律的和哲学的理论，宗教的观点以及它们向教义体系的进一步发展”①。可见，马克思、恩格斯明确地把意识形态作为上层建筑的有机组成部分，在这里所讲的“情感、幻想、思想方式、人生观以及政治的、法律的、哲学的理论、宗教的观点”实际上都是意识形态的表现形式。马克思、恩格斯把意识形态看作社会上层建筑的组成部分，也就必然强调意识形态对经济基础的能动作用，对此，恩格斯明确指出：“构成我们称之为意识形态观点的那种东西——又对经济基础发生反作用，并且能在某种限度内改变经济基础，我认为这是不言而喻的。”②在此，恩格斯非常明确地强调了意识形态对经济基础的能动作用，恩格斯进一步指出：“政治、法、哲学、宗教、文学、艺术等的发展是以经济发展为基础的。但是，它们又都互相作用并对经济基础发生作用。”③马克思、恩格斯从辩证唯物主义立场出发，不仅承认经济基础、政治制度对意识形态的决定作用，也看到了意识形态对经济基础、政治制度的能动作用，意识形态对国家经济基础、政治制度既具有促进、保障、维护作用，也有可能产生阻碍、瓦解、损害作用。

3. 意识形态是反映一定阶级利益的思想体系，具有鲜明阶级性

一定的政治思想、法律思想、道德、哲学、艺术、宗教等社会观点的总和，构成一定阶级的意识形态。在阶级社会里，不存在超阶级的意识形态，由于人们的阶级地位和阶级利益不同，在同一个社会关系里，会形成不同的思想情感、愿望要求、价值观念、道德风尚等，会有不同的甚至根本对立的意识形态。在马克思、恩格斯看来，意识形态的阶级性表现在两种情况，一是意识形态的地位体现了阶级地位，每个阶级都有自己特定的意识形态，各种意识形态在社会上的地位是阶级地位的体现，阶级地位决定着该阶级的意识形态的地位，统治阶级的意识形态必定是占统治地位的意识形态，马克思、恩格斯指出：“统治阶级的思想在每一时代都是占统治地位的思想。这就是说，一个阶级是社会上占统治地位的物质力量，同时也是社会上占统治地位的精神力量。”④ 在封建社会

---

① 马克思，恩格斯．马克思恩格斯选集：第4卷［M］．北京：人民出版社，2012：604.

② 马克思，恩格斯．马克思恩格斯选集：第4卷［M］．北京：人民出版社，2012：611.

③ 马克思，恩格斯．马克思恩格斯选集：第4卷［M］．北京：人民出版社，2012：649.

④ 马克思，恩格斯．马克思恩格斯选集：第1卷［M］．北京：人民出版社，2012：178.

占统治地位的思想是地主阶级的等级、专制、神学等观念，在资本主义社会占统治地位的思想是资产阶级的民主、自由、人权等观念。二是意识形态斗争反映了阶级斗争，各个阶级之间在意识形态领域的斗争，本质上是阶级斗争的反映。马克思、恩格斯指出："一切历史上的斗争，无论是在政治、宗教、哲学的领域中进行的，还是在其他意识形态领域中进行的，实际上只是或多或少明显地表现了各社会阶级的斗争。"① 这说明意识形态领域的斗争，无论采取什么样的形式，都不是孤立进行的，也不是纯粹的思想斗争，在意识形态斗争的背后体现了阶级斗争。不仅不同意识形态之间的斗争反映了阶级斗争，而且意识形态的地位也体现了阶级地位，这些都说明了意识形态具有鲜明的阶级性。

4. 意识形态是一种虚假意识，具有特定遮蔽性

马克思、恩格斯在他们的著作中，在特定情况下是在贬义上使用意识形态概念的，马克思、恩格斯把这些称为"颠倒的意识""虚假意识""反动的意识"等。这种贬义主要有五种情况，一是指一些唯心主义的哲学。当时以青年黑格尔派为主要代表的德国哲学，颠倒意识与存在、思维与现实的关系，以纯思想批判代替反对现存制度的实际斗争。马克思、恩格斯把这种哲学称为"德意志意识形态"，把鼓吹这种哲学的人称为"德意志意识形态家"。恩格斯在《反杜林论》中指出："杜林先生就绝望地陷入使他以'模仿者'黑格尔的模仿者的面目出现的那种意识形态里。"② 并指出，杜林在这样的意识形态的基础上是不可能建立任何唯物主义学说的。恩格斯在《自然辩证法》中，在批判黑格尔的"机体中的内在目的是通过本能在实现的"这一观点时，指出："整个内在目的本身是一个不折不扣的意识形态的规定。"③ 恩格斯讲道，"马克思发现了人类历史的发展规律，即历来为繁芜丛杂的意识形态所掩盖着的一个简单事实：人们首先必须吃、喝、住、穿，然后才能从事政治、科学、艺术、宗教等"④。可见，马克思、恩格斯在这里所讲的意识形态指的是唯心主义哲学。二是指一些错误的思想观念。恩格斯讲道："意识形态是由所谓的思想家通过意识，但是通过虚假的意识完成的过程。推动他的真正动力始终是他所不知道的，否则这就不是意识形态的过程了。"⑤ 三是指一定阶级为实现自己的利益，总是把自己的特殊利益说成是"普遍利益"。马克思、恩格斯讲道："每一个力图取得统治

① 马克思，恩格斯．马克思恩格斯选集：第1卷［M］．北京：人民出版社，2012：667.
② 马克思，恩格斯．马克思恩格斯选集：第3卷［M］．北京：人民出版社，2012：411.
③ 马克思，恩格斯．马克思恩格斯选集：第3卷［M］．北京：人民出版社，2012：911.
④ 马克思，恩格斯．马克思恩格斯选集：第3卷［M］．北京：人民出版社，2012：1002.
⑤ 马克思，恩格斯．马克思恩格斯选集：第4卷［M］．北京：人民出版社，2012：642.

的阶级，即使它的统治要求消灭整个旧的社会形式和一切统治，就像无产阶级那样，都必须首先夺取政权，以便把自己的利益说成是普遍的利益，而这是它在初期不得不如此做的。”① 四是国家这种特殊的意识形态形式，是一种虚幻的共同体。“正是由于特殊利益和共同利益之间的这种矛盾，共同利益才采取国家这种与实际的单个利益和全体利益相脱离的独立形式，同时采取虚幻的共同体的形式。”②五是资产阶级所宣扬的思想及制度具有虚假性。马克思认为，大资产阶级利用民主共和国进行统治，他们“剥去宪法的那套意识形态的服饰，并利用自己的立法机关和行政机关来实现为奴役无产阶级所必需的各种条件”③。“立宪共和国从资产阶级共和党人手中产生出来时本来是一个空洞的意识形态的公式。”④ 可见，马克思、恩格斯把意识形态看成一种虚假意识，是有所特指的，但不能反过来理解，意识形态在马克思、恩格斯那里是一个贬义概念，如果这样理解的话，那就无法解释马克思、恩格斯所论述的意识形态是对客观现实的反映、意识形态具有对经济基础反作用的观点。马克思、恩格斯是从贬义、褒义、中性三个角度使用意识形态概念的。因此，不能简单地说，意识形态在马克思、恩格斯那里是一个贬义词或褒义词。

5. 意识形态的形式是丰富的、多种方面的，具有多样性

意识形态是一个集合性概念，在马克思、恩格斯看来，意识形态包括一些具体的形式，这在他们的著作中有多方面的论述。马克思、恩格斯在分析现实生活过程对意识形态的制约作用时提到，由于意识形态反映了现实生活过程，其内容来自现实，与物质前提紧密相关，因此不能孤立地研究意识形态，这样“道德、宗教、形而上学和其他意识形态，以及与它们相适应的意识形态便不在保留独立性的外观了”⑤。马克思、恩格斯在《共产党宣言》中批驳资产阶级对共产主义的攻击时，讲道：“从宗教的、哲学的和一切意识形态的观点对共产主义提出的种种责难，都不值得详细讨论了。”⑥ 马克思在阐述经济基础的变革必然会引起上层建筑的变革这一问题时指出，这种变革表现在两种情况，一种是生产的经济条件方面所发生的物质的、可以用自然科学的精确性指明的变革，另一种是意识形态领域的变革，这在意识形态领域的变革主要是“那些法律的、

① 马克思，恩格斯．马克思恩格斯选集：第1卷［M］．北京：人民出版社，2012：164.
② 马克思，恩格斯．马克思恩格斯选集：第1卷［M］．北京：人民出版社，2012：164.
③ 马克思，恩格斯．马克思恩格斯选集：第1卷［M］．北京：人民出版社，2012：488.
④ 马克思，恩格斯．马克思恩格斯选集：第1卷［M］．北京：人民出版社，2012：517.
⑤ 马克思，恩格斯．马克思恩格斯选集：第1卷［M］．北京：人民出版社，2012：152.
⑥ 马克思，恩格斯．马克思恩格斯选集：第1卷［M］．北京：人民出版社，2012：419.

政治的、宗教的、艺术的或哲学的，简而言之，意识形态的形式”①。在这里，马克思明确指出了意识形态的具体形式。“中世纪把意识形态的其他一切形式——哲学、政治、法学，都合并到神学中去，使它们成为神学中的科目。”②

6. 把意识形态看成一种抽象的理论，具有概括性

“我们所研究的领域越是远离经济，越是接近于纯粹抽象的意识形态，我们就越是发现它在自己的发展中表现为偶然现象，它的曲线就越是曲折。”③“法国民主派的正式代表人物受共和主义意识形态影响太深，以致在六月战斗已经过去的几个星期，才开始察觉到这次战斗的意义。”④“任何意识形态一经产生，就同现有的观念材料相结合而发展起来，并对这些材料做进一步的加工；不然，它就不是意识形态了。”⑤“宗教一旦形成，总要包含某些传统的材料，因为在一切意识形态领域内传统都是一种巨大的保守力量。”⑥马克思、恩格斯在这些论述中所使用的意识形态概念主要是指一些抽象的理论。

（二）恩格斯晚年对意识形态理论的新发展

恩格斯晚年是指1883年至1895年这段历史时期。马克思去世后，恩格斯扮演了科学社会主义“第一小提琴手”的角色，一方面，花费巨大精力整理马克思《资本论》第2卷、第3卷的遗稿；另一方面，进行了多方面的理论创新，使马克思主义理论更加成熟和完善。其中，关于意识形态理论方面的创新和完善是恩格斯晚年理论创新的一个重要组成部分，这一理论创新，不仅丰富和完善了马克思主义意识形态理论，而且具有重要的现实价值。

1. 进一步阐明了意识形态的实质

马克思、恩格斯早期曾把意识形态看作一种虚假观念、一种“虚妄”，恩格斯晚年在论述意识形态问题时，不只是再把意识形态看成一种虚假意识、一些理论家杜撰出来的观念，也不只是对一些错误的理论冠之以“意识形态”，而是对一些错误理论进行深入细致的分析，在此基础上论证其错误实质，并在理论上进一步加以纠正，这样对错误理论的批驳不仅是一种鄙视或指责，而是从更深层次上，指出其错误实质，这样就把唯物主义“这个世界观彻底地（至少在

---

① 马克思，恩格斯．马克思恩格斯选集：第2卷［M］．北京：人民出版社，2012：3.
② 马克思，恩格斯．马克思恩格斯选集：第4卷［M］．北京：人民出版社，2012：262.
③ 马克思，恩格斯．马克思恩格斯选集：第4卷［M］．北京：人民出版社，2012：650.
④ 马克思，恩格斯．马克思恩格斯选集：第1卷［M］．北京：人民出版社，2012：467.
⑤ 马克思，恩格斯．马克思恩格斯选集：第4卷［M］．北京：人民出版社，2012：261.
⑥ 马克思，恩格斯．马克思恩格斯选集：第4卷［M］．北京：人民出版社，2012：263.

主要方面）运用到所研究的一切知识领域里去了”①。凭借对唯物主义原则的成熟、透彻理解及对唯物主义的彻底运用，恩格斯晚年把意识形态看作一种中性概念，看成一种思想体系，并认为这种思想体系是来自现实，并非个人杜撰的。在指出其错误实质后，在依据唯物主义原则再对此加以纠正和阐述，得出令人信服的结论，这样对一些错误理论的认识和批驳就更加彻底、更加深入，不是出于热情，而是基于理性分析，这固然与年龄有关系，但更主要的是恩格斯晚年理论分析能力更成熟。这一点集中体现在恩格斯对黑格尔辩证法的分析上，“在他那里，辩证法是倒立着的。必须把它倒过来，以便发现神秘外壳中的合理内核”②。指出黑格尔辩证法这种意识形态是颠倒的，要认识其错误实质，就需要“我们重新唯物地把我们头脑中的概念看作现实事物的反映，而不是把现实事物看作绝对概念的某一阶段的反映”③。通过唯物主义的理论阐释，概念的辩证法本身就变成现实世界辩证运动的自觉反映，这样，黑格尔的辩证法就被颠倒了过来，也就实现了“颠倒的颠倒”。通过这种分析，就使人们更加明确地认识到，黑格尔辩证法这种意识形态，不是黑格尔本人杜撰的，是现实世界辩证运动在人们头脑中的反映，因此，黑格尔辩证法不是一种虚假意识，而是一种真实的意识，也是对现实世界的反映。黑格尔辩证法的错误实质就在于本末倒置。

恩格斯晚年对黑格尔辩证法的分析，使人们认识到，意识形态不论是正确的还是错误的，都是对现实世界的反映，都要遵循唯物主义的一般规律，这样对意识形态实质的认识会更加全面和冷静。意识形态毕竟是一种观念，无论是虚假意识还是真实意识，都来自现实世界，这样把唯物主义原则就贯彻到底了，对错误理论不仅要鄙视，还需要深入细致的分析，这样才能彻底批驳错误理论，从根本上认清其实质。

2. 更加重视意识形态理论的创新和现实运用

恩格斯晚年更加富有创新精神，以创新的态度对待自己的理论，认为对自己的理论也要创新。1888 年在《共产党宣言》的英文版序言中，恩格斯就指出，《共产党宣言》中这些原理的实际运用，正如《共产党宣言》中所说的，随时随地都要以当时的历史条件为转移。时代发生了变化，科学社会主义理论就要适应这种变化，不断丰富自己的内容。恩格斯更加明确地指出：“所谓‘社

① 马克思，恩格斯．马克思恩格斯选集：第 4 卷［M］．北京：人民出版社，2012：249.
② 马克思，恩格斯．马克思恩格斯选集：第 3 卷［M］．北京：人民出版社，2012：879.
③ 马克思，恩格斯．马克思恩格斯选集：第 4 卷［M］．北京：人民出版社，2012：249.

会主义社会’不是一种一成不变的东西，而应当和任何其他社会制度一样，把它看成是经常变化和改革的社会。”① 只有不断变革和创新，才能保持社会主义的活力。最可贵的是恩格斯即便是对待自己亲自创立的理论也不保守，反复强调自己理论的发展和创新属性，这需要理论勇气和创新勇气，需要科学的态度和宽阔的胸怀。他讲道：“我们的理论是发展着的理论，而不是必须背得烂熟并机械地加以重复的教条。”② 既然注重创新和发展，就必然反对以教条主义的态度对待自己的理论，不能把科学社会主义理论生搬硬套，不分时间、地点、条件的变化机械地加以应用，这样会损害革命运动，也会窒息理论的生命力，因此在对待科学社会主义理论问题上，恩格斯特别反对教条主义。一种理论不能简单地从一个国家照搬到另一个国家，必须与本国实际相结合，这样才能有效地发挥其作用。当年，一批德国社会主义者到美国后，他们并不真正了解美国的工人运动和美国的现实，他们只是机械地照搬科学社会主义理论，结果使科学社会主义理论没有很好地发挥作用，在19世纪美国工人运动发展时，没能有效地指导工人运动。对此，恩格斯批评这些工人运动活动家，他们不是把科学社会主义理论作为行动的指南，“而用学理主义和教条主义的态度去对待它，认为只要把它背得烂熟，就足以满足一切需要。对他们来说，这是教条，而不是行动的指南”③。由于美国社会主义工人党当时的成员90%是德国侨民，他们只满足于一些革命口号和教条，把科学社会主义当成医治百病的灵丹妙药。恩格斯告诫人们，对任何理论都不能机械地、简单地运用，而是要在创新中运用，这样才能成为行动的指南。意识形态本身也是一种理论体系，恩格斯注重理论创新，实际上也是强调了对意识形态的创新，恩格斯晚年之所以能够对意识形态理论进行多方面的补充、完善和创新，与恩格斯这种创新的精神和态度是分不开的。

3. 从上层建筑对经济基础反作用的角度阐述了意识形态的能动作用

恩格斯晚年不仅仅把意识形态看成一种虚假理论体系或统治阶级编造的谎言，也不只是看成一般的理论观念，而是把意识形态纳入上层建筑的视野，站在国家政治生活的高度来理解和认识意识形态。这是恩格斯晚年对意识形态一个更为明确的定位，这也就提升了意识形态的地位。

经济基础决定上层建筑是辩证唯物主义的基本原理，恩格斯认为，如果把

① 马克思，恩格斯．马克思恩格斯选集：第4卷［M］．北京：人民出版社，2012：602.
② 马克思，恩格斯．马克思恩格斯选集：第4卷［M］．北京：人民出版社，2012：588.
③ 马克思，恩格斯．马克思恩格斯选集：第4卷［M］．北京：人民出版社，2012：583.

这一原理加以歪曲，认为经济因素是唯一决定的因素，那么就会把这一原理变成毫无内容的、抽象的、荒诞无稽的东西。恩格斯指出："经济状况是基础，但是对历史斗争的进程发生影响并且在许多情况下主要是决定着这一斗争的形式的，还有上层建筑的各种因素：阶级斗争的政治形式及其成果——由胜利了的阶级在获胜以后确立的宪法等，各种法的形式以及所有这些实际斗争在参加者头脑中的反映，政治的、法律的和哲学的理论，宗教的观点以及它们向教义体系的进一步发展。"① 在这里，显然有两点引起人们的重视，一是把意识形态的一些要素主要包括法律、政治理论观点、哲学思想、宗教观点等作为上层建筑的组成部分；二是意识形态对历史斗争进程发挥重要影响作用。恩格斯还进一步从历史发展"合力"的角度，阐明意识形态对历史发展所起的能动作用。他指出，"历史是这样创造的：最终的结果总是从许多单个的意志的相互冲突中产生出来的，……这样就有无数互相交错的力量，有无数个力的平行四边形，由此就产生出一个合力，即历史结果"②。历史发展不是单一力量发挥作用的结果，而是多种力量共同起作用的产物，在这无数个"合力"中，就内含着意识形态因素，这也就论证了意识形态对历史发展所起的能动作用。恩格斯的这些论述使人们对意识形态属性、地位及作用的认识更加完整和清晰。意识形态不是一种孤立的社会意识现象，而是与经济基础、与人类社会历史发展紧密相连的，这样对意识形态的理解更丰富、更深厚，也更富有辩证性。

恩格斯在坚持经济基础决定上层建筑的前提下，充分论述了上层建筑对经济基础的能动作用，这实际上就将唯物辩证法进一步应用到了社会历史领域，在社会历史领域不仅驱逐了唯心主义，也有效避免了形而上学。恩格斯不仅解决了意识形态与现实之间的"头足倒置"问题，而且在倒置过来后，意识形态也不是简单地、机械地站立在经济基础之上的，而是积极地、能动地活跃在经济基础之上，不是简单地颠倒过来，而且还要进一步看到意识形态的能动作用。这就构成了一个鲜活的社会历史辩证法，这是恩格斯晚年对意识形态理论的一个突出贡献。

4. 深刻阐述了意识形态在革命斗争中发挥的重要作用

任何社会革命都需要通过意识形态论证革命的合理性、必然性，启发民众的思想觉悟，意识形态对于发动革命具有政治启发作用，意识形态变革是社会革命的一种先决条件。恩格斯通过深刻分析黑格尔辩证法的进步性，论证了哲

① 马克思，恩格斯．马克思恩格斯选集：第4卷［M］．北京：人民出版社，2012：604.
② 马克思，恩格斯．马克思恩格斯选集：第4卷［M］．北京：人民出版社，2012：605.

学这种意识形态形式所具有的启发作用。恩格斯认为德国哲学与法国哲学发挥启发作用的具体形式是不同的，法国哲学是同本国统治阶级进行公开的斗争，启发各个阶级进行革命斗争，营造轰轰烈烈的革命气氛。而德国哲学则是在晦涩的言辞后面，在枯燥的语句里隐藏着革命。黑格尔的哲学命题“凡是现实的都是合乎理性的，凡是合乎理性的都是现实的”，从直接的表达来看，是把现存的一切神圣化，是为现实的德国专制制度、警察国家、专制司法论证，当时整个德国从皇帝到臣民都是这样认为的，但是在黑格尔看来，绝不是一切“现存”的都无条件的是“现实”的，在事物发展进程中，以前现实的东西都会成为不现实的、都会丧失自己的必然性、自己存在的权利、自己的合理性。在这个过程中，一种新的、富有生命力的现实的东西就会代替正在衰亡的现实的东西。这样，黑格尔的命题就转化为自己的反面，凡是在人类历史领域中现实的，随着时间的推移，都会成为不现实的、不合理性的，进而黑格尔的“凡是现实的都是合乎理性的”这一命题就变为另一个命题：“凡是现存的都一定要灭亡。”因此，在黑格尔哲学面前不存在任何最终的东西、绝对的东西、神圣的东西；它指出所有一切事物的暂时性；在它面前，除了生成和灭亡的不断过程、无止境地由低级上升到高级的不断过程，什么都不存在。这样，恩格斯通过对黑格尔哲学的深刻分析，就指出了黑格尔哲学的革命性，在德国革命前，哲学起到了一种政治先导作用，“正像在18世纪的法国一样，在19世纪的德国，哲学革命也作了政治变革的前导”①。

任何阶级要进行革命斗争，都需要广泛地动员民众参与，以形成声势浩大的革命运动，恩格斯还十分重视意识形态的政治动员作用。恩格斯指出，在中世纪意识形态的其他形式如哲学、政治、法律等都合并到神学中，成为神学的科目，在这个时期，只有一种意识形态，这就是宗教。因此，进步阶级要通过意识形态进行政治动员，必须借助于神学形式。当时群众基本上都信仰宗教，这样易于动员群众，对群众有号召力、影响力，进而形成强大的政治力量，因此“对于完全由宗教培育起来的群众感情说来，要掀起巨大的风暴，就必须让群众的切身利益披上宗教的外衣出现”②。这样，宗教作为意识形态的主要形式就具有政治动员作用。

意识形态对于革命运动还具有政治培育、指导方面的作用。当一个阶级没有形成与本阶级利益相适应的、独立的意识形态时，说明这个阶级还不成熟，

---

① 马克思，恩格斯．马克思恩格斯选集：第4卷［M］．北京：人民出版社，2012：220.

② 马克思，恩格斯．马克思恩格斯选集：第4卷［M］．北京：人民出版社，2012：262.

还没有能力进行革命斗争，只有摆脱原有统治阶级的意识形态，创立自己阶级的意识形态，这个阶级才能自觉地进行革命斗争。通过分析资产阶级成熟过程，恩格斯论述了这种功能，他指出，在中世纪，宗教这种意识形态占统治地位，这是地主阶级的意识形态，在那个社会中，资产阶级的意识形态还没有形成，也就不可能产生资产阶级革命，只有资产阶级具有了自己独立成熟的意识形态时，资产阶级革命才有可能产生。“到了 18 世纪，资产阶级已经强大得足以建立他们自己的、同他们的阶级地位相适应的意识形态了，这时他们才进行了他们的伟大而彻底的革命。”① 通过这种分析，实际上就蕴含了意识形态在资产阶级革命中所发挥的政治培育、指导等方面的作用。

5. 系统论证了意识形态的相对独立性

意识形态一方面来自客观现实，另一方面又相对独立地超越现实，有自己的存在形式和发展规律。恩格斯从三个层次进一步论证了意识形态的相对独立性。首先，恩格斯认为，国家作为一种意识形态力量具有相对独立性。在恩格斯的意识形态理论中，国家本身也是一种意识形态力量，“它刚一产生，对社会来说就是独立的，而且它越是成为某个阶级的机关，越是直接地实现这一阶级的统治，它就越独立”②。国家产生后就逐渐远离了它产生的经济条件，成为一种独立于社会之上的力量，国家也就具有了独立的运行规律。此外，在被压迫阶级反对统治阶级的斗争中，主要表现为政治斗争，而这种政治斗争同经济基础的联系日益模糊，甚至消失，这种情况也增强了国家政治统治的相对独立性。其次，意识形态以法律形式表现出来的时候，也体现了这种相对独立性。法律一旦形成，“在公法理论家和私法法学家那里，同经济事实的联系就完全消失了”③。人们只关注法律条文、法律形式，看不到与经济事实的联系，独立地起作用，独立地运行和发展，因而具有了相对独立的特性。再次，哲学和宗教更具有相对独立性。因为哲学和宗教更是远离物质经济基础，哲学“观念同自己的物质存在条件的联系，越来越错综复杂，越来越被一些中间环节弄模糊了”④。宗教离物质生活更远，而且好像是同物质生活最不相干。这样，哲学与宗教的相对独立性更强，正因为如此，“经济上落后的国家在哲学上仍然能够演奏第一小提琴”⑤。恩格斯具体指出，18 世纪的法国经济并不发达，但是哲学却

① 马克思，恩格斯．马克思恩格斯选集：第 4 卷［M］．北京：人民出版社，2012：242.
② 马克思，恩格斯．马克思恩格斯选集：第 4 卷［M］．北京：人民出版社，2012：259.
③ 马克思，恩格斯．马克思恩格斯选集：第 4 卷［M］．北京：人民出版社，2012：260.
④ 马克思，恩格斯．马克思恩格斯选集：第 4 卷［M］．北京：人民出版社，2012：260.
⑤ 马克思，恩格斯．马克思恩格斯选集：第 4 卷［M］．北京：人民出版社，2012：612.

发达，在这里经济的决定作用是间接的，“对哲学发生最大的直接影响的，是政治的、法律的和道德的反映”①。

三、毛泽东关于意识形态政治功能的理论

毛泽东作为伟大的政治家和理论家，无论在革命和建设中都十分重视意识形态问题。毛泽东明确指出了“社会主义意识形态”概念，反复提醒全党要高度重视意识形态领域的斗争。毛泽东特别重视意识形态的作用，毛泽东对意识形态政治功能的阐述一方面基于辩证唯物主义世界观和方法论，另一方面植根于他所从事和领导的伟大事业，正是具有了这样的理论高度和宏大的实践基础，他对意识形态政治指导、政治教育、政治批判、政治动员、政治维护等功能的深刻阐释，不仅极大丰富了马克思主义意识形态理论，而且在当前我国意识形态领域面临多样、多元、多变的复杂局面下，也具有重要的现实价值。

（一）毛泽东对意识形态政治功能的多维阐述

毛泽东十分注重意识形态的能动性和政治功能，他指出：“社会意识形态是理论上再造出的现实社会。”② 认为代表先进阶级的正确思想，一旦被群众掌握，就会变成改造社会、改造世界的物质力量。毛泽东结合中国革命和建设的伟大实践，对意识形态政治功能进行了多方面分析和深刻阐述。这种阐述不仅是理论上的分析和论证，更重要的是在实践中总结出来的。

1. 明确指出了马克思主义意识形态的政治指导功能

意识形态作为一种系统化、理论化的思想体系，一旦产生，就会对实践产生巨大的指导作用。马克思主义作为一种科学的意识形态对无产阶级的革命和建设事业，其指导作用更为显著。马克思主义之所以具有这种指导作用，“是因为它是领导无产阶级革命事业走向胜利的科学”③。

毛泽东从多个层面指出了马克思主义的指导作用。

毛泽东从马克思主义对中国革命指导作用的宏观视角，指明了马克思主义意识形态的政治指导功能。马克思主义传入中国后，毛泽东就敏锐地指出了马克思主义对中国革命的指导作用。“十月革命一声炮响，给我们送来了马克思列宁主义。”④ “马克思列宁主义的普遍真理，一经和中国革命的具体实践相结合，

---

① 马克思，恩格斯．马克思恩格斯选集：第4卷［M］．北京：人民出版社，2012：613.

② 毛泽东．毛泽东哲学批注［M］．北京：中央文献出版社，1988：210.

③ 毛泽东．毛泽东选集：第3卷［M］．北京：人民出版社，1991：820.

④ 毛泽东．毛泽东选集：第4卷［M］．北京：人民出版社，1991：1471.

就使中国革命的面目为之一新。”① 没有马克思主义的指导，中国革命还需要在黑暗中摸索，“反映了全世界无产阶级实践斗争的马克思列宁主义的普遍真理，在它同中国无产阶级和广大人民群众的革命斗争的具体实践相结合的时候，就成为中国人民百战百胜的武器”②。正是在马克思主义的指导下，中国革命才不断地从胜利走向胜利，因此，“我国的革命和建设的胜利，都是马克思列宁主义的胜利”③。这是毛泽东从革命实践中所总结的一条中国革命成功的基本经验之一。

毛泽东还从理论与实践辩证关系的角度，论证了马克思主义意识形态的政治指导功能。理论源于实践，又在实践中不断地丰富和发展，同时还指导实践。毛泽东认为，马克思主义不仅仅在于认识世界、解释世界，“而在于拿了这种对于客观规律的认识，去能动地改造世界”④。马克思主义之所以重要，就在于其具有指导实践的作用，“马克思主义看重理论，正是，也仅仅是，因为它能够指导行动”⑤。“在马克思主义看来，理论是重要的，它的重要性充分地表现在列宁说过的一句话：‘没有革命的理论，就不会有革命的运动。’”⑥ 毛泽东强调，如果将正确的理论束之高阁，不去指导实践，再好的理论也是毫无用处的。他从马克思主义认识论出发，认为认识的能动性不仅在于由感性认识上升到理性认识，而且更重要的是用理性认识指导实践，抓住了对世界规律性认识，还必须把它再应用到改造世界的实践中去，“再回到生产的实践，革命的阶级斗争和民族斗争的实践及科学实验的实践中去”⑦。毛泽东所论述的理论或认识对实践的指导作用，是对马克思主义意识形态政治功能的哲学论证。

更为重要的是，毛泽东站在建立和巩固国家根本制度的高度，强调了马克思主义的政治指导地位和功能。中华人民共和国成立后，特别是我国进入社会主义社会后，需要构建新的政治制度，而这种新的政治制度，就必须有一种新的指导思想。在 1954 年 9 月 15 日召开的第一届全国人民代表大会上，毛泽东在开幕词中明确提出：“领导我们事业的核心力量是中国共产党，指导我们思想的理论基础是马克思列宁主义。”⑧ 人民代表大会制度是我国的根本政治制度，而

---

① 毛泽东．毛泽东选集：第 4 卷［M］．北京：人民出版社，1991：796.
② 毛泽东．毛泽东选集：第 4 卷［M］．北京：人民出版社，1991：1094.
③ 毛泽东．毛泽东文集：第 7 卷［M］．北京：人民出版社，1999：116.
④ 毛泽东．毛泽东选集：第 1 卷［M］．北京：人民出版社，1991：292.
⑤ 毛泽东．毛泽东选集：第 1 卷［M］．北京：人民出版社，1991：292.
⑥ 毛泽东．毛泽东选集：第 1 卷［M］．北京：人民出版社，1991：292.
⑦ 毛泽东．毛泽东选集：第 1 卷［M］．北京：人民出版社，1991：292.
⑧ 毛泽东．毛泽东文集：第 6 卷［M］．北京：人民出版社，1999：350.

这一制度的指导思想就是马克思主义，这实际上就从国家根本制度的层面，确立了马克思主义在我国意识形态的指导地位，使马克思主义成为国家的根本指导思想。

2. 深刻论述了意识形态的政治教育功能

任何意识形态都具有一种教化功能，也就是按照一定阶级或集团的意图引导人、塑造人、改造人，使社会成员成为特定的政治人。马克思主义意识形态作为一种科学的理论体系，对人民群众具有显著的教育功能，它通过用正确的理论和思想观点教育广大群众，克服非无产阶级思想，提高人民群众的思想觉悟，进而使人民群众自觉执行党的路线方针政策。

毛泽东十分重视发挥意识形态的政治教育功能，提高人民群众的思想觉悟，使人民群众由被动转为主动，从而具有自觉的革命行动。在革命战争年代，在谈到对红军进行教育时，毛泽东指出："经过政治教育，红军士兵都有了阶级觉悟，都有了分配土地、建立政权和武装工农等项常识，都知道是为了自己和工农阶级而作战。"① 在谈到对无产阶级成长过程中的政治教育时他强调，马克思主义"用以教育无产阶级，这样就使无产阶级理解了资本主义社会的本质，理解了社会阶级的剥削关系，理解了无产阶级的历史任务，这时，他们就变成了一个'自为的阶级'"②。同时，毛泽东还强调，在无产阶级、农民阶级及其他劳动者阶级中，都存在落后思想，要清除这些落后思想也需要发挥意识形态的教育功能，"我们应当长期地耐心地教育他们，帮助他们摆脱背上的包袱，同自己的缺点错误作斗争，使他们能够大踏步地前进"③。共产党是由无产阶级先进分子所组成，但也需要进行政治教育，这样才能保持共产党的先进性、纯洁性和战斗力，以有效地从事革命政治实践活动，"红军党内最迫切的问题，要算是教育的问题"④。"掌握思想教育，是团结全党进行伟大政治斗争的中心环节。如果这个任务不解决，党的一切政治任务是不能完成的。"⑤ 党只有进行有效的思想教育，才能有效地领导其他工作，"掌握思想领导是掌握一切领导的第一位"⑥。

在社会主义建设时期，毛泽东把意识形态的政治教育功能提高到"生命线"

---

① 毛泽东．毛泽东选集：第1卷［M］．北京：人民出版社，1991：64.
② 毛泽东．毛泽东选集：第1卷［M］．北京：人民出版社，1991：289.
③ 毛泽东．毛泽东选集：第3卷［M］．北京：人民出版社，1991：849.
④ 毛泽东．毛泽东文集：第1卷［M］．北京：人民出版社，1993：94.
⑤ 毛泽东．毛泽东选集：第3卷［M］．北京：人民出版社，1991：1094.
⑥ 毛泽东．毛泽东文集：第2卷［M］．北京：人民出版社，1993：435.

的高度，提出“政治工作是一切经济工作的生命线。在社会经济制度发生根本变革的时期，尤其是这样”①。这一著名论断深刻表明了意识形态政治教育功能的强大作用。在经济建设过程中，通过发挥政治教育功能，这不仅可以保障经济工作的发展方向和性质，而且还为经济发展提供强大动力。对此，毛泽东深刻指出：“思想和政治又是统帅，是灵魂。只要我们的思想工作和政治工作稍为一放松，经济工作和技术工作就一定会走到邪路上去。”② “提高劳动生产率，一靠物质技术，二靠文化教育，三靠政治思想工作。”③

3. 全面揭示了意识形态的政治批判和斗争功能

任何一种意识形态都要努力宣传和倡导自己的思想体系和价值取向，在这个过程中需要不断地排斥和批判异己的意识形态，反对与自己相对立的意识形态，以保障所影响的社会成员不断秉持其思想观念。因此，意识形态生性就有一种批判和斗争功能。

毛泽东在阐述意识形态的政治批判和斗争功能时，着重论述了三个层次，一是对国内的资产阶级和小资产阶级思想进行批判和斗争；二是同党内的错误思想进行批判和斗争；三是对国外的资产阶级腐朽思想进行批判和斗争。

在对国内资产阶级、小资产阶级思想斗争方面。毛泽东早在1929年就指出了当时红军中存在的各种错误思想，主要有单纯军事观点、极端民主化、非组织观点、绝对平均主义、主观主义、个人主义、流寇思想、盲动主义等，这些错误思想对于革命队伍的健康发展，对于执行党的正确路线危害极大，对此必须进行批判和纠正。在社会主义制度建立后，“反映旧制度的旧思想的残余，总是长期地留在人们的头脑里，不愿意轻易地退出的”④。因此，“在社会主义国家里，还是有非马克思主义的思想存在，也有反马克思主义的思想存在”⑤。在革命队伍中存在着大量的资产阶级和小资产阶级的影响，这些影响不会自动减弱和消退，要战胜和清除资产阶级和小资产阶级的思想影响，就必须对此进行批判和斗争，否则错误思想就会泛滥，就会占领意识形态市场，进而给革命事业带来危害。毛泽东指出：“我们应当批评各种各样的错误思想。不加批评，看着错误思想到处泛滥，任凭它们去占领市场，当然不行。有错误就得批判，有

① 毛泽东．毛泽东文集：第6卷［M］．北京：人民出版社，1999：449.
② 毛泽东．毛泽东文集：第7卷［M］．北京：人民出版社，1999：351.
③ 毛泽东．毛泽东文集：第8卷［M］．北京：人民出版社，1999：124－125.
④ 毛泽东．毛泽东文集：第6卷［M］．北京：人民出版社，1999：450.
⑤ 毛泽东．毛泽东文集：第7卷［M］．北京：人民出版社，1999：230.

毒草就得进行斗争。”① 毛泽东还进一步分析认为，通过批判和斗争，有助于巩固和加强马克思主义在意识形态领域的领导地位。“马克思主义必须在斗争中才能发展，不但过去是这样，现在是这样，将来也必然还是这样。”② “正确的东西总是在同错误的东西作斗争的过程中发展起来的。真的、善的、美的东西总是在同假的、恶的、丑的东西相比较而存在，相斗争而发展的。”③

毛泽东还特别重视对共产党内存在的各种非无产阶级思想进行批判和斗争，意识形态具有相对独立性，不能随着客观事物的发展而自动地发展变化，往往具有滞后性，因此，有必要对自己这种意识形态的滞后性进行批判。他指出：“有许多党员，在组织上入了党，思想上并没有完全入党，甚至完全没有入党。这些思想上没有入党的人，头脑里还装着许多剥削阶级的脏东西。”④ 要清除这些错误思想，就需要对此进行批判和斗争。因此，在思想领域“需要展开一个无产阶级对非无产阶级的思想斗争”⑤。中华人民共和国成立后，毛泽东进一步指出“在我们的许多同志中间，仍然存在着违反马克思列宁主义的观点和作风，这就是思想上的主观主义、工作上的官僚主义和组织上的宗派主义。”⑥ 这些错误观点和作风，都脱离群众，脱离实际，是不利于党内外团结的，是阻碍我党事业进步的，必须对这些错误观点和作风进行批判。

在学习外国优秀文化的同时，国外的资产阶级思想不可避免地要传到国内来，腐蚀人们的思想，危害革命和建设事业，必须以批判的态度学习和借鉴外国的思想文化。毛泽东明确指出，对外国的东西必须有分析、有批判地学，不能盲目地学，不能一切照抄、机械地搬用。对于“外国资产阶级的一切腐败制度和思想作风，我们要坚决抵制和批判”⑦。“我们应该在中国自己的基础上，批判地吸收西洋有用的东西。”⑧ 这种对外国资产阶级思想的批判，也是毛泽东关于意识形态批判功能的重要组成部分。

4. 具体阐述了意识形态的政治激励和动员功能

意识形态作为一种特定的思想体系，在集中体现和反映阶级意识的同时，对激励人们的斗志，营造浓厚的思想氛围，在短时期内形成政治优势，动员更

---

① 毛泽东．毛泽东文集：第7卷［M］．北京：人民出版社，1999：232－233.
② 毛泽东．毛泽东文集：第7卷［M］．北京：人民出版社，1999：230.
③ 毛泽东．毛泽东文集：第7卷［M］．北京：人民出版社，1999：230.
④ 毛泽东．毛泽东选集：第3卷［M］．北京：人民出版社，1991：875.
⑤ 毛泽东．毛泽东选集：第3卷［M］．北京：人民出版社，1991：875.
⑥ 毛泽东．毛泽东文集：第7卷［M］．北京：人民出版社，1999：116.
⑦ 毛泽东．毛泽东文集：第7卷［M］．北京：人民出版社，1999：43.
⑧ 毛泽东．毛泽东文集：第7卷［M］．北京：人民出版社，1999：83.

多的社会成员参与政治实践具有显著的功能。

毛泽东十分重视意识形态在革命斗争中的政治动员功能，在早期开展农民运动时，就看到了思想宣传所发挥的动员作用，他指出："有农会的地方普遍地举行了政治宣传，引动了整个农村，效力很大。"① 在农民运动中，通过政治动员，形成革命高潮，使农民团结一致。在抗日战争时期，毛泽东更加重视政治动员在抗战中的巨大作用，指出"如此伟大的民族革命战争，没有普遍和深入的政治动员，是不能胜利的"②。通过政治动员"把战争的政治目的告诉军队和人民"③。必须使每个士兵和人民都明白为什么打仗，打仗和他们有什么关系，这样才能使民众积极参加革命斗争实践，进而形成浩大的政治声势和强大的政治力量。"动员了全国的老百姓，就造成了陷敌于灭顶之灾的汪洋大海。"④"政治上动员全军全民起来奋斗，是最重要的具体的条件之一。"⑤ 要有效进行政治动员，要有一定的形式，"靠口号，靠宣传布告，靠报纸书册，靠戏剧电影，靠学校，靠民众团体，靠干部人员"⑥。毛泽东十分重视革命文化在政治动员中的重要作用，认为要进行革命就要进行思想上、精神上的准备，而革命文化就发挥着这种作用，指出："革命文化，对于人民大众，是革命的有力武器。革命文化，在革命前，是革命的思想准备。"⑦ 这里的"革命文化"显然就属于意识形态，这就指出了意识形态在革命中发挥的思想准备作用，其中内含着意识形态的政治动员功能。

毛泽东还从夺取政权和建立新制度的角度分析了意识形态的政治动员功能，他明确指出："凡是要推翻一个政权，总要先造舆论，总要先做意识形态方面的工作，革命的阶级是这样，反革命的阶级也是这样。"他又讲道："首先制造舆论，夺取政权，然后解决所有制问题，再大力发展生产力，这是一般规律。"⑧ 要建立一个新制度同样也需要发挥意识形态的政治动员功能，这就是要宣传新制度的优越性，批判旧制度的弊端，为新制度的建立打下思想和心理基础。毛泽东在三大改造过程中，面对新的社会主义制度的建立，更为具体地强调了意识形态的政治动员功能，他指出："一个新的社会制度的诞生，总是要伴随一场

---

① 毛泽东．毛泽东选集：第1卷［M］．北京：人民出版社，1991：35.
② 毛泽东．毛泽东选集：第2卷［M］．北京：人民出版社，1991：480.
③ 毛泽东．毛泽东选集：第2卷［M］．北京：人民出版社，1991：481.
④ 毛泽东．毛泽东选集：第2卷［M］．北京：人民出版社，1991：480.
⑤ 毛泽东．毛泽东选集：第2卷［M］．北京：人民出版社，1991：512.
⑥ 毛泽东．毛泽东选集：第2卷［M］．北京：人民出版社，1991：481.
⑦ 毛泽东．毛泽东选集：第2卷［M］．北京：人民出版社，1991：708.
⑧ 毛泽东．毛泽东文集：第8卷［M］．北京：人民出版社，1999：132.

大喊大叫的，这就是宣传新制度的优越性，批判旧制度的落后性。"①

5. 深入阐释了意识形态的政治维护和促进功能

意识形态对其所依附的经济基础、上层建筑及所代表的阶级、集团利益，具有巨大的能动性，形成一种内在的维护和促进功能，使现有社会经济基础更加巩固和完善，使现有政治结构更加稳定，从而促进其所代表的利益更加有效地实现。

毛泽东依据辩证唯物主义基本观点，从文化功能视角论证了意识形态的这种政治维护和促进功能，他认为"至于新文化，则是在观念形态上反映新政治和新经济的东西，是替新政治和新经济服务的"②。这种新文化就是无产阶级领导的，人民大众的，反帝反封建的新民主主义文化，这种新民主主义文化，显然属于意识形态，这种意识形态就是为新民主主义政治经济服务的。对于文化的这种作用，毛泽东更为具体地指出："一定的文化（当作观念形态的文化）是一定社会的政治和经济的反映，又给予伟大影响和作用于一定的政治和经济。"③ 这不仅论述了意识形态的阶级属性，还深刻论证了意识形态的政治功能，这种"伟大影响和作用"就是从积极方面阐述意识形态对经济基础的促进和维护作用。

毛泽东还从社会基本矛盾运动的角度深刻阐释了意识形态的这种能动性，对此他明确指出，在社会主义社会中"除了生产关系和生产力发展的这种又相适应又相矛盾的情况以外，还有上层建筑和经济基础的又相适应又相矛盾的情况。人民民主专政的国家政权和法律，以马克思列宁主义为指导的社会主义意识形态，这些上层建筑对于我国社会主义改造的胜利和社会主义劳动组织的建立起了积极的推动作用"④。毛泽东进一步从巩固社会主义制度的现实出发，阐述了意识形态对维护新的社会主义制度的重要性，他认为，要巩固新生的社会主义制度，除了实现国家工业化外，"还必须在政治战线和思想战线上，进行经常的、艰苦的社会主义革命斗争和社会主义教育"⑤。

毛泽东对意识形态政治功能的阐述是全面而深刻的，这些阐述不仅闪烁着唯物辩证法的光辉，更体现着对中国革命和建设实践经验总结的智慧，丰富和发展了马克思主义意识形态理论。

---

① 毛泽东．毛泽东文集：第6卷［M］．北京：人民出版社，1999：460.
② 毛泽东．毛泽东选集：第2卷［M］．北京：人民出版社，1991：695.
③ 毛泽东．毛泽东选集：第1卷［M］．北京：人民出版社，1991：663－664.
④ 毛泽东．毛泽东文集：第7卷［M］．北京：人民出版社，1999：215.
⑤ 毛泽东．毛泽东文集：第7卷［M］．北京：人民出版社，1999：268.

（二）毛泽东关于意识形态政治功能理论的现实价值

毛泽东对意识形态政治功能的阐述，不仅具有深远的理论价值，而且还有重要的现实价值。当前，随着我国经济体制深刻变革、社会结构深刻变动、利益格局深刻调整、思想观念深刻变化，人们在思想认识、道德选择、价值取向等方面的独立性、多样性、多变性、差异性日益增强。我国意识形态的主流是积极健康的，但是并不平静，国内外各种错误思潮从不同层面冲击着、腐蚀着我国的社会主义意识形态，因此，在意识形态建设中，必须注重发挥好意识形态的政治功能。

1. 高度重视意识形态政治指导功能，始终坚持马克思主义指导地位不动摇

毛泽东从指导革命、理论的能动作用、制度构建等多个层次强调了马克思主义的政治指导功能。这对于当前我国坚持马克思主义在意识形态领域的指导地位不动摇，有着直接的现实意义。

马克思主义揭示了人类社会发展的本质和规律，是人们认识世界和改造世界的强大思想武器，“马克思主义理论蕴含着揭示社会发展规律、引领人们认识和改造世界的科学真理，蕴含着代表人民利益和愿望、体现人类发展正确方向的理想信念，蕴含着统一马克思主义政党思想和意志的精神力量”①。正是在马克思主义指导之下，我国取得了革命、建设和改革的一系列巨大成就。没有马克思主义指导，就没有中华人民共和国，没有马克思主义及其在中国的新发展，就没有中国特色社会主义，坚持马克思主义的指导地位，是人民的选择，历史的选择。因此，在任何时候都必须坚持马克思主义的指导地位，否则，党和国家的事业，就会因为没有正确的理论基础和思想灵魂而迷失方向。如果搞指导思想多元化就会消解当代中国的党魂、国魂、民魂，消解全党全国人民的精神武器。统治阶级的思想，在每一时代都是占统治地位的思想，我国公有制的主导地位，人民民主的政权性质，共产党的执政地位，都决定了在意识形态领域必须坚持马克思主义的指导地位。马克思主义是立党立国的根本指导思想，是党和人民团结一致，始终沿着正确方向前进的根本思想保证。

2. 充分发挥意识形态政治教育功能，加强新时期思想政治教育工作

毛泽东十分重视意识形的政治教育功能，反复强调对红军、共产党员及广大无产阶级进行思想政治教育，以提高人民群众的思想觉悟，维护革命队伍的团结，进而保证党的路线方针政策的顺利贯彻落实，并把思想政治教育看作

---

① 中共中央文献研究室．十七大以来重要文献选编：上［M］．北京：中央文献出版社，2009：114.

"中心环节"，提到"生命线"的地位。在改革开放和社会主义现代化建设新的时期，特别是在当前，既是我国的发展机遇期，又是矛盾凸显期，热点难点问题及群体性事件增多，统一思想、凝聚力量的任务极为繁重，在新的时期，思想政治工作仍然是经济和其他一切工作的生命线，是我党和社会主义国家的重要政治优势。

为充分发挥社会主义意识形态的政治教育功能，必须坚持不懈地对广大干部和群众进行社会主义核心价值体系教育，进行社会主义、爱国主义和集体主义教育，加强理想信念教育，坚持党的基本路线、基本方针、基本纲领教育，树立正确的世界观、人生观和价值观。只有发挥好这一功能，才能保证党和国家各项工作的顺利开展，保证我国社会主义经济建设的性质和方向；发挥好社会主义意识形态的政治教育功能，教育和培养公民爱祖国、爱人民、爱劳动、爱社会主义的良好精神，形成积极向上、文明礼貌、克己奉公、助人为乐的品德，对培养和造就社会主义新人具有很强的现实作用；有效的思想政治教育还有助于把党的思想理论和方针政策转化为群众的创造性实践，可以使人民群众在为共同理想奋斗的过程中，坚定其信念，并提供强大精神动力；社会主义意识形态政治教育功能对于增强我国的软实力也具有不可忽视的作用，有效的思想政治工作，能够振奋民族精神，提高人的全面素质。

3. 准确把握意识形态的政治批判功能，抵制和批判各种腐朽思想，筑牢思想防线

毛泽东依据当时的现实情况，反复强调要对党内外、国内外的各种错误思想进行批判，清除各种非无产阶级的思想影响，以保证革命队伍的纯洁性和革命事业的顺利进行。我国意识形态领域各种思想文化相互激荡、碰撞，先进与落后、正确与腐朽思想文化交织在一起，这就要求人们要对形形色色的错误思潮和思想观点进行抵制、批判和斗争。

我国意识形态领域存在着多样化社会思潮，如新自由主义、民主社会主义、历史虚无主义、后现代主义、消费主义、享乐主义、拜金主义、极端个人主义等，这些社会思潮竞相展示自己的话语权和影响力，对这些多样化社会思潮必须进行深入分析，揭露和批驳各种社会思潮存在的问题和局限性，不给错误的思潮和观点提供传播渠道，对一些错误的、反动的社会思潮必须进行坚决的批判和斗争，防止其泛滥；在经济全球化背景下，随着我国改革开放的不断扩大，西方一些腐朽没落的生活方式、价值观念也会通过不同途径传入我国，西方大国对我国实施的"西化""分化"战略没有改变，并不断采取新手段、新形式，对此，我们党也必须进行坚决抵制和批判；同时，在我们党内和人民群众内部

也存在一些消极落后的思想观念和一些模糊的认识，这也需要人们抵制一些错误思想观点的影响，始终保持立场坚定、头脑清醒。在新的历史条件下，只有充分发挥意识形态的政治批判功能，才能有效防止各种腐朽思想文化的滋长蔓延，才能增强政治敏锐性和政治鉴别力，用马克思主义意识形态占领思想文化阵地。

4. 有效发挥意识形态的政治激励功能，凝神聚气，攻坚克难

毛泽东在革命战争年代和轰轰烈烈的社会主义改造过程中，特别强调意识形态对动员人民群众、激励革命斗志、振奋精神、克服困难所发挥的重要作用。在当前我国改革开放的伟大实践中，仍面临许多困难和问题，同样需要发挥意识形态的政治动员和激励功能。

我国改革开放进入攻坚阶段，社会主义意识形态的宣传教育有助于提高人们的思想觉悟和精神境界，培育高尚的情操，形成内在的精神动力；社会主义意识形态尊重人民群众的主体地位，注重发挥人民群众的政治参与力、政治创造力，形成积极进取的精神状态；社会主义意识形态借助于一些重大政治事件和政治活动，在人民群众中进行广泛的政治动员和政治宣传，营造良好的政治氛围，激发人们的政治热情，形成高昂奋进的精神动力；社会主义意识形态通过以科学的理论武装人、正确的舆论引导人、高尚的作品塑造人、优秀的作品鼓舞人，可以激发全国各族人民的创造活力，使人民群众具有积极向上的精神动力；社会主义核心价值体系是社会主义意识形态的本质体现，社会主义核心价值体系把指导思想、理想信念、民族精神、道德规范紧密联系在一起，具有强大的感召力和凝聚力，在全社会形成新的追求，进而形成推动中国特色社会主义前进的不竭动力。事实表明，光靠物质条件，我国的革命、建设和改革不可能取得胜利，我们党无论遇到什么困难，总是具有强大的战斗力，就是由于党具有马克思主义的理想信念，这些理想信念始终是激励人们不断拼搏、百折不挠的精神支撑。

5. 全面认识意识形态的政治维护功能，增强政治认同，维护政治稳定

毛泽东从上层建筑对经济基础能动作用的角度，深刻阐述了社会主义意识形态对社会主义国家政权的维护和促进功能，这一思想对当前重视意识形态工作具有很强的指导性。

要有效行使好社会主义意识形态的政治维护功能，就要通过大力宣传中国特色社会主义制度的优越性及改革开放取得的巨大成就，使党和国家的方针政策得到广泛而深厚的政治认同；通过论证中国特色社会主义道路的必然性，引导人民群众认识到，只有社会主义才能救中国，只有中国特色社会主义才能发

展中国；社会主义意识形态是党重要的执政资源，党通过对社会主义意识形态的宣传教育，人民群众形成与党执政相适应的思想观念，进而引导人民群众对党的领导、国家政权的认同；社会主义意识形态还具有统一人心、维护稳定的特定功能，“敌对势力要搞乱一个社会，推翻一个政权，往往总是先从意识形态领域打开突破口，先从搞乱人们的思想下手”①。通过对社会主义意识形态的宣传教育，提高人们认识问题、分析问题的能力，进而正确认识一些社会问题，全面理解党和政府的政策，解除思想上的疑虑、困惑，消除不稳定因素；社会主义意识形态借助于先进文化、高尚的道德对社会成员的思想意识、精神世界进行整合，协调好各种利益关系，使社会成员的关系保持良性互动，避免人民内部关系的扭曲和变异，防止一些矛盾激化，维护政治和社会稳定。

四、邓小平的意识形态建设理论

我党在领导中国革命和建设的过程中，先后实现了马克思主义与中国实际相结合的两次历史性飞跃，产生了两大理论成果，即毛泽东思想和中国特色社会主义理论体系。邓小平理论是中国特色社会主义理论体系的重要组成部分，邓小平理论是在和平与发展成为时代主题的历史条件下，在我国改革开放和现代化建设实践中，在总结我国社会主义胜利和挫折的历史经验并借鉴其他社会主义国家兴衰成败历史经验的基础上，逐步形成和发展起来的。

20 世纪 70 年代以来，世界形势发生了深刻变化，和平与发展成为时代主题，突飞猛进的科技进步，深刻地改变着人类社会的面貌，给各国经济腾飞带来了难得的机遇，西方发达国家纷纷抢占科技制高点，对发展中国家构成日趋紧迫的压力，各国之间开展了一场日趋激烈的以经济科技为主的综合国力较量，同时，随着生产国际化程度的提高，世界经济联结为一个整体，各国经济上相互渗透、相互依赖，关系日益密切，任何一个国家的发展都离不开世界，我国实行改革开放成为必然的时代趋势。党的十一届三中全会以后，我党把马克思主义基本原理与当代中国的实际结合起来，领导全国各族人民，进行了一场改革开放新的伟大革命。在改革开放的伟大实践中产生了邓小平理论。邓小平理论开拓了马克思主义的新境界，邓小平以开辟社会主义建设新道路的非凡政治胆略和巨大理论勇气，领导全党坚持解放思想、实事求是，将马克思主义创造性地运用于当代中国实际，继承前人又突破陈规，在总结历史、立足现实的基

① 中共中央文献研究室．十六大以来重要文献选编：中［M］．北京：中央文献出版社，2006：18.

础上，开辟未来，使马克思主义活的灵魂在新的历史条件下充分展现，开拓了新的境界。邓小平理论把对社会主义的认识提高到新的科学水平，邓小平理论坚持科学社会主义理论和实践的基本成果，抓住“什么是社会主义、怎样建设社会主义”这个根本问题，深刻揭示出社会主义的本质，探索有中国特色的社会主义发展道路，把对社会主义的认识提高到新的科学水平。邓小平理论对当今时代特征和总体国际形势做出了新的科学判断，邓小平理论坚持用马克思主义的宽广眼界观察世界，对当今时代特征和总体国际形势，对世界其他社会主义国家的成败，发展中国家谋求发展的得失，发达国家的态势和矛盾，进行正确分析，做出了新的科学判断。邓小平理论形成了新的建设中国特色社会主义的理论体系，邓小平理论第一次比较系统地初步回答了中国社会主义的发展道路、发展阶段、根本任务、发展动力、外部条件、政治保证、战略步骤、领导力量、依靠力量及祖国统一等一系列基本问题。

邓小平的意识形态建设理论是蕴含在邓小平理论体系之中的，邓小平的意识形态建设理论主要包括党的思想路线的理论、坚持四项基本原则的理论、理想信念教育理论、思想政治工作理论、防止西方思想文化渗透理论等。

（一）重新确立、完善了党的思想路线

意识形态是一定阶级、政党为维护和实现自身利益所提出的一整套思想体系。从意识形态的主体来看，既可以是一定阶级的意识形态，也可以是一定政党或社会政治组织的意识形态，就政党意识形态来讲，主要包括政党的指导思想、理想、路线方针政策、党内政治文化等。党的思想路线是政党意识形态不可缺少的组成部分。解放思想、实事求是是我们党的思想路线，它贯穿邓小平理论之中，是邓小平理论的精髓，是邓小平理论的历史起点和逻辑起点。

“文化大革命”结束后，由于受个人崇拜和“左”的思想影响，当时有人提出了“两个凡是”的方针，即“凡是毛主席作出的决策我们都坚决拥护，凡是毛主席的指示，我们都始终不渝地遵循”。“两个凡是”在形式上高举毛泽东思想的旗帜，实际上背离了毛泽东倡导的实事求是的思想路线。邓小平旗帜鲜明地反对“两个凡是”，他说，“两个凡是”不行，必须世世代代用准确完整的毛泽东思想来指导我们全党、全军和全国人民，只有这样，才不至于割裂、歪曲毛泽东思想。如果按照“两个凡是”的方针办事，那么“左”的思想就不能纠正，社会主义现代化建设的希望就会落空。为此，邓小平坚决支持和亲自领导了“实践是检验真理的唯一标准”的大讨论。针对“左”的错误思潮，邓小平于1978年6月在全军政治工作会议上发表重要讲话，从理论和实际结合中精辟地阐明了实事求是在毛泽东思想体系中的地位，他批评“一些同志天天讲毛

泽东思想，却往往忘记、抛弃甚至反对毛泽东同志的实事求是、一切从实际出发、理论与实践相结合的这样一个马克思主义的根本观点、根本方法”①。并明确指出，“两个凡是”不是马列主义、毛泽东思想，相反，是违背了马列主义、毛泽东思想的根本要求。通过真理标准的讨论，冲破了个人崇拜和“两个凡是”的束缚，解放了干部和群众的思想，实现了思想路线的拨乱反正，为开创建设中国特色社会主义道路奠定了思想基础。邓小平深刻地指出：“一个党，一个国家，一个民族，如果一切从本本出发，思想僵化，迷信盛行，那它就不能前进，它的生机就停止了，就要亡党亡国。”② 邓小平还对解放思想的含义及其与实事求是的关系进行了阐述，他指出：“我们讲解放思想，是指在马克思主义指导下，打破习惯势力和主观偏见的束缚，研究新情况、解决新问题。”③ 解放思想就是要使思想和实际相结合，使主观和客观相符合，就是实事求是。解放思想是实事求是的前提，实事求是是解放思想的目的，只有解放思想，才能达到实事求是；只有实事求是，才能真正做到解放思想。邓小平还强调，解放思想，实事求是，既要反“左”，也要反右。在阐述解放思想，实事求是的关系基础上，邓小平明确提出了系统化、理论化的党的思想路线，在党的十一届五中全会上，邓小平明确指出：“实事求是，一切从实际出发，理论联系实际，坚持实践是检验真理的标准，这就是我们党的思想路线。”④

邓小平提出的这一思想路线，其内容互相联系、互相渗透、互相补充，构成一个以解放思想、实事求是为核心的整体，这个整体体现了唯物论、认识论和辩证法的统一，体现了理论与实践、主观和客观具体的、历史的统一，体现了坚持真理和发展真理具体的、历史的统一。正是有了这样的思想路线，我党对中国社会主义道路的探索才能走上正确轨道；正是在这一思想路线指导下，我党才制定了正确的政治路线和组织路线。从这个方面讲，这一思想路线是我党特定的政治文化，不仅具有思想指导作用，更具有政治保证作用，因此，邓小平在新时期提出和完善的党的思想路线，是邓小平在意识形态建设方面的一个重要内容。

（二）明确提出坚持四项基本原则，反对资产阶级自由化

1979 年，邓小平在党的理论工作务虚会上，明确指出：“在中国实现四个现

---

① 邓小平．邓小平文选：第 2 卷［M］．北京：人民出版社，1994：114.
② 邓小平．邓小平文选：第 2 卷［M］．北京：人民出版社，1994：143.
③ 邓小平．邓小平文选：第 2 卷［M］．北京：人民出版社，1994：279.
④ 邓小平．邓小平文选：第 2 卷［M］．北京：人民出版社，1994：278.

代化，必须在思想政治上坚持四项基本原则。这是实现四个现代化的根本前提。这四项基本原则是：第一，必须坚持社会主义道路；第二，必须坚持无产阶级专政；第三，必须坚持共产党的领导；第四，必须坚持马列主义、毛泽东思想。”① 邓小平多次强调，要在中国实现四个现代化，必须在思想政治上坚持四项基本原则，如果动摇了四项基本原则中的任何一项，那就动摇了整个社会主义现代化事业。坚持四项基本原则是我国社会主义事业健康发展的根本前提和根本保证。

随着我国改革开放的逐步扩大，到20世纪80年代中期，西方资产阶级自由化思潮逐步蔓延开来，一些别有用心的人，在学校极力散布资产阶级自由化言论，反对共产党的领导、反对社会主义制度，主张全盘西化，试图把资本主义制度搬到中国来，对我国思想领域的影响越来越大，一些人特别是青年盲目崇拜西方民主自由，“许多青年崇拜西方的所谓自由，但什么叫自由他们并不懂”②。邓小平认为，在我国意识形态领域一直存在资产阶级自由化思潮，但反对不力，针对这种现象，邓小平明确地提出要坚持四项基本原则，旗帜鲜明地反对资产阶级自由化，讲坚持四项基本原则，就需要经常用四项基本原则教育人民，他还指出：“搞资产阶级自由化的人提出的理想与我们的理想不同，我们讲的是社会主义、共产主义理想，而他们却提倡资本主义理想。”③ 只有揭露、批判一些别有用心的言论，才能澄清是非，用社会主义主流意识形态占领阵地，进而有效抵制资产阶级自由化思潮对师生的侵蚀，保证国家的政治稳定，保证改革开放和社会主义现代化建设沿着正确的政治方向发展。要保证改革开放和社会主义现代化建设有一个正确的方向，就必须坚持四项基本原则，旗帜鲜明地反对资产阶级自由化。搞资产阶级自由化，即反对共产党的领导，否定社会主义制度，主张实行资本主义制度，这是从根本上违背人民利益和历史潮流的，为广大人民群众所反对的。邓小平一再强调，中国要搞现代化，绝不能搞自由化，绝不能走西方资本主义道路。他说，我国搞的四个现代化是社会主义四个现代化，搞资本主义现代化没有出路。

邓小平特别重视坚持四项基本原则对改革开放和社会主义现代化建设的政治保证作用。坚持四项基本原则，才能保证改革开放和社会主义现代化建设有安定团结的环境，邓小平讲道：“改革要成功，就必须有领导有秩序地进行。没

---

① 邓小平．邓小平文选：第2卷［M］．北京：人民出版社，1994：164－165.

② 邓小平．邓小平文选：第3卷［M］．北京：人民出版社，1993：191.

③ 邓小平．邓小平文选：第3卷［M］．北京：人民出版社，1993：205.

有这一条，就是乱哄哄，各行其是，怎么行呢?"① 中国的问题压倒一切的是需要稳定。坚持四项基本原则，才能有一个稳定的社会主义中国。中国人民从自身的切身经历中深深懂得，社会动荡不安，不可能搞好国家建设和发展。"文化大革命"使中国陷入长达十年的内乱，严重地影响和损害了我国社会主义建设，要时刻牢记这个教训。改革开放以来，我国经济及各方面建设取得辉煌成就，一个重要原因就是我国在坚持以经济建设为中心，坚持改革开放的同时，始终不渝地坚持四项基本原则，维护了安定团结的政治局面。坚持四项基本原则才能保证改革开放和社会主义现代化建设有统一的意志和统一的行动。国家的统一，人民的团结，国内各民族的团结，是党的事业取得胜利的根本保证。在这样一个幅员辽阔、经济文化发展不平衡的大国搞改革开放和社会主义现代化建设，没有统一的意志和统一的行动是不可能成功的。而统一的意志和统一的行动必须有共同的政治和思想基础，四项基本原则是我国人民在百余年奋斗中的选择，是历史的选择、人民的选择，代表了人民的根本利益，是各族人民实现意志统一的思想基础和行为规范的基本准则，是国家稳定、人民团结的共同政治基础。邓小平认为，只有坚持四项基本原则，我国才能在政治思想上得到武装，才能在全国人民中形成强大的向心力、凝聚力，才能使人民同心同德搞社会主义建设。

四项基本原则是我国政治生活、思想领域必须遵守的根本政治准则，四项基本原则是我国的立国之本，它规定了我国走什么道路，实行什么样的经济制度和政治制度，由谁来领导和以什么作为指导思想等一系列最根本，最重大的原则问题，决定着国家性质和发展方向，关系着全国各族人民的利益和命脉。四项基本原则具有鲜明的意识形态属性，坚持四项基本原则对防止"西化""分化"战略构筑了坚固的屏障，国内外敌对势力通过各种形式诋毁、攻击四项基本原则，正是说明了坚持四项基本原则是巩固我国意识形态阵地的坚强保证。这是邓小平在马克思主义意识形态建设中做出的最突出的贡献。

（三）提出"两手抓"的战略方针，倡导社会主义精神文明建设

党政十一届三中全会以来，邓小平提出了一系列"两手抓"的战略方针，主要包括：一手抓改革开放，一手抓打击犯罪；一手抓经济建设，一手抓民主法制；一手抓改革开放，一手抓惩治腐败；一手抓物质文明，一手抓精神文明。邓小平讲道："搞四个现代化一定要有两手，只有一手是不行的。"② "这两只手

① 邓小平．邓小平文选：第3卷［M］．北京：人民出版社，1993：277.

② 邓小平．邓小平文选：第3卷［M］．北京：人民出版社，1993：154.

都要硬。”① 在一系列“两手抓”战略方针中，关键是一手抓物质文明，一手抓精神文明，因为抓打击犯罪、惩治腐败、民主法制都与精神文明存在密切联系，都是精神文明建设的重要内容和手段。

在“两手抓”战略提出的背后，有深厚的意识形态原因，实行改革开放以后，我国的经济得到了快速发展，人民生活水平显著提高，也推动了我国人民进一步解放思想、更新观念，人们的民主意识、平等意识、竞争意识明显增强，这些积极的变化为我国精神文明建设注入了新的活力，推动着精神文明建设不断向前发展。但是，正如邓小平所说的：“开放、搞活，必然带来一些不好的东西，不对付它，就会走到邪路上去。”② 邓小平讲道：“过去很长一段时间，我们忽视了发展生产力，所以现在我们要特别注意建设物质文明。与此同时，还要建设社会主义的精神文明，最根本的是要使广大人民有共产主义的理想，有道德，有文化，守纪律。”③ 人们必须看到，在一些地方和部门的领导工作中，忽视精神文明建设和思想政治工作的现象还大量存在着，“一手硬，一手软”的问题还没有完全解决，社会精神生活中还存在不少问题，一些领域道德失范，拜金主义、享乐主义、极端个人主义有所滋长；封建迷信和黄赌毒等丑恶现象沉渣泛起；假冒伪劣、欺诈活动成为社会公害；文化事业受消极因素的严重冲击，危害青少年身心健康的东西屡禁不止；消极腐败现象尚未全面有效地遏制，党风、政风受到很大损害；一部分人国家观念淡薄，对社会主义前途发生困惑和动摇。面对科学技术迅猛发展和综合国力的激烈竞争，面对世界范围内各种思想文化相互激荡，面对西方国家敌对势力对社会主义国家“西化”“分化”的渗透，总之，面对新形势和存在的问题，必须高度重视社会主义精神文明建设。

邓小平非常重视社会主义精神文明建设，他指出：“经济建设这一手我们搞得相当有成绩，形势喜人，这是我们国家的成功。但风气如果坏下去，经济搞成功又有什么意义？会在另一方面变质，反过来影响整个经济变质，发展下去会形成贪污、盗窃、贿赂横行的世界。”④ 针对这种问题，他明确指出：“我们在建设有中国特色的社会主义社会时，一定要坚持发展物质文明和精神文明，坚持五讲四美三热爱，教育全国人民做到有理想、有道德、有文化、有纪

---

① 邓小平．邓小平文选：第3卷［M］．北京：人民出版社，1993：378.
② 邓小平．邓小平文选：第3卷［M］．北京：人民出版社，1993：164.
③ 邓小平．邓小平文选：第3卷［M］．北京：人民出版社，1993：28.
④ 邓小平．邓小平文选：第3卷［M］．北京：人民出版社，1993：154.

律。”① 他强调，没有高度的精神文明，没有共产主义思想，没有共产主义道德，怎么能建设社会主义？邓小平进一步指出，不加强精神文明建设，物质文明建设也要受到破坏，走弯路。只有加强精神文明建设，才能为社会主义现代化建设提供科学的理论指导，保证其正确发展方向；才能用正确的政治思想去处理各种复杂的社会矛盾；才能抵制各种消极腐朽思想的侵蚀。依据邓小平精神文明建设的基本思想和重要指示，党的十四届六中全会通过了《中共中央关于加强社会主义精神文明建设若干重要问题的决议》，明确指出，我国社会主义精神文明建设，必须以马克思列宁主义、毛泽东思想和邓小平建设有中国特色的社会主义理论为指导，坚持党的基本路线和基本方针，加强思想道德建设，发展教育科学文化，以科学的理论武装人，以正确的舆论引导人，以高尚的精神塑造人，以优秀的作品鼓舞人，培育有理想、有道德、有文化、有纪律的社会主义公民，提高全民族的思想道德素质和科学文化素质，团结和动员各族人民把我国建设成为富强、民主、文明的社会主义现代化国家。这是精神文明建设总的指导思想，也是精神文明建设的总要求。在社会主义精神文明建设中，思想道德建设决定着精神文明建设的性质和方向，对社会政治经济的发展具有巨大的能动作用，在全社会形成共同的理想和精神支柱，这是社会主义精神文明建设的根本。社会主义思想道德建设的基本任务是：坚持爱国主义、集体主义、社会主义教育，加强社会公德、职业道德、家庭美德建设，引导人们树立建设有中国特色的社会主义的共同理想和正确的世界观、人生观、价值观。

社会主义精神文明建设从整体上看，属于社会主义意识形态建设，而思想道德建设更具有鲜明的意识形态属性。邓小平重视精神文明建设，这也是邓小平重视意识形态建设的一个重要体现。

（四）高度重视思想政治工作，特别是对青少年的思想政治工作

思想政治工作是我党的传家宝，是我党的政治优势。邓小平高度重视思想政治工作，特别是对青少年的理想信念教育。理想信念教育是意识形态工作的重要组成部分，加强思想政治工作的一个基本要求，就是在学生中加强理想信念教育，使青少年有理想、有信念。邓小平指出：“现在中国提出‘四有’：有理想、有道德、有文化、有纪律。其中我们最强调的，是有理想。”②“革命的理想，共产主义的品德，要从小开始培养。”③ 理想是一个人前进的方向，正确

---

① 邓小平．邓小平文选：第3卷［M］．北京：人民出版社，1993：110.

② 邓小平．邓小平文选：第3卷［M］．北京：人民出版社，1993：190.

③ 邓小平．邓小平文选：第2卷［M］．北京：人民出版社，1994：105.

的理想信念不仅是使青年学生保持积极健康的精神状态，而且还使青年学生自觉地为祖国、为人民努力学习，立志报效祖国、报效人民，成为合格的社会主义建设人才。在对人民进行理想教育的过程中，“首先要向青年进行有理想、有纪律的教育”①。他语重心长地说：“我们一定要经常教育我们的人民，尤其是我们的青年，要有理想。”② 这里的青年很大一部分就是学校的学生，对学生进行理想信念教育，是全面贯彻党的教育方针，排除各种错误思潮的干扰，保证学生健康成长的必要条件。

邓小平认为，学生之所以受到一些错误思潮的影响，其中一个重要原因就是对学生思想教育、引导不够，“问题在于我们思想战线上出现了一些混乱，对青年学生引导不力”③。正是由于自身出了问题，放松了对学生思想政治教育，一些错误思潮乘虚而入。改革开放十年来，我国各个领域都取得了巨大成绩，教育事业也得到了快速发展，人民群众物质生活水平显著提高，但是，却在一定程度上忽视了思想政治教育，存在“一手硬，一手软”的现象，这是我党的一大失误，邓小平明确提出：“十年来我们的最大失误是在教育方面，对青年的政治思想教育抓得不够。”④ “十年最大的失误是教育，这里我主要是讲思想政治教育。”⑤ 对这个问题，邓小平具体论述到这里的思想政治教育包括对学校、对青年学生，也泛指对人民的教育，对艰苦创业、对中国是一个什么样的国家，将变成一个什么样的国家的教育。要用历史来教育青年，必须“加强思想政治工作、说服教育工作”⑥。教育学生认识到，中国除了走社会主义道路没有别的道路可走。邓小平强调，各级领导要高度重视学校思想政治工作，“学校的思想政治工作，怎样改进？等等。各级党政负责同志，要经常深入学校，倾听广大师生的意见和呼声，为他们排忧解难。”⑦

思想政治工作与意识形态工作密不可分，思想政治工作是意识形态工作的重要组成部分，邓小平关于加强思想政治工作的理论具有鲜明的政治指导和价值导向，体现了邓小平高度的政治战略意识、政治责任意识，是邓小平意识形态建设理论的重要组成部分。

---

① 邓小平．邓小平文选：第3卷［M］．北京：人民出版社，1993：191.
② 邓小平．邓小平文选：第3卷［M］．北京：人民出版社，1993：110.
③ 邓小平．邓小平文选：第3卷［M］．北京：人民出版社，1993：198.
④ 邓小平．邓小平文选：第3卷［M］．北京：人民出版社，1993：287.
⑤ 邓小平．邓小平文选：第3卷［M］．北京：人民出版社，1993：306.
⑥ 邓小平．邓小平文选：第3卷［M］．北京：人民出版社，1993：205.
⑦ 邓小平．邓小平文选：第3卷［M］．北京：人民出版社，1993：121.

（五）强调在对外开放中防止西方腐朽思想文化的渗透

随着我国对外开放的逐步扩大，西方国家腐朽没落的思想文化不可避免地对我国进行渗透，抵制西方腐朽思想文化的渗透问题，是我国意识形态建设面临的一个重大课题，邓小平对这一问题给予了高度重视。邓小平强调，在对外开放中，一方面要学习资本主义国家先进的技术和管理经验，另一方面要利用外资发展我国的社会主义经济，“我们决不学习和引进资本主义制度，决不学习和引进各种丑恶颓废的东西”①。他进一步强调，对外开放中可能带来的消极因素，要保持高度警觉性，采取切实有效的措施加以克服。邓小平深刻地指出，西方资本主义试图通过和平演变的办法颠覆社会主义制度，与社会主义国家“打一场没有硝烟的战争”，对西方国家的渗透，邓小平始终保持高度的政治敏锐性，并从战略高度提出了防止西方国家意识形态渗透的措施，这就是毫不动摇地坚持四项基本原则，特别是坚持和完善党的领导，强调“过去行之有效的东西，我们必须坚持，特别是根本制度，社会主义制度，社会主义公有制，那是不能动摇的”②。他还强调要坚决抵制西方腐朽思想文化的侵蚀；同时，在对外开放中，要坚决维护我国主权和政治安全，“中国的事情要按照中国的情况来办，要依靠中国人民自己的力量来办。独立自主，自力更生，无论过去、现在和将来，都是我们的立足点”③。他明确指出：“任何外国不要指望中国做他们的附庸，不要指望中国会吞下损害我国利益的苦果。”④

西方敌对势力对我国的思想文化渗透，是我国意识形态领域一个十分重要的问题，直接关系到我国意识形态安全、政治安全，关系到我国的社会性质。东欧剧变的一个重要原因就是西方国家对苏联、东欧实施“西化”“分化”战略，西方国家试图通过对社会主义国家的思想文化渗透，改变社会主义国家的性质，使这些国家走上资本主义道路，因此，高度重视和自觉抵制西方腐朽思想文化的渗透，不只是一个思想问题，也是一个重大的政治问题，具有鲜明的意识形态性质。邓小平提出的反对西方思想文化渗透的观点，是邓小平意识形态建设理论不可缺少的组成部分。

五、江泽民意识形态建设理论

20世纪80年代末90年代初，国内外形势发生了重大变化，在国内，由于

---

① 邓小平．邓小平文选：第2卷［M］．北京：人民出版社，1994：168.
② 邓小平．邓小平文选：第2卷［M］．北京：人民出版社，1994：133.
③ 邓小平．邓小平文选：第3卷［M］．北京：人民出版社，1993：3.
④ 邓小平．邓小平文选：第3卷［M］．北京：人民出版社，1993：3.

受资产阶级自由化思想的影响，出现了政治风波，极少数人煽动中国走资本主义道路，国际上，苏联、东欧发生剧变，这些国家的共产党失去了政权，国家性质发生了根本变化。东欧剧变使世界社会主义运动出现了重大曲折倒退，国际共产主义运动处于低潮。此后，西方大国加紧对我国实施“西化”“分化”战略，我国抵御西方国家渗透的压力明显加大。就整个世界格局来看，两极格局结束，世界出现了多极化趋势，整个世界的政治经济形势也发生了深刻变化。这些变化对中国共产党提出了严峻考验，建设一个什么样的党、怎样建设党的问题，摆在了中国共产党面前，以江泽民同志为核心的党的第三代领导集体，面对国内外形势的深刻变化，提出了“三个代表”重要思想，在新的历史条件下，进一步发展了马克思主义理论，为中国特色社会主义理论增添了新内容。在特殊的国际环境下，江泽民非常重视意识形态建设，在这方面提出了一系列新的思想观点。

（一）提出“三个代表”重要思想

江泽民指出：“总结八十年的奋斗历程和基本经验，展望新世纪的艰巨任务和光明前途，我们党要继续站在时代前列，带领人民胜利前进，归结起来，就是必须始终代表中国先进生产力的发展要求，代表中国先进文化的前进方向，代表中国最广大人民的根本利益。”① 在庆祝中国共产党成立八十周年大会上的讲话中，江泽民对“三个代表”的内涵，进行了系统阐述，他指出，我们党要代表中国先进生产力的发展要求，就是党的理论、路线、纲领、方针、政策和各项工作，必须努力符合生产力发展的规律，体现不断推动社会生产力的解放和发展的要求，尤其要体现推动先进生产力发展的要求，通过发展生产力不断提高人民群众的生活水平。我们党要始终代表中国先进文化的前进方向，就是党的理论、路线、纲领、方针、政策和各项工作，必须努力体现发展面向现代化、面向世界、面向未来的，民族的、科学的、大众的社会主义文化的要求，促进全民族思想道德素质和科学文化素质的不断提高，为我国经济发展和社会进步提供精神动力和智力支持。我们党要始终代表中国最广大人民的根本利益，就是党的理论、路线、纲领、方针、政策和各项工作，必须坚持把人民的根本利益作为出发点和归宿，充分发挥人民群众的积极性、主动性和创造性，在社会不断发展进步的基础上，使人民群众不断获得切实的经济、政治、文化利益。

“三个代表”重要思想是对马克思主义、毛泽东思想和邓小平理论的继承和发展，反映了当代世界和中国的发展变化对党和国家工作的新要求，是全党集

---

① 江泽民．江泽民文选：第3卷［M］．北京：人民出版社，2006：272.

体智慧的结晶，是党必须长期坚持的指导思想。“三个代表”重要思想创造性地回答了建设什么样的党、怎样建设党的问题，这就为马克思主义意识形态理论增添了新内容。

（二）提出加强“三讲”教育，特别强调讲政治

在新的历史背景下，江泽民指出：“讲学习、讲政治、讲正气，三者是紧密相连和相互统一的，核心是讲政治。”政党作为一个阶级的先锋队组织，是围绕自己的政治纲领，按照自己的政治路线，为实现自己的政治目标而建立起来的政治组织，从政党的根本属性看，讲政治是政党的基本要求，一个政党离开政治、不讲政治、淡化政治，也就不成其为政党了。讲政治是具体的，不是抽象的，不同阶级的政党，所代表的利益不同，因此讲政治的内容和实质也是不同的。中国共产党作为中国工人阶级的先锋队和中华民族的先锋队，作为马克思主义政党，所讲的政治是维护和发展人民群众利益的政治。具体地讲，必须坚持正确的政治立场、政治方向和政治观点，严守政治纪律，增强政治敏锐性和政治鉴别力。我们党只有讲政治，才能在复杂的斗争形势下，在完成艰巨任务的过程中始终保持清醒的头脑，才有坚定的政治信念，才能经得起各种风险、困难的考验。

江泽民强调，要真正做到讲政治，既要有坚定的政治信念，还要善于从政治上正确认识和判断形势。我党领导的改革开放和社会主义现代化建设，是一项艰巨、系统的伟大事业，在完成这项伟大事业的过程中面临复杂多变的国际环境，在国内也会遇到一些新问题、新情况，这就需要我党从战略高度来认识我国经济社会发展状况，只有正确地认识形势，才能把握正确前进方向，把握好现代化建设中的大好局面同前进中出现的暂时困难和问题的关系，认清主流与支流，坚定推进工作的信心，才能处理好各方面的关系，促进经济社会全面发展。江泽民进一步指出，讲政治要在路线方针政策上始终保持政治上的清醒和坚定，善于从政治高度来认识和把握自己所从事的工作，以保证各项工作始终沿着正确的方向前进。江泽民还特别强调，要做到更好地讲政治，就要全心全意为人民谋利益，“政治问题主要是对人民群众的态度问题，同人民群众的关系问题”①。他要求各级领导干部，要切实做到讲政治，就要同人民群众保持密切联系，想群众之所想，急群众之所急，以群众赞成不赞成、高兴不高兴作为自己的行为准则。全心全意为人民谋利益，不能搞“虚功”，而是要实实在在为群众办实事，要从人民群众最关心、最迫切需要解决的实际问题入手开展工作，

① 江泽民．江泽民文选：第2卷［M］．北京：人民出版社，2006：360.

把我们党的根本宗旨切实落实到各项工作中，落实到广大人民群众身上。关于讲政治，江泽民特别强调党的高级干部，更要做到讲政治，因为这些高级干部手中掌握的权力更大，他们的工作一旦出现失误，对党和人民的损失也就越大。江泽民特别指出："高级干部首先要努力成为忠诚于马克思主义、坚持走有中国特色的社会主义道路，会治党治国的政治家。"① 他强调，提高高级干部的政治素质，关键要提高马克思主义政治素质，没有这个政治的灵魂，就会迷失方向，就不可能成为一个合格的党员干部。

政治问题与意识形态问题是不可分的，江泽民所提出的"讲政治"的基本观点，实际上就是讲意识形态，这里所讲的政治事关党和国家性质，与党的宗旨、国家性质紧密相关，这也是一种最明显的政党意识形态，同时也体现了我国意识形态建设的基本要求。

（三）高度重视思想政治工作，强调占领思想阵地

江泽民十分重视党员干部的思想政治工作。在新的历史条件下，特别是随着社会主义市场经济的逐步发展，党内出现了不同程度的思想问题，这主要表现在：有的人对社会主义最终必然战胜资本主义，对建设中国特色社会主义前途产生了这样或那样的动摇；少数人革命意志衰退，思想空虚，沉湎于花天酒地，或到封建迷信和其他消极的行为中去寻求精神寄托；有的私欲膨胀，在拜金主义面前随波逐流，甚至出现贪污腐败行为。面对党内存在的这些问题，江泽民指出："我们必须不断对党员、干部加强理想教育和信念教育，加强辩证唯物主义和历史唯物主义教育，推动全党同志真正把理想信念牢固地建立在马克思主义的科学基础之上。"② 要适应国际国内新的形势，适应社会经济、政治、文化生活的新变化，就要积极探寻新办法、新措施，以保证党在建设中国特色社会主义伟大实践中，真正加强思想政治工作，使马克思主义始终牢固地占领思想政治阵地，使各种唯心论、非马克思主义和反马克思主义的东西没有可乘之机。他进一步指出："思想政治工作的实践说明，我们的阵地如果无产阶级思想不去占领，非无产阶级思想就必然会去占领。"③

江泽民还特别重视青少年的思想政治工作。针对一些学校和地方忽视思想政治工作的情况，江泽民指出："有的同志对坚持两手抓、两手都要硬的方针贯

---

① 江泽民．江泽民文选：第 2 卷［M］．北京：人民出版社，2006：366.
② 江泽民．江泽民文选：第 2 卷［M］．北京：人民出版社，2006：362.
③ 江泽民．江泽民文选：第 2 卷［M］．北京：人民出版社，2006：362.

彻不力，社会主义精神文明建设抓得不紧，放松了对青少年的思想政治教育。”①“还有一些学校和地方，对学生的知识教育和学校的设施建设抓得比较紧，而对学生的思想品德教育、纪律法制教育，对学生在校外活动的情况，抓得比较松。”② 针对这种现象，江泽民明确要求：“各级党委和政府，整个教育战线的同志们，对教育工作中存在的问题和不足，都应该保持清醒的认识。思想政治教育，在各级各类学校都要摆在重要地位，任何时候都不能放松和削弱。”③ 削弱了思想政治教育工作，学校就不可能培养出合格的人才，对学生的成长带来不利影响，也是对青少年成长不负责任的，“如果轻视思想政治教育、历史知识教育和人格培养，那就会产生很大的片面性，而这种片面性往往会影响人一生的轨迹”④。在改革开放过程中出现了一些消极负面的东西，这也对学校思想政治工作带来冲击，针对这种现实问题，江泽民指出：“要针对改革和建设过程中出现的新情况新问题，不断加强和改进学校的思想政治工作和政治课教育。”⑤ 江泽民还从整个国家发展战略高度，强调了学校思想政治工作的重要性，忽视学校思想政治工作对于实施科教兴国战略，对整个社会主义现代化建设，都是非常不利的。基于这种现实要求，江泽民明确指出：“希望各级党委和政府的领导同志，要高度重视教育和青少年的思想工作。”⑥“抓好教育和青少年学生的思想工作，直接关系到我们实施科教兴国战略能否取得成功，关系到我国社会主义现代化建设能否取得成功。”⑦ 江泽民认为学校思想政治工作问题，不仅关系到学校自身发展状况，而且关系到党和国家未来事业的发展，这样就把学校思想政治工作提高到了应有的战略地位。

（四）提出了系统的新闻舆论思想

新闻舆论作为意识形态的前沿阵地，在宣传党的路线方针政策、教育人民群众、统一思想、凝聚人心、批驳错误思潮等方面具有不可替代的作用。江泽民非常重视新闻舆论工作，在这方面提出了很多新思想、新观点。党的新闻舆论工作是党和人民的喉舌，这是马克思主义新闻思想的一个基本原则，新闻舆论工作的这一职能体现了党的新闻舆论工作的根本性质和根本职能，指明了党

---

① 江泽民．江泽民文选：第1卷［M］．北京：人民出版社，2006：370.
② 江泽民．江泽民文选：第2卷［M］．北京：人民出版社，2006：588.
③ 江泽民．江泽民文选：第2卷［M］．北京：人民出版社，2006：332.
④ 江泽民．江泽民文选：第2卷［M］．北京：人民出版社，2006：332.
⑤ 江泽民．江泽民文选：第1卷［M］．北京：人民出版社，2006：371－372.
⑥ 江泽民．江泽民文选：第2卷［M］．北京：人民出版社，2006：590.
⑦ 江泽民．江泽民文选：第2卷［M］．北京：人民出版社，2006：590－591.

领导的新闻事业的正确政治方向，规定了党的新闻舆论工作的神圣职责。在改革开放和发展市场经济时期，有的人受资产阶级新闻思想影响，认为“喉舌论”是战争年代和计划经济时期的产物，不适合改革开放时期，强调“喉舌论”会影响新闻报道的客观性，会影响按新闻规律办事，会影响新闻媒体传播信息这一基本功能的发挥。面对这些新情况、新问题，江泽民坚定地坚持马克思主义新闻观，他指出，我们国家的报纸、广播、电视等是党、政府和人民的喉舌。这既说明了新闻工作的性质，又说明了它在党和国家工作中极其重要的地位和作用。1996 年 1 月，他在接见解放军报社师以上干部的讲话中指出，《解放军报》是中央军委机关报，是我国武装力量的喉舌，是我军舆论宣传工作的一个十分重要的阵地。1996 年 9 月，江泽民在视察人民日报社时，再次强调指出，几十年来，《人民日报》作为党和人民的喉舌，在党中央的领导下，坚持正确的办报思想和办报方针，在革命、建设和改革中，做出了重要的贡献。2001 年 1 月，他在全国宣传部长会议上发表重要讲话，又一次强调，新闻媒体是党和人民的喉舌，应准确、鲜明、生动地宣传中央的精神，应及时、如实、充分地反映人民群众的意愿。江泽民强调的新闻媒体“喉舌论”思想，始终着眼于新闻媒体的政治属性，把新闻工作作为党的事业的重要部分来抓，始终着眼于党和人民的主体地位，把新闻媒体作为党和人民的喉舌来定性，始终着眼于新闻工作的重要作用，把新闻工作的性质、地位和作用联系起来阐述，这样“喉舌论”思想更加鲜明、更加准确、更加全面，这一思想有力地坚持了马克思主义新闻理论的“喉舌论”思想，深刻揭示了中国特色社会主义新闻事业的根本政治属性。

江泽民还十分重视坚持正确舆论导向的极端重要性。他指出，新闻宣传一旦出了大问题，舆论工具不掌握在真正的马克思主义者手中，不按照党和人民的意志、利益进行舆论导向，会带来多么严重的危害和巨大的损失。1994 年，他在全国宣传思想工作会议上指出，舆论导向正确，人心凝聚，精神振奋；舆论导向失误，后果严重，正反两方面的经验告诉人们，引导舆论至关重要。各级党委、宣传部门和新闻出版单位的领导干部，必须以高度的责任心抓好舆论引导工作。并进一步指出，坚持正确的舆论导向，就是要造成有利于进一步改革开放，建立社会主义市场经济体制，发展社会主义生产力的舆论；有利于加强社会主义精神文明建设和民主法制建设的舆论；有利于鼓舞和激励人们为国家富强、人民幸福和社会进步而艰苦创业、开拓创新的舆论；有利于人们分清是非，坚持真善美，抵制假恶丑的舆论；有利于国家统一、民族团结、人民心情舒畅、社会政治稳定的舆论。1996 年，江泽民在人民日报社视察时更是把舆论导向问题提到一个新的理论和认识高度来强调，他深刻指出，历史经验反复证明，舆论导向正确与否，对于我们党的成长、壮大，对于人民政权的建立、巩固，对于人民的团结和国家的繁荣富强，具有重要的作用。舆论导向正确，是党和人民之福；舆论导向错误，是党和人民之祸。这一论断以鲜明简洁的语言，深刻地阐述了舆论导向与党和人民利益的密切关系，指明了新闻宣传工作所肩负的光荣使命和艰巨任务。在党的十五大报告中，江泽民又强调，新闻宣传必须坚持党性原则，坚持实事求是，把握正确的舆论导向。

由于新闻舆论工作具有鲜明的意识形态属性，在意识形态建设中始终把新闻舆论工作作为一项重要任务来抓。在一定意义讲，忽视新闻舆论工作，就是忽视意识形态工作。江泽民关于新闻舆论工作的重要论述，是他意识形态建设理论的重要组成部分。

（五）对做好意识形态工作提出了多方面的具体要求

在复杂的国际国内环境下如何做好意识形态工作，是江泽民非常重视的问题，为有效地做好意识形态工作，他进行了多方面的阐述。主要有：强调坚持马克思列宁主义、毛泽东思想、邓小平理论在意识形态领域的指导地位；坚持以科学的理论武装人，以正确的舆论引导人，以高尚的精神塑造人，以优秀的作品鼓舞人；大力发展先进文化，支持健康有益文化，努力改造落后文化，坚决抵制腐朽思想文化；提出互联网要成为传播先进文化的重要阵地；提出面对世界范围内各种思想文化的相互激荡，必须坚持和弘扬民族精神；提出要建立与社会主义市场经济相适应、与社会主义法律规律相协调、与中华民族传统美德相承接的社会主义思想道德体系；高度重视新闻舆论的作用，强调全党同志要树立共产主义远大理想，具有坚定的信念等。江泽民对意识形态工作的具体论述，对扎实、深入地推进意识形态工作具有很强的指导性。

六、胡锦涛意识形态建设理论

进入21世纪后，党情、国情、世情发生了新的变化，以胡锦涛同志为核心的新的中央领导集体，在领导人民继续推进改革开放和社会主义现代化建设伟大事业过程中，高度重视意识形态工作，在意识形态建设中提出了一些新的理论、新观点。

（一）提出了科学发展观，丰富了党的指导思想

在新的历史条件下，胡锦涛指出，我国改革发展进入了关键时期，要实现全面建设小康社会的奋斗目标，就要牢固树立和认真落实以人为本，全面、协

调、可持续的发展观，切实抓好发展这个党执政兴国的第一要务。胡锦涛指出，科学发展观是从新世纪新阶段党和国家事业发展全局出发提出的重大战略思想。科学发展观总结了二十多年来我国改革开放和现代化建设的经验教训，揭示了经济社会发展的客观规律，反映了我们党对发展问题的新认识。胡锦涛对科学发展观的内涵和基本要求，进行了系统阐述。他指出，坚持以人为本，就是要以实现人的全面发展为目标，从人民群众的根本利益出发谋发展、促发展，不断满足人民群众日益增长的物质文化需要，切实保障人民群众的经济、政治和文化权益，让发展的成果惠及全体人民。全面发展，就是要以经济建设为中心，全面推进经济、政治、文化建设，实现经济发展和社会全面进步。协调发展，就是要统筹城乡发展、统筹区域发展、统筹经济社会发展、统筹人与自然和谐发展、统筹国内发展和对外开放，推进生产力和生产关系、经济基础和上层建筑相协调。可持续发展，就是要促进人与自然的和谐，实现经济发展和人口、资源、环境相协调，坚持走生产发展、生活富裕、生态良好的文明发展道路，保证一代接一代地永续发展。

科学发展观是马克思主义同当代中国实际和时代特征相结合的产物，是马克思主义关于发展的世界观和方法论的集中体现，对新形势下实现什么样的发展、怎样发展等重大问题做出了新的科学回答。科学发展观是我们党坚持把马克思主义基本原理同中国具体实践相结合，探索中国特色社会主义规律取得的重大理论成果，根据新的实践和时代发展推进了马克思主义中国化。党的十八大报告强调："科学发展观是中国特色社会主义理论体系最新成果，是中国共产党集体智慧的结晶，是指导党和国家全部工作的强大思想武器。科学发展观同马克思列宁主义、毛泽东思想、邓小平理论、'三个代表'重要思想一道，是党必须长期坚持的指导思想。"

党的指导思想是党和国家意识形态建设的重要内容，科学发展观为坚持马克思主义在意识形态领域的指导地位注入了新的活力，为在新的历史条件下增进全党全国人民的政治共识、思想共识，奠定了新的思想理论基础，因此，科学发展观的提出是对马克思主义意识形态理论的新贡献。

（二）倡导推进社会主义核心价值体系建设

社会主义核心价值体系包括四个方面的基本内容，即马克思主义指导思想、中国特色社会主义共同理想、以爱国主义为核心的民族精神和以改革创新为核心的时代精神、社会主义荣辱观。胡锦涛指出："推进社会主义核心价值体系建设，进一步增强全民族团结和谐、奋发向上的精神力量。”① 对推进社会主义核心价值体系建设，胡锦涛进行了多方面的阐述，具体做到，深入开展社会主义核心价值体系宣传教育，把社会主义核心价值体系融入国民教育和精神文明建设全过程，把社会主义核心价值体系的要求贯穿到媒体传播之中。落实到精神文化产品创作生产之中，融会到日常工作生活之中，体现到政策法规制定和社会管理之中，使之转化为人们的自觉追求。胡锦涛进一步指出：“社会主义核心价值体系建设必须从小抓起、从学校抓起，要大力推动社会主义核心价值体系基本内容进教材、进课堂、进头脑，更好体现到学校教学和日常管理各个方面，各个环节。”②

胡锦涛还进一步强调了用社会主义核心价值体系引领社会思潮的问题。进入 21 世纪，各种错误思潮对民众的影响越来越大，对我国主流意识形态带来极大危害，针对这种现象，胡锦涛明确指出：“密切关注社会思潮，把握不同阶层、不同群体思想状况和价值取向，弘扬人民群众中蕴藏的积极向上的思想精神。尊重群众实际感受和认识水平，区分层次、区别对象，尊重差异、包容多样，妥善处理思想文化领域的问题，最大限度地增进社会共识。”③ 在党的十八大报告中，胡锦涛更加明确地指出：“社会主义核心价值体系是兴国之魂，决定着中国特色社会主义发展方向。”④ 他要求，要深入开展社会主义核心价值体系学习教育，用社会主义核心价值体系引领社会思潮、凝聚社会共识。在党的十八大报告中，胡锦涛把社会主义核心价值体系进一步凝练为社会主义核心价值观，即倡导富强、民主、文明、和谐，自由、平等、公正、法治，爱国、敬业、诚信、友善的社会主义核心价值观。

社会主义核心价值观体系和社会主义核心价值观是社会主义意识形态的本质体现，大力推进社会主义核心价值体系和社会主义核心价值观教育，是社会主义意识形态建设的必然要求，胡锦涛对社会主义核心价值观体系问题的阐述，是对马克思主义意识形态建设理论的新发展、新贡献。

（三）重视提高舆论引导能力

舆论引导问题是社会主义意识形态建设中一个敏感性的问题，许多意识形态问题往往最先在舆论中体现出来，舆论引导能力建设对意识形态建设具有直

① 胡锦涛．胡锦涛文选：第 3 卷［M］．北京：人民出版社，2016：62.
② 胡锦涛．胡锦涛文选：第 3 卷［M］．北京：人民出版社，2016：62－63.
③ 胡锦涛．胡锦涛文选：第 3 卷［M］．北京：人民出版社，2016：63.
④ 胡锦涛．胡锦涛文选：第 3 卷［M］．北京：人民出版社，2016：638.

接性作用。在舆论引导能力建设方面，胡锦涛特别重视坚持正确的舆论导向，2008年1月22日，胡锦涛在全国宣传思想工作会议上指出："坚持正确导向，有效引导社会舆论，巩固积极健康向上的主流舆论，努力营造良好舆论环境，是宣传思想工作的重要任务。"① 2008年6月20日，胡锦涛在人民日报社考察工作时又强调指出："舆论导向正确，利党利国利民；舆论导向错误，误党误国误民。"② 对如何提高舆论引导能力问题，胡锦涛进行了多方面的阐述，他指出，为提高舆论导向能力，就要牢固树立政治意识、大局意识、责任意识、阵地意识，把坚持正确导向放在新闻宣传工作的首位，坚持团结稳定鼓劲、正面宣传为主，唱响主旋律，打好主动仗，更加自觉地为人民服务、为社会主义服务、为党和国家工作大局服务；要增强政治敏锐性和政治鉴别力，严格宣传纪律，做到守土有责，在重大问题、敏感问题上把好关、把好度；要充分发挥新闻媒体宣传党的主张、弘扬社会正气、通达社情民意、引导社会热点、疏导公众情绪、搞好舆论监督的作用；要善于把握新闻传播规律，深入研究新形势下各种受众群体心理特点和接受习惯，主动设置议题。从群众中的关注点和兴奋点入手，把党所倡导的和群众所需要的紧密结合起来，把握好舆论引导的时机、节奏、力度；做到在报道新闻事实中体现正确导向，在同群众交流互动中形成社会共识，在加强信息服务中开展思想教育，高度重视改进文风，增强亲和力和感染力；要适应人民群众信息需求，按照更加透明、更加开放的要求，完善新闻发布制度。健全突发事件新闻报道机制，加强舆情分析研判，及时准确发布权威信息，积极主动引导社会热点；要从社会舆论多层次的实际出发，研究媒体分众化、对象化趋势，以党报党刊、电台电视台为主，整合都市类媒体、网络媒体等多种宣传资源，努力构建定位明确、特色鲜明、功能互补、覆盖广泛的舆论引导格局。

（四）高度重视思想政治工作，特别是大学生思想政治工作

胡锦涛十分重视思想政治工作，他指出："要开展深入细致的思想政治工作，把先进性要求和广泛性要求结合起来，把解决思想问题和解决实际问题结合起来，更加注重人文关怀和心理疏导，引导人们在为祖国为人民的奋斗中实现自身价值。"③ 胡锦涛特别重视加强对大学生的思想政治教育工作，他指出，在新的历史条件下，大学生思想政治教育工作面临许多新情况新问题，面临与

---

① 胡锦涛．胡锦涛文选：第3卷［M］．北京：人民出版社，2016：638.
② 胡锦涛．在人民日报社考察工作时的讲话［N］．人民日报，2008－06－21.
③ 胡锦涛．胡锦涛文选：第3卷［M］．北京：人民出版社，2016：63.

新形势新任务不相适应的问题。胡锦涛对大学生思想政治教育提出了下列课题：如何更有效地用马克思主义理论武装大学生头脑，引导大学生树立正确的世界观、人生观、价值观；如何广泛深入地进行爱国主义、集体主义、社会主义教育，引导大学生坚定中国特色社会主义信念；如何针对大学生的思想特点提高思想政治理论课和哲学社会科学一些学科的针对性和实效性，增强这些课程和学科的吸引力、感染力、说服力；如何引导大学生积极学习和正确吸收人类优秀文明成果，又自觉鉴别和抵御各种腐朽落后的思想文化；如何改进思想政治教育工作的方式和手段，切实把思想政治工作做到大学生心坎上；如何积极主动地运用现代科技手段，使大学生能够通过现代信息传播渠道接受积极健康的思想文化；如何把思想政治教育工作贯穿高校教育、管理和服务的全过程，形成大学生思想政治教育的有效机制等。胡锦涛指出："解决好这些问题，对改进和加强大学生思想政治教育工作极为重要。对此，我们必须高度重视，深入研究，采取措施，不断推进。"①

为进一步搞好大学生思想政治教育工作，就必须加强党对大学生思想政治教育工作的领导，为此，胡锦涛特别强调了以下几个方面的主要措施。

第一，要切实把大学生思想政治教育摆在更加突出的地位。各级党委把加强和改进大学生思想政治工作作为培养中国特色社会主义事业建设者和接班人，确保党和人民的事业兴旺发达的战略任务，"作为提高党的执政能力、巩固党的执政地位的一项重要工作，摆在更加突出的位置，列入重要议事日程，切实担负起政治责任，进一步加强和改进领导"②。要加强和改进高校思想政治理论课教育教学、形势政策教育、哲学社会科学学科教材体系建设，加强和改进大学生社会实践、大学生党员发展、师德建设、贫困家庭学生资助等方面的工作。要加强大学生思想政治教育工作的理论研究。胡锦涛还强调："经常研究分析大学生思想状况，及时了解大学生思想政治教育工作情况，不断认识和把握新形势下做好大学生思想政治教育工作的特点和规律。"③

第二，要形成加强和改进大学生思想政治教育工作的强大合力。胡锦涛指出："加强和改进大学生思想政治教育工作是一项系统工程，必须把社会各方面

① 中共中央文献研究室．十六大以来重要文献选编：中［M］．北京：中央文献出版社，2006：635.

② 中共中央文献研究室．十六大以来重要文献选编：中［M］．北京：中央文献出版社，2006：644.

③ 中共中央文献研究室．十六大以来重要文献选编：中［M］．北京：中央文献出版社，2006：644.

的力量动员起来，把社会各方面的资源整合起来，使它们充分发挥作用、密切配合。”① 各高校要切实担负起加强和改进思想政治教育工作的责任，建立健全党委统一领导，党政群齐抓共管、全体教职员工全员育人、全方位育人、全过程育人的工作机制。高校所有教师都担负着教书育人的光荣职责，都要为人师表、言传身教、率先垂范，自觉承担起对学生开展思想政治教育的神圣职责。各级宣传、教育等有关职能部门和共青团等群众组织，在大学生思想政治教育中担负着重要责任，要按照分工协作的要求，认真担负起各自应尽的职责，发挥各自优势，共同做好工作。要把大学生思想政治教育工作的各项目标任务具体分解到有关部门和单位，采取有力措施，加强监督检查，保证各项任务落到实处。

第三，要积极营造大学生健康成长的良好社会环境。胡锦涛强调：“大学生理想信念的树立、思想品质的培育、道德情操的培养、文明习惯的养成、美好心灵的塑造，需要社会方方面面共同支持，需要营造健康向上的良好社会环境，特别是要大力营造良好的文化环境、舆论环境、校园周边环境。”② 为营造良好的环境，胡锦涛对此做出了多方面的指示，他要求宣传、理论、新闻、文艺、出版等部门和机构要增强社会责任感，牢牢把握正确导向，坚持弘扬主旋律，为大学生思想政治教育工作创造良好的舆论环境。要大力发展文化事业和文化产业，为大学生提供更好更多的文化产品和文化服务，满足大学生的精神文化需求。各类博物馆、纪念馆、展览馆、烈士陵园等爱国主义教育基地，要对大学生集体参观实行免票。各级政府和企事业单位要鼓励和支持大学生的公益活动。要依法加强对学校周边文化、娱乐、商业经营活动的管理，坚决取缔干扰学校正常教学、生活秩序的经营性娱乐活动场所，切实维护大学生的合法权益和身心健康。

（五）明确提出互联网成为意识形态较量的一个重要战场

在信息化社会，互联网对人们思想的影响越来越大，深刻影响着人们的生产方式、生活方式、思维方式，针对这种现实，胡锦涛明确指出：“互联网已成为各种社会思潮、各种利益诉求的集散地，成为意识形态较量的一个重要战场。”③ 为在互联网背景下做好意识形态建设，胡锦涛提出了多方面的措施，他

---

① 中共中央文献研究室．十六大以来重要文献选编：中［M］．北京：中央文献出版社，2006：645.

② 中共中央文献研究室．十六大以来重要文献选编：中［M］．北京：中央文献出版社，2006：645.

③ 胡锦涛．胡锦涛文选：第3卷［M］．北京：人民出版社，2016：64.

指出，要充分利用互联网技术宣传党的理论和方针政策；必须从占领文化传播制高点和掌握信息化条件下宣传思想主导权的高度，抓住信息化的历史机遇，积极发展中国特色网络文化；加强对互联网特别是新媒体平台的应用和管理，支持重点新闻网站建设；有效防范和遏制有害信息传播，努力使互联网成为传播社会主义先进文化的前沿阵地；要掌握网上舆论主导权，深入研究网上舆论引导的特点和规律，及时掌握、深入研究、准确判断网上舆情，讲求引导艺术，善于运用网民熟悉的语言和方式，牢牢把握网上舆论制高点；要加强网上思想舆论阵地建设，创新体制机制；要主动占领网上思想舆论阵地，对热点问题要加强解疑释惑，对重大突发事件要及时准确发布权威信息，对敌对势力的恶意攻击要针锋相对开展舆论斗争。在党的十八大报告中，胡锦涛进一步强调指出："加强和改进网络内容建设，唱响网上主旋律。"①

网络意识形态建设是我国意识形态建设的一个新领域，随着互联网的快速发展，网络意识形态建设面临的情况越来越复杂，各种思想文化越来越重视网络传播，互联网将是各种思想文化交流、交融、交锋的前沿阵地，对此，需要给予高度重视。胡锦涛提出的有关网络意识形态建设的一系列具体措施，内容丰富、针对性强，切合网络意识形态建设的基本要求，符合网络意识形态建设特点，反映了网络意识形态建设规律，对当前我国网络意识形态建设具有很强的现实性指导价值。

七、新时代中国共产党意识形态建设理论是我党意识形态建设理论的继承和发展

马克思、恩格斯所阐述的意识形态理论，毛泽东、邓小平、江泽民、胡锦涛提出的意识形态建设理论是新时代中国共产党意识形态建设理论的思想基础，新时代中国共产党意识形态建设理论是我党历史上意识形态思想的继承和发展。

一方面，新时代中国共产党关于意识形态建设的一些基本观点，源于我党历史提出的意识形态理论，如坚持马克思主义指导的观点，加强社会主义、共产主义道德建设的观点，坚持正确舆论导向的观点，加强思想政治教育的观点，加强精神文明建设的观点，加强理想信念教育的观点，加强党的路线方针政策宣传教育的观点，加强爱国主义教育的观点，加强互联网意识形态建设的观点，大力发展社会主义先进文化的观点和批驳各种错误思潮的观点等。这些理论观点是新时代中国共产党意识形态建设理论的基本遵循。

---

① 胡锦涛．胡锦涛文选：第3卷［M］．北京：人民出版社，2016：639.

另一方面，新时代中国共产党意识形态建设理论在坚持马克思主义意识形态理论的基础上，提出新时代意识形态建设的许多新观点、新论断。如提出意识形态工作是党的一项极端重要的工作新论断，意识形态工作事关党和国家命运，事关国家长治久安，事关民族凝聚力、向心力；围绕意识形态建设内容和途径我党在新闻舆论、思想政治工作、学校意识形态建设、哲学社会科学、网络意识形态、文化文艺工作、政党政治文化、社会主义核心价值观培育、中华优秀传统文化传承、社会主义和共产主义道德建设、理想信念教育、对外宣传等方面，提出一系列新观点、新理论，在新时代发展了我党意识形态建设理论。此后，对这些理论进行了整体性研究。

第二章

新时代中国共产党意识形态建设理论形成的时代境遇

时代是思想之母，实践是理论之源。新时代中国共产党意识形态理论产生于特定的时代，是对我国政治、经济、文化、社会等方面发展状况特别是思想文化环境的反映，也是对特定时期国际政治、文化环境发展状况的反映。马克思、恩格斯认为："意识在任何时候都只能是被意识到了存在，而人们的存在就是他们的现实生活过程。"① 实践没有止境，理论创新也没有止境，世界和中国每时每刻都在发生变化，人们必须在理论上跟上时代步伐，不断推进理论创新。中国特色社会主义进入新时代，意味着近代以来久经磨难的中华民族迎来了从站起来、富起来到强起来的伟大飞跃，迎来了实现中华民族伟大复兴的光明前景，意味着科学社会主义在21世纪焕发出强大生机，在世界上高高举起了中国特色社会主义伟大旗帜，意味着中国特色社会主义道路、理论、制度、文化不断发展。这个时代是承前启后、继往开来、在新的历史条件下继续夺取中国特色社会主义伟大胜利的时代，是决胜全面建成小康社会，进而全面建成社会主义现代化强国的时代，是全国各族人民团结奋斗，不断创造美好生活，逐步实现全体人民共同富裕的时代，是全体中华儿女勠力同心、奋力实现中华民族伟大复兴的时代，是中国日益走近世界舞台中央，不断为人类做出更大贡献的时代。这是当前我国意识形态建设所处的时代背景，因此，中国特色社会主义进入新时代就给意识形态建设提出了更高的要求。

中国特色社会主义进入新时代，我国意识形态建设取得显著成就，主要有：我国思想文化建设取得重大进展，党对意识形态工作领导权不断加强；党的理论创新全面推进，马克思主义在意识形态领域的指导地位更加鲜明；中国特色社会主义和中国梦深入人心，社会主义核心价值观和中华优秀传统文化广泛弘扬；群众性精神文明创建活动扎实开展，文化自信得到彰显，国家文化软实力和中华文化影响力大幅提升，全党全社会思想上的团结统一更加巩固；建设具有强大凝聚力和引领力的社会主义意识形态取得显著成效，全国人民在理想信

① 马克思，恩格斯．马克思恩格斯选集：第1卷［M］．北京：人民出版社，2012：152.

念、价值理念、道德观念上更加紧密地团结在一起；新闻舆论的传播力、引导力、公信力不断增强；习近平新时代中国特色社会主义思想日益深入人心，全党全国人民不断增强“四个意识”、坚定“四个自信”、做到“两个维护”。总体上讲，我国意识形态建设取得的成效是显著的，意识形态领域总态势是积极健康向上的。新时代中国共产党意识形态理论是对我国意识形态现实情况的直接反映。新时代中国共产党意识形态建设理论是依据我国意识形态发展的这种实际情况而提出的。

同时也要清醒地看到，意识形态领域斗争依然复杂，世界范围内各种思想文化交流交融交锋更加频繁，国际思想文化领域斗争深刻复杂，西方国家把我国的发展壮大视为对其价值观和制度模式的挑战，加紧对我国进行思想文化渗透，我国在意识形态领域面临的斗争和较量是长期的、复杂的。从我国国内来看，在思想文化领域，由于受多种因素影响，一些错误思潮时有出现，如有的宣扬西方民主自由观、宣扬实行西方宪政，有的大肆宣扬历史虚无主义，否定革命、否定党的历史，试图动摇中国共产党执政的政治基础、历史基础，有的以“反思改革”为名，否定改革开放，还有的否定四项基本原则，这些错误思潮的传播给人们的思想带来很大混乱，冲击我国主流意识形态，危害共产党执政的思想基础，减弱民族凝聚力、向心力，为西方腐朽思想文化渗透提供便利条件。在我国深化改革和对外开放不断扩大的条件下，各种社会矛盾和问题相互叠加、集中呈现，人们思想活动的独立性、选择性、多变性、差异性明显增强，意识形态领域出现了一些不容忽视的问题，一些人理想信念不坚定、一些腐朽落后文化沉渣泛起，拜金主义、享乐主义、极端个人主义有所滋长。

为更好地巩固我国意识形态建设取得的成效，更有效地解决、应对我国意识形态建设面临的挑战和问题，新时代中国共产党较为系统地提出了意识形态建设理论。这也是新时代中国共产党意识形态建设理论提出的宏观背景。为更具体地理解这种时代境遇，在此，重点分析新时代我国意识形态建设面临的一些挑战。

一、西方大国的意识形态渗透，对我国主流意识形态造成冲击

西方国家从来没有放弃过对我国进行意识形态渗透，在不同的历史时期，西方国家对我国进行意识形态渗透的方式手段是不同的，但其本质没有改变，那就是改变我国政权的社会主义性质，把我国纳入西方资本主义体系。意识形态领域历来是敌对势力同我国激烈争夺的重要阵地。敌对势力要搞乱一个社会、颠覆一个政权，往往先从意识形态领域打开缺口，先从搞乱人们的思想入手。

对西方国家意识形态渗透要有一个清醒的认识，必须在思想上、战略上保持高度的警觉性。

（一）西方国家对社会主义国家的意识形态渗透

西方国家对社会主义意识形态渗透的总体战略就是在政治上，把西方资产阶级的民主、自由、人权冒充为全人类的共同价值，在此基础上，开展民主外交、人权外交，干涉社会主义国家内政，支持培育“持不同政见者”，攻击、指责社会主义国家的政府和执政党，迫使社会主义国家按照西方模式改变社会制度；在经济上，利用合作、交往、援助，必要时采取经济制裁，引诱和迫使社会主义国家就范，促使社会主义国家放弃公有制，实行私有制；在意识形态上，向社会主义国家渗透资产阶级的世界观、人生观、价值观，宣扬西方的民主观、自由观、人权观，传播资产阶级政治文化，削弱或改变社会主义国家的指导思想；在社会上，利用民族、宗教、文化或社会事务干涉社会主义国家内政；在外交上，通过各种手段向社会主义国家施加压力，甚至进行孤立、排挤、封锁、打击，使社会主义国家处于不利的国际环境中。这一战略的目标就是颠覆社会主义国家，推翻共产党的领导，战胜共产主义体系，消除马克思主义意识形态，用西方的民主自由取而代之，恢复资本主义的一统天下。“西方敌对势力不甘心看到中国发展强大，不愿看到中国的发展模式对西方模式形成挑战，对中国在战略上围堵，安全上威胁，发展上牵制，统一上阻挠，主权上干扰，责任上施压，形象上丑化，思想文化上渗透。”①

伴随经济全球化的发展，世界各国之间的思想文化交流更加频繁，在思想文化交流过程中，西方国家借助于强大经济实力和科技优势，不断对发展中国家进行思想文化渗透，西方一些人甚至把全球化理解为资本主义化、美国化。思想文化的传播历来不是孤立进行的，而是具有深厚的政治经济依托，发达国家在经济全球化中的主导地位，就易于扩大思想文化的辐射力、影响力，使它们更加便利地将其价值观和制度模式向发展中国家传播和渗透，逐渐用发达国家的价值观影响这些国家，这样就由经济上的主导地位转变为思想文化上的强势地位，进而转化为西方大国主导的话语权。随着全球化的不断深化，西方大国的话语霸权已经形成一个无形的体系，渗透到经济、政治、文化、社会、外交等各个领域，西方大国利用自己的特殊地位，在世界范围内发号施令，实施影响。文化之间的交流、交融、交锋是伴随经济全球化出现的一种必然现象。

---

① 中共中央文献研究室．十七大以来重要文献选编：中［M］．北京：中央文献出版社，2011：376.

经济全球化不仅是经济交流、贸易往来的扩大，同时也是文化与价值观的传播与融合。由于全球化超出了经济范围，就不可避免地会引起不同政治价值观、文化观的激荡与碰触。

随着客观现实的变化，西方国家推行的“西化”“分化”战略从来没有停止过。从20世纪50年代开始实施这一战略，不断变换花样，对包括中国在内的社会主义国家先后实施“遏制战略”“解放战略”“和平战略”“人权外交”“超越遏制战略”“促进民主战略”等，都是“西化”“分化”战略的表现形式。20世纪70年代末到80年代中后期，美国加紧推行这一战略，成为东欧剧变的重要原因。

（二）习近平总书记高度重视西方国家对我国的意识形态渗透问题

习近平总书记高度重视西方国家对我国的意识形态渗透问题，他从多个方面论述了抵制、批判西方国家的思想文化渗透问题。

习近平总书记又指出，世界范围内各种思想文化交流交融交锋更加频繁，国际思想文化领域斗争深刻复杂，西方国家把我国的发展壮大视为对其价值观和制度模式的挑战，加紧对我国进行思想文化渗透，我国在意识形态领域面临的斗争和较量是长期的、复杂的。习近平总书记在党的十九大报告中明确指出：“意识形态领域斗争依然复杂，国家安全面临新情况。”在新时代进行伟大斗争的过程中，其中一个方面的要求就是，更加自觉地坚持党的领导和我国社会主义制度，坚决反对一切削弱、歪曲、否定党的领导和我国社会主义制度的言行。习近平总书记从巩固社会主义国家政权这一根本问题上，深刻指出了必须高度重视意识形态问题，防止西方国家的意识形态渗透。习近平总书记讲道：“国内外敌对势力往往就是拿中国革命史、新中国历史来做文章，竭尽攻击、丑化、污蔑之能事，根本目的就是要搞乱人心，煽动推翻中国共产党的领导和我国社会主义制度。”① 政权问题是政治的核心问题，一个阶级只有掌握和维护政权才能从根本上实现其利益。中国共产党的领导是中国特色社会主义的本质特征。西方国家对社会主义国家进行意识形态渗透，其根本目的就是推翻社会主义政权。意识形态与维护国家政权紧密相关，一个阶级要推翻另一个阶级往往先从意识形态领域先打开缺口，在这个问题上，有深刻的教训。习近平总书记指出，苏联为什么解体？苏共为什么垮台？一个重要原因就是意识形态领域的斗争十分激烈，全面否定苏联历史，否定列宁，否定斯大林，搞历史虚无主义，思想

① 中共中央文献研究室．十八大以来重要文献选编：上［M］．北京：中央文献出版社，2014：113.

搞乱了，各级党组织几乎没有任何作用了，军队不在党的领导之下了，最后苏联共产党解散，苏联解体。这是前车之鉴，我国必须严肃认真汲取苏共下台、苏联解体的深刻教训，时刻警钟长鸣，对西方国家意识形态渗透保持高度的警觉性。

针对西方国家通过新闻媒体对我国的思想文化渗透，习近平总书记讲道："一些人宣扬西方新闻观，标榜西方媒体是'社会公器''第四权力''无冕之王'，鼓吹抽象的绝对的'新闻自由'。"① 习近平总书记进一步指出，少数人打着"新闻自由"的旗号，专挑重大政治原则说事，公然攻击中国共产党的领导体制和我国社会主义制度，有的不顾起码的是非曲直，以骂主流为乐、反主流成瘾，怪话连篇，谎话连篇。针对西方国家标榜的新闻自由，习近平总书记对此进行了具体分析，表面上，西方媒体也有很多负面报道，但仔细看看，这些负面报道主要有三类，一类是对其他国家的负面报道，再一类就是对丑闻、色情、血腥、暴力、名人、隐私等黄赌毒、星性腥等报道，第三类是小题大做、"大骂大帮忙" 的报道，而涉及资本主义制度根本性的严肃话题报道和讨论微乎其微。如果世界其他地方特别是同西方意识形态不同的地方发生街头抗议活动，甚至发生暴力恐怖活动，西方媒体就将其描绘为争取"民主""自由""人权""反抗暴政"的行动，不惜版面、时间进行渲染。"对社会主义中国，西方媒体总是戴着有色眼镜，抹黑、丑化、妖魔化中国可谓无所不用其极。"② 这说明新闻媒体具有鲜明的意识形态性，是执政党的工具，西方国家总是利用新闻媒体对我国进行思想文化渗透，人民必须认清其实质。

习近平总书记还具体论述了在经济全球化背景下，西方国家对我国进行意识形态渗透的方式。习近平总书记指出，经济全球化不等于西方化，更不等于文化一元化。西方国家借助于经济全球化，竭力通过各种手段向我国传播西方政治价值观，西方国家总是攻击我国的体制、经济形势、食品安全、人权、社会治安、贪污腐败等问题，攻击造谣，借题发挥，小题大做，大造舆论。国际舆论格局是西强我弱，西方主要媒体左右着世界舆论，西方国家利用在世界舆论格局中的有利地位，不断唱衰中国，"中国威胁论""中国崩溃论"等论调不绝于耳。

---

① 中共中央党史和文献研究院．十八大以来重要文献选编：下［M］．北京：中央文献出版社，2018：215.

② 中共中央党史和文献研究院．十八大以来重要文献选编：下［M］．北京：中央文献出版社，2018：215.

习近平总书记从保持党的性质方面，论述了要抵制西方意识形态渗透。他指出："国内外各种敌对势力，总是企图让我们党改旗易帜、改名换姓，其要害就是企图让我们丢掉对马克思主义的信仰，丢掉对社会主义、共产主义的信念。"① 我们党内有的人对此认识不清，甚至有的人奉西方理论、西方话语为金科玉律，不知不觉成了西方资本主义意识形态的吹鼓手。要保持共产党的阶级性、先进性，就要坚定党的信念，坚决抵制、批判西方意识形态对党的侵蚀性。

习近平总书记从坚决反对照搬西方政治制度模式的方面，阐述了要抵制和批判西方政治价值观影响和渗透问题。他分析指出，冷战结束后，在西方价值观鼓噪下，一些国家照搬西方政治制度模式，结果导致国家四分五裂，政局处于动荡之中，有的战火纷飞，民不聊生。西方国家到处输出它们的价值观念和制度模式，在哪个国家获得了真正的成功？"如果我们用西方资本主义价值体系来剪裁我们的实践，用西方资本主义评价体系来衡量我国发展，符合西方标准就行，不符合西方标准就是落后的陈旧的，就要批判、攻击，那后果不堪设想！"② 习近平总书记指出，要走中国特色社会主义政治发展道路，坚决反对照搬西方政治制度模式。这是习近平总书记抵制西方意识形态渗透的一个重要思想观点，西方大国对我国进行意识形态渗透，其最终目的就是取消中国共产党的领导，改变中国社会主义制度，把中国纳入西方资本主义体系。习近平总书记指出，我们要坚定不移地走中国特色社会主义政治发展道路。以什么样的思路来谋划和推进中国社会主义民主政治建设，在国家政治生活中具有管根本、管全局、管长远的作用，古今中外，由于政治发展道路选择错误而导致社会动荡、国家分裂、人亡政息的例子比比皆是。中国是一个发展中大国，坚持正确政治方向道路更是关系根本、关系全局的重大问题。习近平总书记认为，设计和发展国家政治制度，必须注重历史和现实、理论和实践、形式和内容有机统一。"要坚持从国情出发、从实际出发，既要把握长期形成的历史传承，又要把握走过的发展道路、积累的政治经验、形成的政治原则，还要把握现实要求、着眼解决现实问题，不能割断历史，不能想象突然就搬来一座政治制度上的'飞来峰'。"③ 不能脱离特定社会政治条件来抽象评判一个国家的政治制度，政治制度不可能千篇一律，更不可能定于西方一尊。中国绝不能放弃中国政治制

① 习近平．习近平谈治国理政：第2卷［M］．北京：外文出版社，2017：327.
② 习近平．习近平谈治国理政：第2卷［M］．北京：外文出版社，2017：327.
③ 习近平．在庆祝全国人民代表大会成立六十周年大会上的讲话［J］．求是，2019（18）：4－15.

度的根本，中国有960多万平方千米的土地、56个民族，能照谁的模式办？谁又能指手画脚告诉我们该怎么办？习近平总书记明确指出："照抄照搬他国的政治制度行不通，会水土不服，会画虎不成反类犬，甚至会把国家前途命运葬送掉。"① 世界上不存在完全相同的政治制度，也不存在适用于一切国家的政治制度模式。物之不齐，物之情也。各个国家国情不同，每个国家的政治制度也是独特的，都是由这个国家的人民决定的，都是在这个国家的历史传承、文化传统、经济社会发展的基础上长期发展、渐进改进，内生演化的结果。"中国特色社会主义政治制度之所以行得通、有生命力、有效率，就是因为它是从中国的社会土壤中生长起来的。"② 因此，中国绝不能照搬西方政治制度模式。习近平总书记从现实和历史逻辑出发，深刻阐明了走中国特色社会主义政治发展道路的必然性、必要性，也从理论和实践两个层面批驳和抵制西方政治价值观的渗透。这是习近平总书记批驳和抵制西方资本主义国家意识形态渗透的一个深刻思想。

中国共产党高度重视意识形态问题，其中一个重要考虑，就是清醒地看到西方国家不断加紧对我国进行意识形态渗透，这种意识形态渗透冲击马克思主义在我国意识形态领域的指导地位，搞乱我国人民的思想，这不仅直接危害我国意识形态安全，更主要的是危害政治安全、政权安全，危害中国共产党的领导和我国社会主义制度。正是基于这种战略思维，我党反复强调做好意识形态工作的重要性。

二、一些错误思潮的传播，对我国主流意识形态造成严重危害

社会思潮有广义和狭义两个方面的含义，狭义的社会思潮是与哲学思潮、政治思潮、经济思潮、文化思潮相并列的一种思潮类型，广义的社会思潮是涵盖了社会所有领域的一种社会意识现象，本书是指广义上的社会思潮。当前，我国社会思潮存在的特点是正确思潮和错误思潮同时并存，社会思潮呈现多样性；国外思潮和国内思潮不断转化，一些国外社会思潮在传播过程中也被"中国化"，转化为国内的社会思潮；一些错误思潮沉渣泛起、反复出现；在社会思潮传播过程中，政治问题、思想问题、学术问题交织在一起，具有很强的迷惑

① 习近平．在庆祝全国人民代表大会成立六十周年大会上的讲话［J］．求是，2019(18)：4－15.

② 习近平．在庆祝全国人民代表大会成立六十周年大会上的讲话［J］．求是，2019(18)：4－15.

性；社会思潮对人们思想观念的腐蚀具有隐秘性；社会思潮的传播和影响具有鲜明的群体性。对我国影响较大的社会思潮主要有民主社会主义、新自由主义、历史虚无主义、普世价值论、意识形态终结论等，这些思潮不仅有自己的一套理论主张，而且还具有鲜明的政治价值倾向，这些思潮在我国的渗透、蔓延，对我国意识形态建设有很大的危害性，必须从理论上、思想上、实践上予以重视。下面列举几种对我国意识形态建设危害较大的社会思潮。

（一）“普世价值论”对我国意识形态建设的侵蚀性

我国人民在习近平新时代中国特色社会主义思想指导下，在我国大力培育和践行社会主义核心价值观、加强社会主义文化建设过程中，一股宣扬普世价值的思潮悄然传播开来。形形色色的“普世价值论”所宣扬的观点其核心问题就是否认意识形态的阶级性，这种思潮往往以学术性的话语散布自己的观点，冲淡社会主义意识形态的阶级属性，损害马克思主义在我国意识形态领域的指导地位，消解着我国主流意识形态的话语权。

1. “普世价值论”的主要观点

“普世价值论”宣扬的主要观点主要包括这几个方面的内容：一是把西方的民主、平等、自由、人权等价值观，说成是人类社会共同追求的普世价值。一些人宣称，西方价值观适用于任何国家和地区，我国也应当把这些价值观作为我国价值体系的组成部分，接受这些价值观念。二是提出中国要实行“价值回归”，就是借口中国实行改革开放而强调要使中国实现向资本主义的“价值回归”。主张把中国的改革开放引导到“回归普世价值”即回归西方文明的方向。三是把我党提出的一些理论观点说成是“普世价值”。如把我党提出的“以人为本”“科学发展”“社会公正”等价值理念说成是普世价值。有的人认为我国解放思想就应该以追求普世价值为目标，实现了普世价值也就达到了解放思想的目标；还有人宣称，要做到以人为本，就需要实现民主、自由、平等、人权这些普世价值，否则就难以保障以人为本的实现。四是抽象地宣扬人类的共同利益。他们认为，人类共同的本性产生了对社会生活的共同追求，也就必定存在共同的价值。在这四类观点中以第一类观点影响最大，危害最严重，因为这种观点迎合了西方国家“西化”“分化”战略，实质上是一种资产阶级自由化思潮。

2. “普世价值论”的错误实质及对我国主流意识形态的侵蚀性

从理论基础上看，“普世价值论”的哲学基础是抽象的人性论，由人性的共同性推论出价值的普世性；再一个就是形而上学的价值不变论，由人性的永恒性推论出存在着一种永恒不变的价值。普世价值是超越时空、超越阶级、超越历史的以抽象人性论为基础的一种对价值的虚拟。所谓具有“普遍性”的思想观念，不过是统治阶级编造的一种“共同利益的幻想”而已，“在资产阶级统治时期占统治地位的概念则是自由、平等，等等”①。“占统治地位的将是越来越抽象的思想，即越来越具有普遍形式的思想。”② 马克思、恩格斯对统治阶级所宣传的具有“普遍性形式”思想的批判，深刻揭露了“普世价值论”的错误实质。因此，不论是西方资产阶级宣扬的普世价值论，还是我国一些人宣扬的“普世价值论”都带有一定的欺骗性、幻想性。

从方法论上看，宣扬“普世价值论”违背了马克思主义的阶级分析方法。阶级分析方法就是运用马克思主义的阶级学说，观察分析带有政治性质的社会现象和社会问题，进而认识特定政治现象的背后所隐藏、所代表的阶级利益和阶级立场，把握政治现象的实质。民主、自由、平等、人权等有着鲜明的阶级性，没有纯粹的、超阶级的政治价值观，任何思想体系和价值观念都是与特定的经济基础相连的，价值的内涵是由经济基础决定，都打上了阶级的烙印。列宁指出：“或者是资产阶级的思想体系，或者是社会主义的思想体系。这里中间的东西是没有的。”③ 毛泽东也明确地讲：“在阶级社会中，每一个人都在一定的阶级地位中生活，各种思想无不打上阶级的烙印。”④ 依据马克思主义分析政治问题的基本观点和基本方法，价值观具有鲜明的阶级属性，超阶级的、普世的民主、自由、平等、人权等是不存在的，只要阶级还没有消灭，任何关于“普世价值论”的思想言论都是自欺欺人的，这种观点使人们自行解除武装，引起思想上的混乱。

“普世价值论”还背离了历史分析法。历史分析法就是把特定的政治现象、政治事件、政治思想、政治人物等放在一定历史环境中加以认识和分析。对于一定的政治思想和价值观念也要进行历史的分析，人们思想观念的形成和发展总要受到一定历史条件的限制，是社会历史过程的反映，价值观作为一种思想观点具有鲜明的历史特征。价值的内涵和属性是随着社会现实的变化而变化的，不是永恒不变的，在不同性质的政治环境下，同样的价值形式却有着不同的内涵，随着历史发展，价值的内容也在不断地充实和调整，恩格斯指出：“平等的观念，无论以资产阶级的形式出现，还是以无产阶级的形式出现，本身都是一

① 马克思，恩格斯．马克思恩格斯选集：第1卷［M］．北京：人民出版社，2012：180.
② 马克思，恩格斯．马克思恩格斯选集：第1卷［M］．北京：人民出版社，2012：180.
③ 列宁．列宁选集：第1卷［M］．北京：人民出版社，1995：326－327.
④ 毛泽东．毛泽东选集：第1卷［M］．北京：人民出版社，1991：283.

种历史的产物。”① “自由……必然是历史发展的产物。”② 列宁指出，在分析政治问题时，“要把问题提到一定的历史范围之内”③。毛泽东也指出，民主和自由“都是在历史上发生和发展的”④。对于价值观的分析必须用科学的历史分析方法，既要看到人类价值观的发展具有历史传承性，又要看到这种传承是一种批判的继承，而不是一种无条件的继承，人们在继承中还要结合新的现实不断地进行创新，使之更加适合新的现实的需要。作为意识形态的民主、自由、平等、人权等价值观，在不同的时代背景下具有不同的内涵和政治属性。“普世价值论”片面之处就在于，只看到某些价值观的继承性，却没有看到这种继承是相对的、有条件的，他们的观点不仅是唯心的，也是形而上学的。

“普世价值论”也与具体分析法相悖。马克思主义认为，在认识事物的过程中，对任何问题都要具体问题具体分析。认识事物不应当从抽象的原则出发，而应当从具体的、现实的对象出发。“原则不是研究的出发点，而是它的最终结果。”⑤ 因此，在对民主、自由、平等、人权这些价值观进行分析的时候，必须联系现实情况，联系不同社会性质的国家，联系不同的阶级，世界上的民主自由，都由本国的社会制度所决定，随着本国的经济文化发展而发展。毛泽东指出：“世界上只有具体的自由，具体的民主，没有抽象的自由，抽象的民主。”⑥“普世价值论”不是依据客观的、具体的现实来认识和理解一些价值观，不是把价值观置于现实基础之上，而是从这些抽象的价值观念出发去评判社会现实，甚至要求社会现实去适应这些抽象的价值观，“普世价值论”不过是资产阶级抽象价值观的“老调重弹”，就是从抽象的原则出发，否定民主、自由、平等人权的具体性、现实性，这样的价值观是空洞的、脱离实际的。

“普世价值论”掩盖资产阶级价值观的阶级实质，对培育社会主义核心价值观产生迷惑和误导作用，对我国主流意识形态具有很大的侵蚀性。“普世价值论”强调民主、自由、平等、人权的超阶级性，否认人的现实阶级性、社会性及历史性，强调人类共同的价值观和价值体系，其实践追求就是将人类政治发展纳入资本主义所建立的所谓“普遍文明”的轨道，与其他社会思潮相比，在表达形式上“普世价值论”更具有鲜明的“非意识形态化”和“去意识形态

① 马克思，恩格斯．马克思恩格斯选集：第3卷［M］．北京：人民出版社，2012：484.
② 马克思，恩格斯．马克思恩格斯选集：第3卷［M］．北京：人民出版社，2012：492.
③ 列宁．列宁文集：第2卷［M］．北京：人民出版社，1954：375.
④ 毛泽东．毛泽东文集：第7卷［M］．北京：人民出版社，1999：209.
⑤ 马克思，恩格斯．马克思恩格斯选集：第3卷［M］．北京：人民出版社，2012：410.
⑥ 毛泽东．毛泽东文集：第7卷［M］．北京：人民出版社，1999：208.

化”色彩。我国改革开放和社会主义建设取得的巨大成就，中国特色社会主义的蓬勃发展，证明马克思主义意识形态的科学性，一些西方人难以从正面否定马克思主义意识形态的生命力和影响力，只能用话语转换的手法减弱马克思主义意识形态的指导力，普世价值这种表达方式，正是适应了一些人以改头换面的形式来宣扬其资产阶级自由化思想的需要。一些人鼓吹的“普世价值论”就是在传播西方价值观的过程中，更换了一种新的话语方式而已，这种更换对于人们的思想认识更具有消解作用和迷惑性，在相当一部分人认为普世价值是正确的，没有真正认清“普世价值论”的实质就是把西方的民主、自由、人权等价值观推向世界各国，把西方的政治价值观普世化，使西方的政治价值观成为世界各国共同奉行的价值观，这就在理论层面消解着我国主流意识形态。

（二）“意识形态终结论”对我国意识形态建设的消解性

1.“意识形态终结论”的主要理论观点

东欧剧变后，西方右翼学者开始欢呼资本主义的胜利，意识形态终结论甚嚣尘上，其主要代表是福山和亨廷顿。其中福山“历史终结论”的观点影响尤为广泛，西方意识形态终结论思潮再度以“历史终结论”的话语形式粉墨登场，福山也因此名声大噪。福山在1989年发表了《历史的终结》的论文，1992年又出版了《历史的终结及最后之人》一书，较为系统地阐述了“意识形态终结论”。他的主要观点是：

第一，冷战的结束也意味着历史的终结，但人类的历史将终结在西方的自由民主观和市场经济模式在全球的普及。他认为，历史的终结也意味着人类思想演进的终点和作为人类最后的政府形式的西方自由民主制度的普遍化。

第二，西方的自由民主制度已经解决了人类的两大基本需求：一是现代科技革命和市场经济的发展，满足了人们的物质需求；二是自由民主给人以尊严和价值满足了人类的精神需求。“如果目前社会的政治组织性是完全满足了人的最基本需要，历史就走到尽头了。”① 冷战的结束意味着西方自由民主制度是人类政治的最佳选择，成了人类意识形态进化的终结和人类政府的最后形式，人类对其他社会制度的尝试已经失败，西方的意识形态体系已经彻底击败了非西方的意识形态体系，自由民主的理念已无可匹敌，历史的演进过程已走向完成，因此构成历史的终结。

第三，西方的民主自由是人类管理自身和规范社会的最好的形式和治理方

① 弗朗西斯·福山. 历史的终结及最后之人［M］. 黄胜强，许铭原，译. 北京：中国社会科学出版社，2008：153.

式，自由民主制度为自己的公民提供了平等的承认机会，从而成为人类社会制度演化的共同终极目标，第三世界也不可避免地向着这种民主自由的目标发展，因此，世界将走向大同。

第四，人类历史只会在平面上进行量的完善，不会有质的发展，西方或美国的民主自由也是人类社会的最后阶段，其他意识形态将终结，因此，意识形态之间的冲突也会终结。

第五，他把美国生活方式说成历史终结时的产物，把美国看成历史终结的标志，是人类理想社会的体现。这和黑格尔把普鲁士王国看成绝对精神的体现是一脉相承的。

第六，福山还试图从实践的角度论证自己的历史终结论。他提出这样的问题：自由民主制度是否是历史的终结，归根到底是这种制度本身在实践中有没有优点的问题。他认为，当今世界上没有另一种更好的制度可以取代自由民主制，或者说人类没有另一种可能的选择。同时他还认为，在自由民主社会内部不存在不可克服的矛盾，虽然在自由民主社会中存在赤字、通货膨胀、犯罪、毒品等一些社会问题，但这些问题在民主社会内部能够得到解决，不会严重腐蚀制度本身的合法性。因此，人类历史完全可以终结在自由民主制度。

2. “意识形态终结论”对我国主流意识形态的消解性

第一，“意识形态终结论”具有明显的反共产主义、反马克思主义倾向，直接危害马克思主义在意识形态领域的指导地位。

“意识形态终结论”所要终结的不是西方的意识形态和政治制度，而是非西方的意识形态和政治制度，特别是要终结马克思主义意识形态。福山的意识形态终结论以苏联为依据，看似有理有据，实则不然，他的观点具有明显的反马克思主义色彩，在“意识形态终结论”中无不透露对共产主义和马克思主义的贬低和攻击，他们常常把共产主义与法西斯主义相提并论，认为都是对自由民主制度的威胁。“意识形态终结论”的实质是要马克思主义终结，而不是西方意识形态的终结。“意识形态终结论”本身就是一种意识形态。因此，“意识形态终结论”的理论实质，必定会危害到马克思主义意识形态。此外，还要看到，“意识形态终结论”也是西方国家推行文化霸权主义的一种理论手段。西方国家凭借自己在经济、政治、文化上的强势地位，不仅利用它们控制的新兴媒体对其他国家进行文化侵略和意识形态渗透，推行自己的价值观念、生活方式和意识形态，还总是通过各种系统的努力，来维护它们对不发达国家的文化霸权地位，其中既有时间层面的，又有理论层面的，理论层面的努力主要是向不发达国家灌输“意识形态终结”的理论，试图让不发达国家放弃对自己国家意识形态的认同，进而实现其对它们的文化入侵。如果部分干部群众淡化了对本国主流意识形态的认同，必定会危害我国主流意识形态的影响力。

第二，“意识形态终结论”带有西方中心论色彩，损害着我国主流意识形态。

“意识形态终结论”的目的就是论证西方意识形态的“永恒性”和“优越性”。西方学者在大肆宣扬“历史终结”“意识形态终结”的过程中，却极力鼓吹西方价值观念、政治制度符合“人类本性”“无可替代”“能够克服和解决一切矛盾和问题”，不存在合法性危机，因此是不可超越的，是人类的终极社会和意识形态。这一理论反映了“西方中心论”的思想倾向，这实际上是在鼓吹欧洲中心、白人至上和西方资本主义制度至上的意识形态和价值观，千方百计为资本主义进行的政治、经济、文化辩护。福山认为西方自由民主制度是人类意识形态进化的终点包括两层含义：一是从历史的维度看，经过长期意识形态的斗争，资本主义自由民主的意识形态已经取得了对一切意识形态的胜利，尤其是在与社会主义意识形态的斗争中取得了彻底的胜利，因此，关乎美国和西方生存的意识形态威胁已经终结了，自由民主的意识形态可以傲视全球，高枕无忧了。二是从未来的发展来看，自由民主的意识形态将成为全球范围内不同国家和民族意识形态的路标。在福山看来，不同国家尽管具体发展道路不同，但最终都会殊途同归地走向西方式的自由民主社会。西方式的自由民主制度虽然并不完美，仍然面临着众多问题，但是这些问题都可以在自由原理的基础上加以解决。从这两个方面的含义来看，福山的历史终结论不仅仅是为一种还未实现的“新事物”做辩护，而是在为已经出现的、在现实中并不完美的资本主义的现状寻找合理化的基础，而他所寻求的基础却是不合理的，这一理论基础的不合理性，决定了这一理论的虚假性。“意识形态终结论”也是一种鼓吹西方至上、西方中心论的理论，这种思想在部分社会成员中流传，易于使一些人产生对西方的崇拜，对社会主义、共产主义丧失信心，这也势必会危害我国主流意识形态指导地位的实现。

第三，“意识形态终结论”是个陷阱，对人民群众的思想认识有一定的欺骗性。

在许多西方国家，他们对意识形态都是在不断地强化，而不是弱化，更没有终结。西方国家在本国内部总是不断地向民众宣传统治者的政治意图、政治思想和历史传统文化。在国际上，他们更是极力地把西方国家的政治价值观和制度模式，向非西方国家渗透，通过各种途径和手段传播西方的意识形态。在西方文化和意识形态不断扩张的情况下，如果社会主义国家自动“终结”本国的政治制度和意识形态，照搬西方模式，走西方的道路，这正是“意识形态终结论”所希望看到的结果。“意识形态终结论”是一种自欺欺人的理论，伊格尔顿就曾对“意识形态终结论”的观点进行过嘲讽，赫尔科默认为，“声称我们已经进入一个后意识形态时代，这本身就是一种意识形态”①。对于一些西方思想家来说，他们所理解的意识形态的终结，只不过是他们心目中所理解的意识形态的一种衰微，而他们这种表达方式本身就具有意识形态的意味。

第四，“意识形态终结论”催生了一些反马克思主义思潮，冲击着我国主流意识形态。

“意识形态终结论”抓住时代变迁的现实问题，借机攻击马克思主义和社会主义，吹捧西方的政治价值观念和制度模式，钝化马克思主义的批判力、说服力，催生各种伪马克思主义、非马克思主义的错误思想观点，导致人们对意识形态的狭隘理解，影响人们对现实意识形态领域斗争的准确把握。正是在这一理论影响下，我国思想理论界少数人鼓吹“消解主流意识形态”“躲避崇高”“告别革命”，污蔑马克思主义为“乌托邦主义”，宣扬马克思主义“过时论”“无用论”。同时，20 世纪 90 年代初勃兴的“意识形态终结论”思潮还激活了与之相关的公共知识分子思潮、新自由主义思潮、历史虚无主义思潮、民主社会主义思潮等，因为这些思潮有一个共性，这就是否定马克思主义、否定社会主义的历史进步性。“意识形态终结论”利用东欧剧变的实例，充当了公开挑战、否定马克思主义意识形态的“开路先锋”，一些敌视社会主义的人，陶醉于社会主义失败的喜悦，和着福山的调门高唱：马克思主义失效了，社会主义失败了，共产主义死了。可见，“意识形态终结论”思潮既对高校师生的政治价值观带来消极的影响，又为各种反马克思主义社会思潮的兴起和传播创造了一定的思想条件，既然马克思主义已经“终结了”，西方的政治价值观已成为人类永恒的、普遍的价值观，以马克思主义意识形态话语权的行使也就失去了现实依据和理论前提。因此，“意识形态终结论”对我国主流意识形态具有一种“叠加性”的危害。

（三）历史虚无主义对我国意识形态建设的损害性

历史虚无主义就是指对国家自己的历史、对民族的文化采取轻蔑、否定的态度，否认历史的规律性，承认支流而否定主流，透过个别现象而否定本质，孤立地分析历史中的阶段性错误而否定整体过程。20 世纪 90 年代，历史虚无主

① 塞巴斯蒂安·赫尔科默，张世鹏．后意识形态时代的意识形态［J］．当代世界与社会主义，2001（3）：17－22.

义在我国沉渣泛起，一些人以重评历史、重评革命为借口，否定革命、否定中国共产党的历史、抹黑英雄人物，进而否定中国共产党执政的合理性。这股历史虚无主义思潮在今天改头换面，仍以不同的形式传播，甚至有泛滥的趋势。由于历史虚无主义以新话语、新包装散布自己的观点，具有很大的欺骗性、迷惑性、渗透性，在我国部分群众中有一定的市场，对人民群众的理想信念及政治认同有很大的危害性。

1. 历史虚无主义的表现形式

第一，打着“反思历史”“还原历史”的旗号，任意歪曲事实。

历史虚无主义随意裁剪和拼凑史料，往往以偏概全，指鹿为马，颠倒黑白，并把它当成创新成果，向读者兜售。他们取其一点，不及其余，甚至无中生有，这是一些人做翻案文章、歪曲和颠覆历史的惯用手法，一些人热衷于美化、拔高慈禧、琦善、李鸿章、袁世凯这样一些反面历史人物，而对林则徐、谭嗣同、孙中山等则加以非难、贬低。有人宣扬“去历史化”，在高扬批判旗帜、剔除糟粕的呐喊中，将中国传统文化和悠久的历史涂抹上污秽的色彩。历史虚无主义用支流否定主流，以点带面，以一种倾向否定另一种倾向，他们不注重分析和研究历史的主流和历史事实，而是以偏概全，随心所欲地挑选碎片化的历史故事，任意裁剪，通过“有所虚无，有所不虚无”，达到掩盖历史主流的目的。历史虚无主义者惯用的手法是以“假设”来否定历史事实，他们提出一系列假设，“假设不搞五四运动”“假设中国未参与朝鲜战争”等，这种“假设”研究失去了历史研究的客观性。还有些历史虚无主义者把“演义”作为研究的根据，通过自媒体和网络传播错误思想观点，迷惑了不少网民和干部群众，危害甚广。

第二，他们以重评历史为名，贬低和否定革命，宣扬“告别革命论”。

历史虚无主义认为，革命是起破坏作用的，没有任何建设性意义。历史虚无主义诋毁和嘲弄中国人民为争取民族独立和人民解放而进行的斗争，在他们看来，中国革命的胜利是激进主义意识形态鼓动的结果，既然意识形态已经衰落和终结，那么，革命运动的价值也就失去了昔日的光彩。这些人认为，革命是一种破坏性的力量，是一些人“发疯发狂，丧失理性”的行为，是一种“情绪化”的东西。他们批评五四运动是“救亡压倒了启蒙”，一些人还故意把革命与现代化对立起来，认为革命阻碍了中国现代化进程。他们诋毁中华人民共和国的伟大成就，发展到否定中国革命的历史必然性，从丑化、妖魔化中国共产党领导的革命和建设的历史，发展到贬损和否定近代一切进步的、革命的运动，从刻意渲染中国人的落后性，发展到否定五千多年中华文明史。

第三，攻击和诬蔑中国共产党，说共产党的历史是“不断犯错误的历史”。

他们否定创建中国共产党的伟大历史意义，否认中国共产党领导的土地革命，否定中国共产党在抗日战争中的中流砥柱作用，否认中国共产党领导的敌后抗日根据地与人民武装在抗击日军中的重要作用，硬说八路军、新四军是“游而不击”，他们极力鼓吹蒋介石的地位和作用。他们还说什么中国如果没有共产党领导的人民革命，中国会发展更快一些，现代化的质量也会更好一些。他们否定中国人民反帝反封建的革命斗争，全盘否定新民主主义革命和社会主义革命，甚至把 1911 年的辛亥革命、1919 年的五四运动都作为批判的对象。他们还宣称，经济文化落后的中国没有资格搞社会主义，中华人民共和国成立后搞的社会主义不过是小资产阶级的空想社会主义，实际上是“民粹主义”。他们还采取攻其一点、不及其余的手法，歪曲和丑化中华人民共和国建设的伟大成就，无视中华人民共和国社会主义建设的本质和主流。他们还有的以“口述史”“回忆录”的方式，否定党的社会主义改造政策，看不到这一政策在奠定社会主义制度与开辟人类历史新纪元的重大意义，有的极力编造和夸大“大跃进”期间的失误；有的无限夸大某些历史事件的“细节”和感受，涂黑历史，欺骗人们的感情。有的以批判“文化大革命”为名，把党和中华人民共和国的历史说成是一系列“左”的错误的延续和叠加，以此否定中国共产党的执政能力。有的无视中华人民共和国思想文化建设的成就，把爱国主义说成是“民族自大的封闭观念”，把集体主义说成是“压抑人的个性”，把社会主义说成是“乌托邦”等。历史虚无主义其要害就是企图通过否定中国共产党历史、否定中华人民共和国建设的历史成就和中国共产党的领袖，达到其从根本上否定中国共产党领导的合法性的目的。

第四，嘲弄、抹黑英雄人物。

历史虚无主义的一个突出表现就是他们极力嘲弄、抹黑英雄人物，如黄继光、邱少云、董存瑞、狼牙山五壮士等受到一些人的质疑、贬损、否定，这些为民族解放付出生命的先烈竟然受到这些人的嘲弄。这些千千万万的革命先烈是我们党理想信念的化身，是民族精神的表现，如果这样的英雄先烈都要受到嘲弄，被矮化和否定，我国就不可能培育高昂的民族精神，我国的民族就不可能立于世界强大民族之林。

2. 历史虚无主义对我国意识形态建设的损害性

第一，历史虚无主义对一些人的思想造成混乱。

一些人打着“学术研究”“学术创新”的幌子，大肆宣扬历史虚无主义的某些观点，一些人特别是青少年好奇心强，对新鲜事物感兴趣，历史虚无主义使用的一些新名词、新表述，对一些人特别是青少年有很强的吸引力；历史虚无主义者提出的一些所谓“创新观点”对人们也有很大的迷惑性，易于受到一些人的追捧。如果一部分人特别是青少年不知不觉接受了历史虚无主义的观点，就有可能怀疑历史，进而怀疑现实，减弱政治认同，甚至产生对党、对社会主义制度的隔阂，进而造成一些人特别是青少年思想混乱、理想信念缺失。缺乏高尚的追求，就不会有强大的精神凝聚力和向心力。在历史虚无主义影响下，一些美好的东西受到嘲弄、亵渎、攻击，人们的理想信念就会受到极大损害。我国社会主义意识形态建设是建立在广大人民群众具有共同的理想信念基础之上的，如果一些人处于思想迷茫、困惑，无所适从的状态，是精神上的“流浪儿”，那么，我国主流意识形态的领导权、话语权也只能是形式上的，难以发挥实质性功效。因此，对历史虚无主义的这种消极性必须从根本上重视。

第二，历史虚无主义对部分人的政治价值观造成很大危害。

历史虚无主义不仅仅是一个学术问题，而是有着明确的价值取向和极强的意识形态属性。历史虚无主义散布的种种言论，不仅是涉及学术领域的是非问题，更主要的是关系到立党立国的根本立场问题，如果民族精神不能弘扬，不能从历史主流中汲取精神力量，一个国家、一个民族就会失去立足发展的精神和思想支柱。“灭人之国，必先去其史”，持历史虚无主义观点的人，根本上就是搞乱人心，进而颠覆我国社会主义制度，否定中国共产党执政的合法性。历史虚无主义在高校的传播不仅是会给一些人带来思想混乱，更为严重的是，这些受历史虚无主义影响的人有可能出现政治立场、政治价值观的偏移、错位，这些人从小受到的是马克思主义，无产阶级世界观、人生观、价值观教育，在历史虚无主义影响下，突然受到这些错误思潮的侵袭，就很有可能把我国对人民群众的思想政治教育成效毁于一旦，对人们的政治认同带来很大的损害，个别人有可能认同一些非马克思主义的东西，而对马克思主义理论失去兴趣，长久下去这些人的政治价值观就会出现问题。

第三，历史虚无主义与我国主流意识形态争夺思想文化阵地。

历史虚无主义是一种唯心主义的历史观，与马克思主义唯物史观是根本对立的。历史虚无主义者从唯心史观出发，断章取义地挖掘历史支流问题，甚至虚构历史事实，给人以新奇的感觉，潜移默化地影响一些人，进而冲击我国主流意识形态。我国意识形态领导权、话语权的实现在一定意义上就是让主流意识形态占领思想文化阵地，使思想文化阵地掌握在忠于党、忠于人民的人手中，如果丢失了思想文化阵地，很可能就会丧失我国意识形态领导权、话语权。历史虚无主义近些年在我国思想文化领域传播迅速、影响逐步扩大、渗透力越来越强，在一些人中很有市场。历史虚无主义往往披着学术的外衣，打着“学术研究无禁区”“学术民主”的旗号来传播其错误的思想观点，这对于民众更具有迷惑性，容易混淆视听。因此，对历史虚无主义在思想文化领域的传播必须给予高度重视，应具有阵地意识、底线意识、危机意识、责任意识，需要及时批驳，严加防范，遏制其蔓延。

（四）习近平总书记高度重视社会思潮在我国的传播问题

习近平总书记对社会思潮的传播及影响问题十分重视，他指出，面对社会思想观念和价值取向日趋活跃、主流和非主流同时并存，社会思潮纷纭激荡的新形势，如何巩固马克思主义在意识形态领域的指导地位，培育和践行社会主义核心价值观，巩固全党全国各族人民团结奋斗的共同思想基础，迫切需要哲学社会科学更好地发挥作用。习近平总书记特别重视同形形色色的社会思潮进行斗争，他指出，坚持正面宣传为主，绝不意味着放弃舆论斗争，敌对势力在那里极力宣扬的所谓的“普世价值”，这些人是真的要说“普世价值”吗？根本不是，他们的目的是宣传西方价值观，扰乱民心，最终推翻中国共产党领导和社会主义制度，如果听任这些错误言论大行其道，势必搞乱党心民心，危及党的领导和社会主义国家政权安全。习近平总书记特别强调，在事关坚持还是否定四项基本原则的大是大非和政治原则问题上，我们必须增强主动性、掌握主动权、打好主动仗。

针对历史虚无主义思潮的恶劣影响，习近平总书记指出：“有些人刻意抹黑我们的英雄人物，歪曲我们的光辉历史，要引起我们高度警觉。”① 习近平总书记强调，我们要在全社会树立崇尚英雄、缅怀英烈的良好风尚。对为国牺牲、为民牺牲的英雄烈士，我们要永远怀念他们，给予他们极大的荣誉和敬仰。习近平总书记还讲道：“前一段时间，网上有一股诋毁、恶搞、丑化英雄人物的歪风，我们一些主流媒体及时发声，用史实说话，为英雄正名，发挥了弘扬正气作用。”② 习近平总书记强调，苏联否定苏联历史、苏共历史，搞历史虚无主义，导致苏联解体，因此，对历史虚无主义的危害性必须保持高度警觉。在对待革命领袖问题上，习近平总书记指出，不能因为他们伟大就把他们像神那样顶礼膜拜，不容许提出并纠正他们的失误和错误；也不能因为他们有失误和错误就全盘否定，抹杀他们的历史功绩，陷入虚无主义泥潭。在对待历史问题上，

---

① 中共中央文献研究室．十八大以来重要文献选编：中［M］．北京：中央文献出版社，2016：205.

② 中共中央党史和文献研究院．十八大以来重要文献选编：下［M］．北京：中央文献出版社，2018：219－220.

习近平总书记在纪念中国人民抗日战争暨世界反法西斯战争胜利69周年座谈会上指出，事实就是事实，公理就是公理。在事实和公理面前，一切信口雌黄、指鹿为马的言行都是徒劳。任何人都不可能改变历史和事实。习近平总书记在纪念孔子2565周年诞辰国际学术研讨会上的讲话中指出，中国共产党人是马克思主义者，坚持马克思主义的科学学说，坚持和发展中国特色社会主义，但中国共产党人不是历史虚无主义者，也不是文化虚无主义者。习近平总书记的这些重要论述有力地回击了历史虚无主义，有效遏制了历史虚无主义的传播。

社会思潮是一种重要的意识形态现象，一些别有用心的人借助于社会思潮的传播，不断与我党争夺意识形态阵地，争夺话语权，并试图影响党和国家政策的制定。马克思主义哲学是斗争哲学，充满了批判精神、斗争精神。新时代中国共产党意识形态理论也是在同各种错误思潮、思想观点的斗争中提出来的。

三、意识形态领域出现的一些错误思想言论，对我国意识形态建设造成多方面干扰

随着改革开放的不断深化，人们思想活动的独立性、选择性、多变性、差异性日益增强，在我国意识形态领域社会思想空前活跃，各种思想观念相互交织，各种文化相互激荡，社会意识出现多样化的趋势，错误思想的影响难以避免，思想理论领域杂音噪音时有出现，一些非马克思主义的思想意识也有所滋长。这些错误言论从不同的领域，采用不同的方式，攻击、曲解甚至讥讽马克思主义意识形态及我国的政治、经济、文化、社会建设，尽管其中的情况有所不同，有些错误言论属于一些人思想情绪的宣泄，有的是对现实状况一种偏激的认识，有的则是蓄意的歪曲，但这些错误言论对我国主流意识形态实现都起着一种不可忽视的负面效应，它误导了人们的思想认识，夸大了负面的东西，在一定程度上产生了思想混乱。不仅如此，这些错误言论与各种各样的社会思潮混杂共生，对社会思潮的传播还起着一种推波助澜的作用，从而严重干扰着我国意识形态建设。因此，对一些背离四项基本原则的言论必须引起高度重视。

（一）当前我国意识形态领域一些错误言论的表现形式

当前我国意识形态领域出现的错误言论五花八门，具有多样性、多变性、随意性、迷惑性等特点，并且往往伴随着社会矛盾、社会问题的出现而产生，这些错误言论与社会思潮的区别在于，它不是一种系统化、理论化的思想体系，而是一些碎片化的言论和观点，是一些迷惑性、蛊惑性的奇谈怪论，这些错误言论大体上可分为不同的类型，在此，对一些错误言论做一简要梳理。

1. 攻击马克思主义的指导地位，宣扬指导思想多元化

一些别有用心的人污蔑马克思主义是“乌托邦主义”，认为确立马克思主义的指导地位是对思想自由的束缚，窒息了科学精神、压抑了精神创造，坚持马克思主义就是思想僵化，公开主张指导思想多元化，他们主张要“坚决抛弃对不同思想观点和思想的限制”，鼓励各种意识形态自由竞争，用各种理论和思想来修正马克思主义，主张要“离散”主流意识形态，用西方的后现代观念“解构”正统的马克思主义，有的以批判、嘲笑马克思主义为时尚。

2. 把马克思主义学术化

有人在“思想淡出，学术突出”名义下，恢复马克思主义的学术面目，使马克思主义的研究与现实的政治发展、政治需要疏离，试图把马克思主义变成一种纯学术话语，从而把马克思主义从一种批判的武器变成一种学术性马克思主义；认为马克思主义作为一种文化、思想方法和社会科学有它的地位，但马克思主义不是意识形态。这种奇谈怪论试图通过把马克思主义学术化、中立化，磨平马克思主义作为批判武器的斗争锋芒，使马克思主义失去革命性和批判力，最后达到弃之不用的目的。

3. 把马克思主义“儒化”

一些人宣称，马克思主义是一种外来文化，不能用一种外来文化当作中国的指导思想，认为五四运动以来，马克思主义传入中国，导致中国传统文化的断裂和民族精神根基的缺失，他们强调儒家文化是中国的传统文化，在中国的影响根深蒂固，马克思主义要发挥作用就必须与儒家文化相结合，用儒家文化改造马克思主义，这样，马克思主义就适合中国国情了。甚至有的人明确提出，重建儒教，把儒教写入宪法，定为国教，用儒家文化取代马克思主义。

4. 宣扬马克思主义“过时论”“无用论”

一些人片面地认为，随着我国社会经济的深刻变化，特别是随着社会主义市场经济的发展，对我国当前的经济和社会发展已不再起指导作用，马克思主义作为西欧自由资本主义时期的理论产物，对于当前的我国社会主义市场经济其指导作用已经过时；马克思主义作为反映西方国家政治经济的理论，不适应于作为东方大国的中国；还有人抓住马克思主义中的个别结论，借口时代发展出现的新问题、新现象，论证马克思主义已经过时，他们断言，马克思主义哲学误区重重，马克思主义经济学是虚构的，科学社会主义不科学；还有的人主观认为，马克思主义已失去了批判对象而无存在的必要性；也有人认为，马克思主义曾经是真理，但已时过境迁，已经不再是真理了，过去曾经有用的、在中国革命历史上发挥过作用，但现在不再有用了；马克思主义在一百多年前建

立的理论，那时的生产力水平、科技水平、社会面貌无法与今天同日而语，必定会过时，马克思主义是革命的理论，但不是建设的理论；搞计划经济用马克思主义指导，现在搞市场经济不用马克思主义指导。另外，在西方“非意识形态化”思潮的刺激下，我国一些主张资产阶级自由化的人，公开地指责马克思主义已经过时了，污蔑马克思主义意识形态是一种偏激的理论，是一种狭隘的个人学说，其激情多于真理，因而要求取消马克思主义在我国改革开放和社会主义现代化建设中的指导地位。

这些观点最终目的是否定马克思主义的科学性、真理性、阶级性，取消马克思主义的指导地位，公开或隐秘地充当资产阶级意识形态的辩护人，这种观点具有很大的欺骗性、迷惑性、危害性。

5. 在中国特色政治制度方面，少数人鼓吹要实行政治多元化

一些人认为，中国的改革开放使社会主义社会形成了多元化的利益主体，这些多元化的利益主体必然产生多元化的思想观点，这就要求有更多的政治组织来表达各个阶层和社会集团的利益和意志，也必然要求实行政治多元化。按照这种多样化的抽象结论，他们主张在中国应照搬西方的议会制、总统制、多党制，其核心就是取消共产党的领导地位，有人还主张把中国共产党改造成为社会民主党。

6. 在中国特色经济制度方面，有些人极力反对公有制，主张实行私有制

他们主观地得出结论，苏联的解体、中国国有企业改革与发展的举步维艰，宣告了公有制的破产，因此应当以私有制为基础构建中国的市场经济模式，国有企业的改革应当按照科斯定律明晰产权，将国有财产量化到人，对国有企业的改革就应当突出一个“卖”字、落实一个“股”字、抓好一个“私”字。这种观点的实质就是瓦解我国公有制的社会主义经济基础，使国有经济丧失其主导作用，从根本上颠覆我国社会主义政治制度和意识形态的根基。还有人否认公有制的基础地位，认为公有制或国有经济不是共产党执政的经济基础，不是社会主义的标准，社会主义不再以公有制为本质特征。还有人强调，发展非公有制经济才是改革，发展公有制经济是保守。有人公开叫嚷“人间正道私有化”，滋养五千多年中华民族的文明史是私有化的历史，认为没有私有制的浇灌、培育，就没有中国的今天。

7. 在看待中国特色社会主义问题上，歪曲中国特色社会主义的本质

“近些年来，国内外有些舆论提出中国现在搞的究竟还是不是社会主义的疑问，有人说是‘资本社会主义’，还有人干脆说是‘国家资本主义’、‘新官僚

资本主义'。这些都是完全错误的"①。还有人歪曲中国特色社会主义为"中国特色资本主义",宣称"只有民主社会主义才能救中国"。

(二)错误言论的散布对我国意识形态建设的干扰性

1. 错误言论对我国意识形态建设产生一种离散性作用

各种类型的杂音噪音有的是对错误思潮的追捧,有的是对马克思主义的攻击,有的是对党和国家方针政策的歪曲,有的是对改革开放和社会主义现代化建设的错误认识,这些杂音、噪音的共同指向就是我国的主流意识形态。这些错误言论地散布对社会成员的思想产生了很大负面作用,误导了一些人,特别是一些青年知识分子的思想认识,致使一些人对党的政策产生误解。如在一些错误言论的影响下,我国一些人就认为,中国特色社会主义就是中国特色资本主义,中国就应该走民主社会主义道路。一些杂音、噪音的流传,混淆视听,分散精力,扰乱人心,影响情绪,干扰着马克思主义意识形态的传播,减弱了社会成员对我国主流意识形态的认同,从而对我国意识形态建设产生一种离散作用,极大干扰着党对意识形态领导权的实现。

2. 一些错误言论与多样化社会思潮混杂在一起,加大了我国主流意识形态话语权实现难度

一些错误言论与形形色色的社会思潮之间存在着千丝万缕的联系,一些错误言论往往是伴随着某种社会思潮的传播而滋长蔓延的,而一些错误言论的散布又为社会思潮的传播提供了适宜的社会思想条件。同时,一些错误言论宣扬的观点与一些社会思潮的理论观点有异曲同工之处,有些错误言论已与一些社会思潮融合在一起,成为某社会思潮的一部分,如我国一些人主张和赞扬私有制的观点,实际上已成为新自由主义思潮的一部分;一些人主张在我国实行议会制、多党制、思想多元化等观点,与民主社会主义的政治价值观是一致的。此外,一些错误言论如果长期流传,受到影响的人越来越多,那么,这些错误言论也就演化成一种社会思潮,如在改革开放初期,个别人宣扬一些资产阶级自由化的观点,否认党的领导和社会主义道路,贬低马克思主义,由于个别人的言论影响越来越大,很快演化成为一股危害性很大的资产阶级自由化思潮。一些错误言论与多样化的社会思潮之间是相互联系、相互配合、混合生长的。在高校意识形态工作中既要同各种错误社会思潮进行交锋、斗争,又要澄清和清除各种形形色色错误言论的影响,遏制其传播,这就意味着我国主流意识形

① 中共中央宣传部.习近平总书记系列重要讲话读本[M].北京:学习出版社,人民出版社,2014:15.

态话语权的实现，更加繁重、更加复杂。

3. 一些错误言论直接与我国主流意识形态争夺阵地

一些错误言论的发出者、散布者往往通过论坛、学术报告、学术交流、演讲、新媒体等途径宣扬自己的观点。他们不是用科学理论观点分析和认识我国复杂的社会现象，而是散布一些消极落后的思想观点，宣扬一些不利于马克思主义指导地位的观点，热衷于抹黑现实、夸大负面问题，吹捧一些资产阶级自由化的观点，甚至煽动对现实社会的不满情绪。由于他们的观点带有很强的迷惑性、诱惑性，致使一些人常常对他们的观点大加赞赏和信奉。这样，一些杂音、噪音在思想文化领域的流传，不断蚕食我国主流意识形态阵地，危害我国意识形态建设工作，减弱我国主流意识形态的影响力。这些杂音、噪音一旦形成气候，泛滥成灾，正确的、健康的声音就会被湮没，这样我国意识形态建设势必受到严重干扰。

（三）习近平总书记十分重视对各种错误言论的批驳，坚决消除其影响

习近平总书记指出，信息技术高度发达，社会全面开放，国内外各种思潮、各种观点甚至奇谈怪论多得很，众说纷纭、泥沙俱下。在这样的复杂环境中，保持理论上的清醒，增强政治上的定力是很要紧的。习近平总书记指出，之所以高度重视意识形态工作，其中一个重要考虑，就是国内一些错误观点时有出现，有的宣扬西方价值观，有的专拿党史国史说事，有的以“反思改革”为名否定改革开放，有的否定四项基本原则。针对这些错误观点必须及时加以澄清，进行积极的思想工作，开展有效的思想斗争，这就需要高度重视意识形态问题。

为了有效批驳这些错误观点和思想，帮助人们澄清思想认识，明辨是非，对错误观点的传播保持高度警觉性，习近平总书记从多个方面列举了一些错误观点的危害性。在谈到党内存在的一些错误观点时，习近平总书记指出，在我们党员干部队伍中，信仰缺失是一个需要引起高度重视的问题。有的人精神空虚，认为共产主义是虚无缥缈的幻想；有的信念动摇，把配偶子女移民国外，钱存在国外，给自己“留后路”；有的信奉金钱至上、名利至上、享乐至上，心里没有任何敬畏，行为没有任何底线。还有的人对党和人民的关系不能科学地认识，在党性和人民性之间认识不清，提出“你是替党讲话，还是替老百姓讲话”，“你是站在党一边，还是站在群众一边”。有人振振有词地说，人民群众数量超过党员，所以人民性高于党性。这些似是而非的说法都是错误的，必须加以廓清和纠正。在一些单位和一些人那里，党的意识淡漠了，党性原则讲得少了。有的对党的政治纪律置若罔闻，根本不当一回事，有的还专门挑那些党已经明确规定的政治原则来说事，口无遮拦，毫无顾忌，受到敌对势力的追捧，

不以为耻，反以为荣。

习近平总书记还列举和批驳了在对待中国特色社会主义这个问题上，在对待中国发展道路和发展模式上，社会上还有一些模糊认识，甚至错误观点，有的以偏概全，攻其一点，不及其余，把形势说得一片漆黑；有的沽名钓誉，把谩骂作为出名的手段，以博得一些喝彩；有的妄自菲薄，觉得中国什么都不好，外国什么都好，幻想用西方制度改造中国。在这些问题当中，有的是认识模糊，有的是思想方法问题，有的是政治立场问题。

习近平总书记还对文艺界存在的一些问题进行了批评。习近平总书记首先肯定了改革开放以来我国文艺创作产生了大量脍炙人口的优秀作品。同时又指出了文艺界存在的一些问题，主要有：有的调侃崇高、扭曲经典、颠覆历史，丑化人民群众和英雄人物；有的是非不分、善恶不辨、以丑为美，过度渲染社会阴暗面；有的搜奇猎艳、一味媚俗、低级趣味，把作品当作追逐利益的“摇钱树”，当作感官刺激的“摇头丸”；有的胡编乱写、粗制滥造、牵强附会，制造了一些文化垃圾；有的追求奢华、过度包装、炫富摆阔，形式大于内容；有的热衷于所谓“为艺术而艺术”，只写一己悲欢、杯水风波，脱离大众、脱离实际。习近平总书记进一步指出：“改革开放以来，我国经济发展很快，人民生活水平提高也很快。同时，我国社会正处在思想大活跃、观念大碰撞、文化大交融的时代，出了不少问题。”① 其中一些问题主要有：一些人价值观缺失、观念没有善恶，行为没有底线，什么违反党纪国法的事情都敢干，什么缺德的勾当都敢做，没有国家观念、集体观念、家庭观念，不讲对错，不问是非，不知美丑，不辨香臭，浑浑噩噩，穷奢极欲。这些问题如果得不到有效解决，不仅影响人们的思想，而且改革开放和社会主义现代化建设就难以顺利推进。习近平总书记还指出，一些文艺作品如果“以洋为尊”“以洋为美”“唯洋是从”，跟在别人后边亦步亦趋，热衷于“去思想化”“去价值化”“去历史化”“去中国化”“去主流化”那一套，是绝对没有前途的。

在哲学社会科学领域，在对待坚持以马克思主义为指导问题上，习近平总书记还具体指出了在对待马克思主义问题上存在的一些错误认识，主要有：有的认为马克思主义已经过时，中国现在搞的不是马克思主义；有的说马克思主义只是一种意识形态说教，没有学术上的学理性和系统性；在实际工作中，在有的领域中，马克思主义被边缘化、空泛化、标签化，在一些学科中“失语”、教材中“失踪”、论坛上“失声”，这种状况必须引起高度重视。

---

① 习近平．在文艺工作座谈会上的讲话［N］．光明日报，2015－10－15.

习近平总书记非常重视批驳各种错误思想观点，及时澄清在干部群众中存在的一些模糊认识，这对于巩固马克思主义在意识形态领域的指导地位，对于统一思想、凝聚共识，对于保证我国意识形态工作顺利健康发展具有重要意义。新时代中国共产党意识形态建设理论是在批判各种错误思想言论的过程中提出的，这是新时代中国共产党意识形态建设理论提出的一个方面的思想境遇。

四、市场经济发展带来的一些负面效应，对我国意识形态建设产生了很大的腐蚀性

市场经济的影响具有两面性，在充分认识到市场经济的经济作用的同时，要客观认识到市场经济的负面效应。市场经济对我国思想文化领域的影响是深刻的，市场经济促进了我国思想解放、思想观念更新，但是，市场经济的发展也不可避免地产生一些消极、颓废的思想意识，借发展市场经济之际封建主义消极、落后的思想文化也会沉渣泛起，资本主义腐朽、反动的思想文化也会乘虚而入，社会上的一些丑恶现象也会反映到意识形态领域。当今世界正经历百年未有之大变局，我国正处于实现中华民族伟大复兴关键时期，中国特色社会主义进入新时代，我国社会主要矛盾也发生了变化。同时，深化改革、发展社会主义市场经济，也深刻促进了社会转型，社会转型过程中也是社会思潮滋长、蔓延的活跃期，各种社会思潮的传播速度加快，传播途径增多，影响的受众扩大，我国主流意识形态也会受到更大的冲击。总之，在市场经济条件下，我国意识形态领域呈现出复杂态势。

（一）市场经济引发的社会问题，成为意识形态建设的一种消解性因素

当前，我国改革进入深水区、攻坚期，在这个时期，各种矛盾和问题叠加呈现，在发展市场经济的过程中，不可避免地出现了一些社会问题、社会热点，这势必会对社会成员的思想观念、道德、心理带来冲击，对人们的意识形态认知产生负面影响，这对意识形态建设造成不利影响，制约着意识形态教育的说服力和实际效果。

1. 市场经济引发的一些主要社会问题

第一，分配不公、收入差距拉大问题依然突出。

在发展市场经济的条件下，由于经济成分日趋多元化、分配方式更加多样化，再加之体制上的不完善问题凸显，在一些政策实施过程中没有很好地处理好公平与效率之间的关系，致使我国的贫富差距现象日益明显。同时，随着改革政策的深化，我国资源和财富的流向也发生深刻变化，通过税收、储蓄、人口流动及其他途径大量农村资源不断地流向城市，政府通过税收集中的资源大

多投入大城市的建设中；企业的重组和并购，将越来越多的资金和技术、设备集中到越来越少的企业中。所有这些都从根本上改变了中国资源配置格局。由于资源配置机制的变化，社会中的一些人暴富起来，而原来在改革初期得到一些利益的群体则成为改革代价的承担者。在这种社会经济环境下，社会成员的收入差别、城乡差别、行业差别、区域差别等社会差别呈继续拉大的趋势，分配格局失衡导致部分社会财富向少数人集中，收入差距已经超过基尼系数标志的警戒“红线”。合理有序的收入分配格局还没有形成，高收入和低收入者比重较小，中等收入者比重不断扩大的“橄榄型”的收入分配格局还未成型，劳动报酬在初次分配中比重持续下降，普通劳动者收入偏低，按劳分配为主、多种分配形式并存的社会主义分配制度需要进一步规范。这些分配不公现象主要集中在城乡居民收入差距较大、区域差距拉大、行业收入差距悬殊、阶层收入差距日益扩大等几个方面。2018 年 10 月 25 日，福布斯发布了 2018 福布斯中国 400 富豪榜。其中，涉足房地产的富豪上榜人数达 100 人，房地产再次成为产生富豪最多的行业。城乡居民收入 1978 年为 2.57：1，2005 年为 3.1：1，2008 年扩大到 3.36：1，2010 年城乡居民收入差距仍达 3.23 倍。根据国家统计局公布的数据，2014 年我国的基尼系数为 0.469，远远高于国际公认的 0.4 的警戒线。截至 2015 年，我国基尼系数下降至 0.46 左右，但依然处于较高的位置，同时也高于发达国家 0.24～0.36 的水平。

第二，就业压力依然很大。

劳动力过剩是我国社会经济发展最大的难题之一，由于城市人口不断增加，再加上农村剩余劳动力向城市的转移，高校毕业生的不断增加，特别是 20 世纪 90 年代以来，随着城市经济体制改革的不断深入，大批的国营或集体企业纷纷改制或倒闭，致使大批的职工纷纷下岗或重新择业或自谋职业，使我国的就业问题较为突出。人力资源和社会保障部公布的资料显示，“十二五”时期我国劳动人口将达到历史最高峰，为 9.97 亿。城镇平均每年需就业劳动力约为 2500 万人，岗位缺口每年将在 1300 万以上，此外还有 1 亿多农村富余劳动力，每年需要转移就业 8000 万～9000 万人，可以说就业压力是长期存在的。2013 年 9 月 13 日，李克强在英国《金融时报》发表署名文章——《中国将给世界传递持续发展的信息》，向世界释放中国可持续增长的政策信息，同时也透露中国调查失业率为 5%。这是中国政府首度公开调查失业率。在需要就业的群体中，包括数量不小的毕业等待就业的大学生群体。《2016 典范企业人才招聘状况报告》显示，100 家典范企业计划招聘 2017 届本科应届毕业生 45577 人，比 2016 年的招聘量减少 7.3%。2016 年大学毕业生人数达到 699 万。2017 年有毕业生 727 万人，2017年大学生就业形势仍难好转。如果外加去年未找到的毕业生，可预计2017年的高校就业人数多达810万。2017年上半年全国有6.7万家民营企业倒闭，而在2011年，民营企业吸纳了34.2%的大学毕业生。严峻的就业形势带来了多方面的社会问题，在这种形势下，不仅人们的生活质量受到影响，而且人们的心理压力也会增加。

第三，一些重大违纪违法案件影响恶劣，反腐败斗争不能放松。

党的十八大以来，以习近平同志为核心的党中央从关系党和国家生死存亡的高度，做出打铁还需自身硬的庄严承诺，以猛药去疴、重典治乱的决心勇气，推动全面从严治党向纵深发展，打虎拍蝇雷霆万钧，正风肃纪驰而不息，形成了反腐败斗争压倒性态势，党心民心为之一振，党风政风为之一新。截至2017年6月底，全国累计查处违反中央八项规定精神问题17万多起，处分13万多人。平均每天因违反中央八项规定精神被查处的问题超过100起。在截至2016年12月查处的15.53万起违反中央八项规定精神问题中，违纪行为发生在2013年、2014年的占78.2%；违纪行为发生在2015年的占15.1%；违纪行为发生在2016年的仅占6.7%。增量不断减少，充分表明中央八项规定精神在常和长、严和实、深和细中不断落地生根。全面从严治党的伟大实践，厚植了党的执政根基，锻造出具有更加旺盛生命力和顽强战斗力的党，为党和国家各项事业发展提供了坚强政治保证。同时，我们也要清醒地看到，“当前一些领域消极腐败现象仍然易发多发，一些重大违纪违法案件影响恶劣，反腐败斗争形势依然严峻，人民群众还有许多不满意的地方。”① 党的作风建设具有长期性、艰巨性，永远在路上，永远没有休止符。历史经验表明，一旦我们在作风建设上出现松劲与懈怠，不良风气就可能反弹，我们所取得的成果就会大打折扣，甚至会功亏一篑。党风廉政建设和反腐败斗争是一项长期的、复杂的、艰巨的任务。在反腐败斗争上尽管我们取得了显著成效，但是滋生腐败的土壤依然存在，反腐败形势依然复杂。

2. 社会问题对我国意识形态建设的消极影响

在我国社会转型过程中，各种矛盾和问题叠加呈现，易于形成社会热点问题。社会热点问题是社会现实问题的集中反映。由于我国在体制转归、社会转型过程中一些问题没有及时处理好，或者是在改革中又出现了一些新的问题，从而出现一些社会热点问题。目前我国社会热点问题主要集中在干群关系、拆迁补偿、环境污染、食品安全、公共道德、司法公正问题、房地产市场等。这

① 习近平．习近平谈治国理政［M］．北京：外文出版社，2014：385－386.

就要求我们党和政府在制定政策时，要及时回应干部群众普遍关注的热点问题，因为每当社会热点问题出现后，都会在人民群众中引起热议，在一些人中引发一些争辩，出现不同的观点。一些社会问题、社会热点的存在，在不同程度上制约和影响了我国意识形态建设顺利进行。

第一，社会问题存在影响着社会成员对主流意识形态的认同。

意识形态工作领导权、话语权实际上是一种思想领导权、指导权，这种权力不是靠行政命令、靠强制来实现的，而是靠自身的影响力、靠自己的真理性、靠社会成员的高度认同来实现，但这些社会问题、社会热点的存在很大程度上影响着社会成员对主流意识形态的认同。就业、住房、上学、就医养老等社会问题属于重大民生问题，都与人民群众的利益密切相关，是人民群众最关心的问题。一些备受关注的社会问题、热点问题，一次次冲击人们的心理底线，这对社会成员对我国主流意识形态的认同造成消极影响。

这些社会问题的存在大部分与我国的相关政策不完善、不配套有关系，因此，人民群众在这些问题上存在的不满意情绪，往往表现为对一些政策的贯彻落实情况不满。腐败现象的存在，党的健康肌体就会被侵蚀，能不能从根本上解决好这一问题，直接关系人心向背，关系党和国家的生死存亡。一些腐败现象引起了人民群众的不满情绪，严重地损害了党和政府的形象，动摇人们对党和政府的信任，对马克思主义的信仰，对中国特色社会主义的信心，使我国几十年恪守的理想信念受到了前所未有的冲击。实现社会公平正义是中国特色社会主义的内在要求，处理好效率和公平的关系是中国特色社会主义的重大课题。社会不公正不仅仅是一个社会问题、经济问题，也是一个政治问题、意识形态问题。这些不公正必定反映到人民群众头脑中，易于产生对社会的不满情绪，造成心理失衡、价值观念分散化。在政治认同减弱的情况下，一些错误的思想观点、形形色色的社会思潮就有了适宜的传播土壤，一些非马克思主义的思想观点就很容易侵蚀人民群众的思想和心理，这就会削弱我国意识形态工作的群众基础。

第二，由社会问题引发的一些消极、错误言论，损害着我国意识形态建设。

在我国发展市场经济过程中出现这些社会问题，是因为我们的改革仍在探索之中，在这种探索和创新过程中，我们的政策难免存在不完善之处，一些不法分子借机钻政策的空子，这些问题并非由我国社会制度本身造成的，这些问题与我党的根本宗旨也是相悖的，也是背离马克思主义指导思想的，因此，我们党和政府在发现这些问题后，一直采取有针对性的政策加以解决，并取得了显著成效。但国内外一些别有用心的人，他们却借口这些问题的存在，大肆攻击我国社会主义制度、歪曲改革开放政策，抹黑我国政府，诋毁马克思主义意识形态。他们利用民生问题，借题发挥，无限放大这些问题的负面影响，挑拨人民群众与我党和政府的关系，极力煽动人民群众的不满情绪，甚至借机挑起一些群体性事件。同时，各种错误思潮也趁机扩大自己的影响，蚕食马克思主义意识形态阵地，一些社会思潮和错误言论之所以迅速传播，在人民群众中产生较大影响，在一定程度上，是因为一些社会思潮也宣扬要“追求个人幸福”“增强社会福利”等，这吸引了不少人的眼球。因此，这些社会问题、热点问题的存在，不只是一个社会问题，而且也会转化为政治性的问题、意识形态问题。一些人利用社会问题、热点问题对中国特色社会主义进行的攻击及引发的一些错误思潮和言论，直接危害着我国意识形态建设顺利开展。

第三，一些社会问题引发的热点易于造成社会成员思想情绪不稳定。

每当社会热点问题形成后，常常成为人们热议的话题，由于每个人关注的角度不同、兴趣点不同，同一个热点问题往往在社会成员中会出现不同的评论、不同的观点，可以说，每一个社会热点问题在社会的扩散、传播都会伴随一场思想观点的争论。每一次热议、争论都会在社会上形成一种“围观效应”，这种效应既有正面作用，也有负面影响，对我国主流意识形态及党的方针政策的认同产生一种消解作用。

（二）市场经济发展中产生的一些消极思想，对我国意识形态建设带来直接危害

市场经济不仅是一种经济形态，同时也是一种意识形态。自主、平等、竞争、信用、法治等构成了市场经济运行准则，这些准则体现在思想观念上就形成了民主意识、法制意识、平等意识、竞争意识等。但市场经济的负面效应也会反映到思想领域中来，不可避免地也会产生拜金主义、享乐主义、极端个人主义等一些消极的思想意识。

1. 市场经济的趋利性引发了拜金主义，腐蚀着我国主流意识形态

市场经济的行为主体总是以追求利润最大化为目的，遵循等价交换原则，市场经济自身的这种特性，有可能诱发人们的趋利性，刺激人们对物或金钱的欲求，滋长对金钱的过分崇拜心理，导致一切向钱看，一切领域都讲等价交换，一切人际关系、社会关系都被看作金钱关系，经济生活中一些交易规则被泛化，并渗透到思想和文化领域。拜金主义是一种金钱至上的思想道德观念，认为金钱不仅万能，而且是衡量一切行为的标准。

拜金主义对我国意识形态建设有很大腐蚀性。

第一，败坏着我国意识形态建设的社会环境。我国意识形态建设离不开特

定的社会环境，社会清廉、风清气正、健康向上，我国意识形态建设就能顺畅推进。而拜金主义盛行的社会必然是一个物欲横流、人情冷漠、尔虞我诈、人人自危的社会，是一个信仰缺失的社会，整个社会就没有了精神支柱，没有了凝聚力，社会发展就失去意义和价值。在拜金主义的侵蚀下，一些社会成员片面地讲究实惠，忽视理想、信念，注重眼前利益，缺乏高尚的精神追求。社会成员没有了信仰、没有了精神追求，我国意识形态建设也就无从谈起。

第二，损害着我国意识形态建设的政治基础。我国意识形态建设与国家政治生活密切相关，共产党的领导、人民当家做主、社会主义法治建设等是我国意识形态建设的坚强政治基础，如果这个基础受到损害，也必定会危害我国意识形态建设。在政治生活中如果盛行拜金主义，就会大量滋长腐败现象，这种腐败现象使执政党失去广大人民群众的信任和支持，人民当家作主、社会主义法治建设也就难以实现，这样就会极大损害我国意识形态建设的基本的政治基础。

第三，危害着我国意识形态建设的思想条件。马克思主义意识形态本身属于一种思想文化现象，人民群众的思想状况是我国意识形态建设的直接条件。而拜金主义对社会成员的思想观念、价值观念有很大的腐蚀性，在拜金主义驱使下，少数人引发精神道德滑坡、价值危机、认同减弱，极个别人为了金钱丧失了国格、人格，甚至走上违法犯罪道路。在拜金主义思潮的喧嚣中，意识形态领域高尚的思想情操被淡化甚至被嘲笑，先进模范人物被亵渎，一些人混淆是非，善恶不辨，荣辱不分。在拜金主义者看来，思想教育、理想信念、马克思主义意识形态都是空洞的说教。这种现象的存在，不仅使马克思主义意识形态被淡化、边缘化，而且这种拜金主义还直接具有反马克思主义的特性，因为拜金主义是剥削阶级本性的体现，拜金主义对马克思主义理想、信念带来现实的冲击，极大腐蚀着我国主流意识形态领导权、话语权的感召力。

2. 市场经济下强烈的消费倾向和各种畸形消费行为易于产生享乐主义，消解着我国意识形态建设

市场经济是一种消费经济，靠消费引导生产，靠消费拉动经济，市场经济的发展往往是以刺激消费为前提的。市场行为主体为更好地扩展市场，实现其利润，通过宣传、广告、名人引领等途径，刺激社会消费。西方国家借助于我国发展市场经济之机大肆向我国宣扬一种“消费主义”的生活方式，不断地把这种生活方式随着产品一起灌输给正处于从传统向现代转型的中国市场，这对人们的思想观念产生很大影响，我国出现的无限消费的观念，正是这种影响的反映，这种影响与我国市场经济不完善时期的负效应挟裹在一起，形成了一种

畸形的消费主义和享乐主义。从客观上讲，随着社会经济的发展，人民群众的生活水平不断提高，人们的消费水平也在不断提高。社会成员消费水平的提高是一个客观的、自然的过程，不是一个人为的过程。但有些社会成员，特别是青年人，不顾自己的实际收入水平，盲目追求高消费，赶时髦，在西方消费主义思想影响下，一切以消费为中心，在生活中贪图享受，不愿付出艰辛劳动。在消费主义推波助澜的影响下，产生享乐主义在所难免。享乐主义人生价值观表现为从人的自然本性出发，过分看重人生的物质享乐，认为人生的目的和意义在于追求物质享乐，把吃喝玩乐作为人生的唯一目的和最大乐趣。

享乐主义对我国意识形态建设有很大的消解性。

第一，享乐主义使一些人丧失精神斗志。

在享乐主义影响下一些人只讲生活享受，不讲财富创造，不愿艰苦奋斗，把享受与创造对立起来，个别人常常表现为缺乏远大理想，否认个人对社会的责任，主张及时享乐，只注重眼前"实惠"，把追求个人快乐看作人生第一要义，甚至少数人为追求个人享乐走上了违法犯罪道路。享乐主义对社会成员的腐蚀性，损害着我国思想政治教育成果，危害着意识形态建设。

第二，享乐主义助长一些人的奢靡之风。

在享乐主义的驱使下部分社会成员精神懈怠、不思进取，追逐名利、贪图享受，讲究排场、玩风盛行，有的一致消沉、信念动摇，奉行及时行乐的人生哲学，有的追求物质享受，情趣低俗，玩物丧志，沉湎花天酒地，热衷灯红酒绿，纵情声色犬马。一些明星无意有意地炫耀自己豪华的生活方式，上亿的豪宅、几百万元的豪车等时常刺激普通百姓的心理；社会上有的人盲目消费，比阔气、讲排场，铺张浪费，挥金如土，挥霍无度，这对社会成员特别是青年产生了十分恶劣的影响，使一部分社会成员特别是青年的价值观、荣辱观扭曲、变异，使一些社会成员特别是青年缺乏艰苦奋斗的精神，甚至贪图享乐，向往西方生活方式、消费方式。贪图享乐必定使人丧失进取精神，享乐主义是一种颓废腐朽的思想，是与我们党艰苦奋斗的优良传统背道而驰的。享乐主义容易使一部分人陷入意志消沉、缺乏进取精神的状态之中，为各种腐朽思想的传播提供便利条件，因此，享乐主义的流行极大减弱了我国意识形态建设的精神动力。

第三，享乐主义损害了干群关系。

在享乐主义侵染下，滋长了各种腐败现象，个别领导干部利用自己的权力，进行权钱交易，侵吞国家财产，生活奢侈；少数干部贪图享受、贪污腐化必定会损害干群关系。我国意识形态领导权行使的一个重要行为主体就是党政干部，干部自身的言行对意识形态的影响力具有示范效应，一些干部贪图享受、生活糜烂，是对意识形态领导权的一种亵渎，我国意识形态领导权如果让这些人来行使，其效果只能是适得其反。享乐主义一味地贪图享受，是与马克思主义的幸福观相悖的，各级党组织和党员干部要始终坚持“两个务必”，脚踏实地，扎实工作，自觉抵制贪图享乐、讲排场、比阔气的不良风气，大力弘扬艰苦奋斗精神。享乐主义、奢靡之风是违背我们党的性质和宗旨的，是损害党群关系、干群关系的重要根源，如果贪图享乐，奢靡之风盛行，就会严重危害党和人民的事业，也必定会损害我国主流意识形态领导权的实现。

3. 市场经济的自主性诱发了极端个人主义，减弱着我国意识形态建设

市场经济条件下，生产者、经营者独立核算、自负盈亏，生产什么、怎样生产完全由自己决定，生产经营有很大的自主权，但这种生产经营的自主性，表现在思想观念上，就是一种独立意识、自主意识，在利益的驱动下，就很容易诱发极端个人主义。这种极端个人主义以自我为中心，把个人利益放在第一位，以个人利益为标准衡量是非，作为行动的准则，甚至损人利己。随着市场经济的建立和发展，我国计划经济体制下集体主义核心价值观受到了冲击，个人主义价值观逐步被越来越多的社会成员所接受，追求个人利益和个性发展已得到社会的普遍认同。

极端个人主义从多方面减弱着我国意识形态建设。

第一，极端个人主义不利于我国意识形态建设的价值基础。

马克思主义并不反对个人利益和个人价值的实现，并且主张在国家法律、道德许可的范围内，最大限度地实现好个人利益和价值，这对个人和社会都是有利的。这在本质上就是处理好个人与社会、个人与国家、个人与集体的关系问题，但在这个问题上，极端个人主义以自我为中心，把个人利益放在第一位，甚至损害国家、社会的利益以满足个人私利。在极端个人主义支配之下，个别人国家意识、集体主义观念淡漠；少数人存在着凡是对自己有利的就去做，反之，漠不关心，避而远之的现象；更有极少数人不顾法律、道德的约束，为实现个人利益不择手段，损人利己；这种极端个人主义是有悖于社会主义核心价值观的，极端个人主义的流传损害着我国意识形态建设的价值基础。

第二，极端个人主义不利于我国意识形态建设的社会思想环境。

我国意识形态建设需要一定的思想环境，这种思想环境要求广大人民群众要形成积极健康向上的精神面貌，积极培育和践行社会主义核心价值观。只有在这样良好的思想环境下，我国意识形态建设才能得以顺利推进。而极端个人主义奉行个人利益至上原则，以个人为中心，这在客观上呼应了新自由主义、

后现代主义、实用主义等的理论主张，并为这些思潮的传播提供了有利的思想条件，因为这些思潮无不具有鲜明的个人主义色彩。若是多种错误思潮在我国思想文化领域传播与蔓延，我国意识形态建设将处于不利的思想环境中，这会大大增加我国意识形态建设的阻力。

第三，极端个人主义不利于我国意识形态建设的精神凝聚力。

我国意识形态建设也是一个统一意志的过程，人民群众具有强大的凝聚力、向心力，我国意识形态建设就会更加有效。极端个人主义易于造成社会成员意识涣散、精神松弛，不利于培育共同的理想、信念，缺乏责任意识、整体意识、国家意识，思想狭隘，造成整个国家和民族缺乏统一的精神动力和支撑力，减弱着党和政府的凝聚力，在整个社会弥散着崇尚个人利益、小团体利益、家族利益、朋友利益的风气，追逐个人名望成为一种时尚，成为人生价值实现的标志，这些人被推崇为“成功人士”，甚至成为“名人”，成为一些人特别是青年崇拜的对象，而默默无闻、甘于奉献却遭受冷落，这本质上都是极端个人主义引起的社会精神状态的嬗变，恰恰是这种嬗变起着一种精神离散作用，销蚀着国家与民族的精神凝聚力。缺乏了这种凝聚力，就会大大减弱我国意识形态建设。

（三）习近平总书记非常重视市场经济发展对我国意识形态建设的影响，强调统一思想、凝魂聚气

在新的历史条件下，习近平总书记非常重视人们的思想变化问题。他明确指出，在我国社会变革和对外开放不断扩大的条件下，各种社会矛盾和问题相互叠加、集中呈现，人们思想活动的独立性、选择性、多变性、差异性明显增强，思想道德领域出现了一些不容忽视的现象，一些人理想信念不坚定，一些腐朽落后思想文化沉渣泛起，拜金主义、享乐主义、极端个人主义有所滋长，等等。习近平总书记还指出：“改革开放以来，我国经济发展很快，人民生活水平提高也很快。同时，我国社会正处在思想大活跃、观念大碰撞、文化大交融的时代，出现了不少问题。”① 习近平总书记认为，我党之所以高度重视意识形态工作，这也是一个重要方面的考虑。因为加强意识形态建设，就需要解决好目前我国存在的这些思想问题。习近平总书记讲，国内外形势正在发生深刻变化，我国发展仍处于重要战略机遇期，我们具备过去难以想象的良好发展条件，但也面临着许多前所未有的困难和挑战。他还讲，面对改革进入攻坚期和深水区、各种深层次矛盾和问题不断呈现、各类风险和挑战不断增多的新形势，如

---

① 习近平．在文艺工作座谈会上的讲话［M］．光明日报，2015－10－15.

何提高改革决策水平、推进国家治理体系和治理能力现代化，迫切需要哲学社会科学更好发挥作用。这实际上也是要求意识形态工作更好发挥作用，因为哲学社会科学是意识形态工作的一个组成部分。这也是习近平总书记重视意识形态工作的一个重要体现。可见，习近平总书记立足于时代变化、社会变革，深刻分析了人们思想观念的变化，这些变化既有积极的方面，也有消极的方面，我们党要正视现实，准确把握住这些变化，引导人们的思想向着积极健康的方向发展，抑制、批判错误的思想倾向。在思想大变革的时代，如果听任错误的思想泛滥，任凭多元化随意发展，这势必会冲击我国主流意识形态，加大统一思想的难度。

我国意识形态建设中面临一个如何处理社会成员思想观念多样化的问题，如何应对人们思想观念多样、多元、多变的问题，要用主流意识形态凝魂聚气，统一人们的思想，需求“最大公约数”，处理好一元主导与多元并存的关系，是我国意识形态建设面临的一项长期任务。习近平总书记指出：“正确处理一致性和多样性关系，关键是要坚持求同存异。一方面，要不断巩固共同政治思想基础，包括巩固已有共识、推动形成新的共识，这是基础和前提。另一方面，要充分发扬民主、尊重包容差异。”① 习近平总书记进一步指出，对危害中国共产党领导、危害我国社会主义政权、危害国家制度和法治、损害最广大人民最根本利益的问题，必须旗帜鲜明反对，不能让其以多样性的名义大行其道。这是政治底线，不能动摇。除此之外对其他各种多样性，要尽可能通过耐心细致的工作找到“最大公约数”。要牢牢掌握意识形态工作的主动权、领导权、话语权，还必须处理好政治问题、思想问题、认识问题、学术问题的关系。习近平总书记关于意识形态建设理论的一个重要内容，就是充分认识目前思想文化领域思想观念多样性的现实，通过意识形态建设，统一思想，巩固全党全国各族人民团结奋斗的共同思想基础。

社会存在决定社会意识，任何理论都来自现实，是对客观现实的反映。在改革开放不断深化，社会主义市场经济不断发展的现实环境下，人们的思想观念发生了新的变化，对我国意识形态建设提出新课题、新要求，习近平总书记意识形态理论的提出正是反映了这种思想状况，这是习近平总书记意识形态理论提出的重要现实背景。

---

① 中共中央文献研究室．十八大以来重要文献选编：中［M］．北京：中央文献出版社，2016：562.

五、互联网发展带来的负面影响，加大了我国意识形态建设难度

总体上看，网络对我国意识形态的影响有两个方面，一方面，互联网的普及和广泛应用对网民接受大量信息、学习新知识、查阅资料、学术交流、社会交往、了解国内外形势等带来极大的便利，网络的广泛普及和应用为我国意识形态建设提供了新手段、开辟了新途径，有助于我们科学、高效地开展意识形态工作，使我国意识形态建设更具有时代性、创新性。另一方面，互联网的负面效应对我国主流意识形态工作领导权、话语权造成很大挑战，增加了我国意识形态工作建设的难度。当前，随着改革的不断深化，社会转型加快，思想文化领域各种思想观念相互激荡，社会成员面对学业、事业、生活、职业选择等多方面考量，难免会产生疑惑、彷徨、失落等负面情绪，一些消极、错误的思想观点在网络中产生放大效应，对人们特别是青少年的世界观、人生观和价值观也产生了一定消极影响，对我国意识形态建设提出了挑战。

（一）互联网中混杂的有害信息，对我国意识形态建设带来危害

互联网在为人们提供大量有益信息的同时，也为一些反主流意识形态观点传播提供了便利条件和渠道。一些人在信息自由的口号下，大肆传播污秽信息、虚假信息、错误信息、反动信息，甚至出现一些反党反政府的言论；由于网络监管及网络立法的滞后，网络中充斥的各种色情、暴力、低俗、庸俗、媚俗等内容得不到有效的控制、过滤；有些网站为获取自身的利益，做一些违法违规的事情，传播黄色内容和低俗媚俗庸俗文化；还有的网站传播腐朽没落的思想文化；有的散布封建迷信；有的渲染血腥暴力；一些人利用互联网不断传播西方的政治价值观念；还有的在互联网中否定改革开放的成就，丑化党和政府的形象；还有的宣扬一些不利于民族团结的言论；极个别人利用互联网煽动宗教极端主义等。

境外新媒体运用各种方式诋毁中国特色社会主义制度，制造各种杂音、噪音，严重挑战我国社会主义意识形态建设的权威性。一些互联网使用频率高的场所，如高校、党政机关等，网民每天都用大量的时间在互联网上查阅资料和信息，特别是大学生作为网络群体中的活跃分子，易于受到不良信息的冲击、腐蚀。网络中这些形形色色有害信息、垃圾信息的传播，污染了信息环境，既严重损害了互联网的健康发展，又严重腐蚀着我们特别是青少年的思想和精神，蚕食意志薄弱者，使部分人世界观、人生观、价值观发生扭曲和错位，西方国家的享乐主义、个人主义、拜金主义、实用主义以及各种消极颓废的文化和腐

朽的生活方式不断向网民渗透，这就很容易使一些人理想信念缺失、价值取向偏离、价值选择迷茫，大大腐蚀着我国主流意识形态领导权、话语权的思想基础。在有害信息、垃圾信息的侵蚀下，马克思主义意识形态的传播和指导作用就会受到很大削弱和冲击，极大影响了马克思主义意识形态的影响力、指导力，这对我国意识形态建设造成直接的思想危害。我国意识形态建设是以马克思主义指导为基础的，如果马克思主义的指导地位受到损害，也就意味着意识形态建设受到损害，而一些反动信息就会大肆攻击马克思主义的指导地位，打着“学术化”旗号使部分社会成员逐步放弃马克思主义的革命性、阶级性、实践性，进而达到消解马克思主义的目的。

因此对这些腐朽、反动信息在网上的传播不可掉以轻心。在我国意识形态建设中，一方面要不断地清除有害信息、垃圾信息对人们思想的负面影响，另一方面，要加强对互联网、手机短信等现代传媒的应用和管理，科学把握其特点和规律，理顺管理体制，引导网上舆论，有效防范和遏制有害信息传播，使互联网等新兴媒体成为做好意识形态工作的新平台。

（二）网络负面效应不利于青少年健康成长，对我国意识形态建设造成损害

网络的负面效应对任何社会群体都具有危害性，但对青少年的危害性更大。青少年身心还处于成长过程中，对一些事物的辨别能力还不完全成熟，容易受到不良信息的吸引和侵蚀，导致思想观念扭曲，身心健康受损，严重的还会诱发犯罪。具体来说，互联网的负面效应对青少年的影响主要表现在以下方面：

从思想观念方面来看，互联网信息传播带来西方意识形态的大量涌入，青少年经常受到抽象人性论、西方的民主自由观、普世价值、后现代主义、宪政民主、新自由主义、民主社会主义等西方社会思潮的影响，理想信念受到冲击，甚至还会导致国家意识和民族认同感减弱；网络中追捧的享乐主义、拜金主义、极端个人主义等侵蚀青少年的思想观念，造成青少年价值观的迷失和蜕变；网络中充斥的色情、暴力、颓废等方面的信息损害青少年身心健康；网络的自由性、开放性、自主性，也易于使青少年形成对自由的盲目崇拜和一切权威的蔑视，这又在一定程度上诱导青少年的无政府主义、极端个人主义、利己主义思想观念的滋长；网络的虚拟性也易于使一些青少年摆脱现实社会道德、伦理、责任、规范等方面的约束，致使一些青少年社会责任缺失、道德行为失范，在这类思想意识的支配下，极容易淡化人们的政治信仰，导致价值观的多元化，从而对于弘扬主流意识形态构成明显危害。

从青少年的身心健康方面来看，由于长时间使用手机、电脑，使一些青少年对网络、手机形成强烈的依赖感，极个别青少年沉迷于网络游戏不能自拔，

占有了大量的学习时间，甚至都不能去听课，没有精力学习文化知识，甚至荒废学业；长时间的“人机对话”，一些青少年被限制在相对封闭的空间，失去了太多的现实生活中人际交往的机会，出现了“网络孤独症”，导致少数人感情冷漠、人格心理异化；一些青少年上网不是利用网络查阅资料、学习新知识、了解国内外形势等，而是上网聊天、打游戏、看影视剧、网络小说、猎奇一些花边新闻等，这样长期下去，往往使一些青少年产生焦躁、苦闷、压抑、颓废等不健康的情绪。更为严重的是网络中的色情、暴力信息、音频、视频易于引发极个别青少年的犯罪行为。心理学认为，情感是一个人立场、世界观形成的重要因素，对于一个人的行为有着巨大的制约力和推动力。网络对青少年造成的这些负面的心理和情感，直接损害了青少年的身心健康，对青少年成长带来的是负能量。

网络对校园文化的冲击也不利于学生健康成长。每所学校都有自己独特的校园文化传统，文化活动是学生生活中的一个重要组成部分，校园文化以其协作、开放、多样、自主等特征成为大学生展示才华、拓展潜力的舞台，积极健康的校园文化对培育学生健全的人格、高尚的品质、参与实践能力等具有不可替代的作用。学生精力旺盛，对新鲜事物有好奇感，丰富多彩的校园文化活动为他们搭建了互相学习、互相激励、互相交流的平台。但是，随着互联网时代的到来，校园文化活动受到很大冲击，相当一部分学生不再积极参加校园文化活动，而是把兴趣点和时间转移到了网络空间，这就使校园文化建设缺乏内在动力，流于形式、流于表面，发挥不了内化、涵化的作用，校园文化活动质量下降。这种现象就意味着高校在培育学生思想品德方面一个传统的载体受到削弱，这也表明，校园文化正在被网络文化所蚕食。学生生活应该是丰富多彩的，不应是在虚拟的网络文化中度过，但是，现在的情况恰恰就是如此，一些学生沉迷于网络文化，得不到丰富的、有文化底蕴的校园文化的滋养，这不仅对宝贵的学习生活来说是一种缺憾，更为重要的是，对学生的健康成长也是一大损失。

（三）网络条件下意识形态控制难度增大，主流意识形态影响力受到制约

在非网络化时期，我国主流意识形态的传播，从国家层面看主要是通过政府严格掌控的媒体如报纸、广播、电视和一些宣传机构，统一地、具有强制力传输给人民群众。在一些单位和部门主要是通过强有力的思想政治工作、有计划的工作安排、各种形式的报告会、教育工作者的言传身教等途径，配合国家的宣传教育，大力开展对社会成员的意识形态教育。这样就使主流意识形态能够保持至高无上的地位、神圣的地位，其他错误思想观念对主流意识形态的冲击受到有效遏制，各级党委及有关部门对意识形态的掌控难度不是很大。但在

网络条件下，这种状况出现了变化，在新媒体时代，各级党委及政府部门对意识形态控制难度增大。

从媒体发展状况看，新兴媒体舆论场影响越来越大。随着网络的日益普及，互联网、手机成为人们获取信息的重要途径，报纸、广播、电视不仅不能垄断信息，甚至受众面越来越小，很少社会成员是通过传统媒体获取政治信息的，这些传统媒体如果不及时与新兴媒体有效融合，就会被边缘化。网络带来的信息交汇使民众的眼界日益拓宽，对于政府传达的各种信息，民众有了更多的分析判断和选择，以往的意识形态建设方式已不适应网络时代的需要。习近平总书记指出："互联网的迅猛发展，以惊人的深度和广度影响着经济社会生活，深刻改变着舆论生成方式和传播方式，改变着媒体格局和舆论生态。"① 以互联网、手机为代表的新媒体出现后，出现了两个舆论场即传统媒体舆论场和新兴媒体舆论场，新兴媒体舆论场的受众越来越多，影响越来越大。但是，我们要清醒地看到，一些地方党委及意识形态部门对新兴媒体重视不够，对新兴媒体舆论场的引导不够，更多的是习惯于用传统媒体手段从事意识形态工作，这就人为增大了网络条件下意识形态控制难度。

网络信息传播方式的日趋多样化，也加大了网络信息管理难度。近年来，随着手机网民规模的不断扩大，手机微博的应用越来越广泛，这种灵活多样的信息传播形式，更是受到青少年的喜爱。抖音作为一种立体的信息承载方式，内容丰富多样，互动性强，能满足网民碎片化的娱乐需求和草根群众自我表达的愿望，从而吸引用户使用。随着抖音用户规模的扩大和使用时长的增加，人工、技术审核速度跟不上内容发布的速度，视频内容存在不可控性，部分低俗、虚假的视频内容影响网络生态。抖音在网民中十分流行，互联网规模的扩大和发布信息方式的多样化，使传统意义的属于国家控制的信息发布逐渐被人们所忽视，国家信息发布的权威性降低，党政意识形态管理部门对信息传播的把关作用及信息传播的控制能力受到极大削弱，这就制约了我国意识形态建设。我国主流意识形态的认同需要通过各种思想观念的理性整合来实现，然而在信息化时代，人们获取信息的途径增多、频率加快，海量的信息挤占了主流意识形态宣传教育的时间和空间，具有表面化、多样化、大众化的网络信息冲击着主流意识形态，加大了主流意识形态整合的难度，削弱着主流意识形态的影响力，这就在深层上增加了我国意识形态建设的难度。充分运用新型传播手段创新意

① 中共中央宣传部．习近平总书记系列重要讲话读本［M］．北京：学习出版社，人民出版社，2014：98.

识形态工作，掌握网络舆论主动权的任务更加凸显。

（四）习近平总书记高度重视互联网对人们思想观念的影响

在互联网快速发展和普及的时代，习近平总书记高度重视互联网的作用，他指出："过不了互联网这一关，就过不了长期执政这一关。"① 这充分说明，习近平总书记把互联网运用和管理问题与党的执政能力联系在一起，与党的未来发展联系在一起，这是对互联网作用的一种战略思维的体现。关于互联网的影响，习近平总书记讲："互联网已经融入社会生活方方面面，深刻改变了人们的生产和生活方式。我国正处在这个大潮之中，受到的影响越来越深。"②

互联网的迅猛发展也深刻改变着舆论生成方式和传播方式，为不同文化和价值观交流交融交锋带来前所未有的影响。意识形态领域许多问题都与网络有密切联系，互联网已成为意识形态斗争的主战场。习近平总书记认为，在互联网这个战场上，能否顶得住、打得赢，直接关系国家政治安全、文化安全、意识形态安全。习近平总书记强调，谁掌握了互联网，谁就把握住了时代主动权，谁轻视互联网，谁就会被时代所抛弃。要坚持正能量是总要求，管得住是硬道理，用得好是真本事，科学认识网络传播规律，提高用网治网水平，推动互联网这个最大变量成为事业发展的最大增量。

习近平总书记针对互联网对我国意识形态的作用也进行了深刻论述，他指出："做好网上舆论工作是一项长期任务，要创新改进网上宣传，运用网络传播规律，弘扬主旋律，激发正能量，大力培育和践行社会主义核心价值观。"③ 习近平总书记讲宣传思想工作是做人的工作，人在哪儿重点就应该在哪儿。我国网民已达九亿，很多人大部分信息都是从网上获取，网络对人们思想观念的影响越来越大、越来越广，必须正视这个事实，把网上舆论工作当作重中之重来抓。要坚持巩固壮大主流思想舆论，实施网络内容建设工程，发展积极向上的网络文化，改进创新网上宣传，形成网上正面舆论强势。要深入开展网上舆论斗争，把握网上斗争的特点和规律，运用正确战略战术，组织力量对错误思想观点进行批驳，牢牢掌握网络舆论战场上的主动权。中国共产党立足于时代变化，紧紧把握互联网对我国经济、政治、社会、文化等领域的影响，在此基础上，深刻论述了有关意识形态建设理论。

---

① 中共中央党史和文献研究院．十八大以来重要文献选编：下［M］．北京：中央文献出版社，2018：214.

② 习近平．习近平谈治国理政［M］．北京：外文出版社，2014：197.

③ 习近平．习近平谈治国理政［M］．北京：外文出版社，2014：198.

第三章

新时代中国共产党关于意识形态建设重要性的理论观点

十八大以来，中国共产党结合新的实际需要更加重视意识形态建设，把意识形态建设提到关乎党和国家命运的战略地位，对意识形态建设重要性的认识更加清醒、更加自觉、更加系统。深入探究新时代中国共产党关于意识形态建设重要性的理论观点，是科学把握新时代中国共产党意识形态建设理论的前提，因为只有高度重视意识形态建设，才能采取有效措施搞好意识形态建设。新时代中国共产党关于意识形态建设重要性的理论观点是多层次、多方面的，在此，主要从以下几个层面进行分析。

一、我党把意识形态工作与经济建设放在同等重要的地位，强调意识形态建设的重要性

经济建设是我党的中心工作，党和国家必须坚持以经济建设为中心，但是，这并不意味着可以忽视其他方面的工作，经济建设不是孤立进行的，需要其他方面的工作协调配合。马克思主义者是辩证唯物主义者，在承认经济决定作用的同时，也承认政治的能动作用，如何处理好经济建设与政治建设的关系，是我国改革开放和现代化建设中必须解决好的一个重大理论和现实问题。意识形态工作属于政治建设的组成部分，意识形态工作与经济建设的关系，本质上就是政治与经济的关系。把意识形态工作与经济建设放在同等重要的地位，是符合辩证唯物主义基本原理的。

2013 年 8 月 19 日，习近平总书记在全国宣传思想工作会议上，明确指出："经济建设是党的中心工作，意识形态工作是党的一项极端重要的工作。"① 在中共十八届三中全会第一次全体会议上，习近平总书记又强调指出："面对改革发展稳定复杂局面和社会思想意识多元多样、媒体格局深刻变化，在集中精力进行经济建设的同时，一刻也不能放松和削弱意识形态工作，必须把意识形态

① 习近平．胸怀大局把握大势着眼大事 努力把宣传思想工作做得更好［N］．人民日报，2013－08－21.

工作的领导权、管理权、话语权牢牢掌握在手中，任何时候都不能旁落，否则就要犯无可挽回的历史性错误。”① 新时代中国共产党在处理好经济建设和意识形态工作的关系中高度重视意识形态。

（一）我党更加重视经济建设对意识形态工作的基础性作用

在经济建设与意识形态工作的相互关系中，依据辩证唯物主义的基本原理，首先就要重视经济建设的决定性、基础性作用。马克思主义认为，经济是政治的基础，经济决定政治的产生、性质、状况、地位和影响。政治是经济的集中体现，政治反映了社会各阶级的经济利益，不存在纯粹的政治主张与要求。习近平总书记在阐述经济建设对意识形态工作的决定性、基础性作用时指出，从根本上讲，没有扎扎实实的发展成果，没有人民生活不断改善，空谈理想信念，空谈党的领导，空谈社会主义制度优越性，空谈思想道德建设，最终意识形态工作也难以取得好的成效。他进一步强调：“只要国内外大势没有发生根本变化，坚持以经济建设为中心就不能也不应改变。这是坚持党的基本路线 100 年不动摇的根本要求，也是解决当代中国一切问题的根本要求。”②

在社会主义建设中，我们要始终坚持以经济建设为中心，这是因为，在我们这样一个人口多、底子薄，发展还很不平衡的国家，在我国还处于并将长期处于这一初级阶段的基本国情下，必须坚持集中精力把经济建设搞上去，把人民生活搞上去，不断增强我国的经济实力和综合国力，这样才能不断巩固和完善中国共产党领导和社会主义制度。中华人民共和国成立以来，特别是改革开放以来，我国综合国力有了巨大提高，1952 年我国国内生产总值为 679 亿，到 2018 年我国国内生产总值突破 90 万亿，增长 175 倍。人均国内生产总值 1952 年为 119 元，2018 年为 64644 元，增长约 42 倍。1950 年全国财政收入为 62 亿元，2018 年达到 18 万亿元。1952 年我国外汇储备为 1.08 亿元，2018 年达到 3 万亿元，连续 13 年稳居世界第一。1978 年中国国内生产总值为 3645 亿，居世界第 10 位。2010 年中国国内生产总值为 40 万亿，超过日本，成为世界第二大经济体。2021 年中国国内生产总值突破 100 万亿稳居世界第二大经济体。中国经济总量大致相当于日本的 2.5 倍，德国的 3.3 倍，英国的 4.7 倍，意大利的 6.1 倍，加拿大的 7.4 倍。中国对世界经济增长贡献率超过 30%。2017 年为 34%，

---

① 中共中央文献研究室．习近平关于全面深化改革论述摘编［M］．北京：中央文献出版社，2014：86.

② 习近平．胸怀大局把握大势着眼大事 努力把宣传思想工作做得更好［N］．人民日报，2013－08－21.

是美国的 2 倍。中国经济总量占世界经济总量大约为 15%。

随着我国综合国力的提升，人民生活水平也有了显著提高。2013 年至 2018 年，我国连续 6 年超额完成千万人口减贫任务。六年间，全国累计减少贫困人口 8239 万人，贫困发生率从 2012 年末的 10.2% 下降到 2018 年末的 1.7%。中国创造了人类减贫史奇迹。按照世界银行标准，从 1981 年末到 2013 年末，我国累计减贫 8.53 亿人，占全球同期减贫总规模的七成以上。联合国秘书长古特雷斯盛赞："中国已实现数亿人脱贫，中国的经验可以为其他发展中国家提供有益借鉴。"全国城镇居民人均可支配收入 1978 年为 343 元，到 2017 年升至 36396 元，农民人均纯收入 1978 年为 134 元，到 2017 年升至 13432 元。1978 年城镇居民恩格尔系数为 57.5%，到 1978 年全国居民恩格尔系数下降到 29.39%。

工业结构由门类单一到齐全，由低端制造向中高端迈进，"中国制造"享誉全球。按照国际标准工业分类，在 22 个大类中，我国在 7 个大类中名列第一。钢铁、水泥、汽车制造等 220 多个工业品产量居世界第一位。2013 年第三产业增加值占国内生产总值的比重超过第二产业。基础设施建设实现跨越式发展。截止到 2018 年，我国铁路营业里程已达 13.1 万公里，其中高速铁路 2.9 万公里，占世界高铁总量的 60%，成为世界上高铁里程最长、运输密度最高的国家。2018 年我国高速公路里程达到 14.3 万公里，居世界第一位。全球十大港口中，中国占 7 个。港口吞吐量连续 16 年居世界第一位。科技发展不断取得新突破，我国科技创新能力显著提高，主要创新指标已进入世界前列，成为具有全球影响的科技大国。自 2013 年起，我国成为世界第二大研发经费投入国，研发人员总量、发明专利申请量分别连续 6 年、8 年居世界第一位。我国在载人航天、探月工程、量子科学、深海探测、超级计算机、卫星导航等诸多领域取得重大成果。我国科技进步贡献率从 2012 年的 52.2% 升至 2017 年的 57.5%。改革开放以来，我国对外贸易的深度和广度不断拓展。对外贸易规模持续扩大，2013 年我国货物进出口总额突破 4 万亿美元，占世界的比重升至 11%，超过美国跃居世界第一位。目前中国有 1400 多个商品出口份额居全球第一，成为世界第一大贸易国。改革开放 40 多年来，我国对外贸易额增加了近 200 倍，年均增速达 14.5%。

正是由于我国经济建设取得了举世瞩目的成就，这就为意识形态工作奠定了坚实基础，经济建设对意识形态工作的决定性、基础性作用表现在：

1. 经济建设取得的成就，增强了广大人民群众对党和国家的政治认同

意识形态工作的一项基本任务就是为维护党的领导和社会主义制度服务，发挥好意识形态的教育和维护功能。经济建设取得的成就充分证明了党的领导

的正确性和社会主义制度的优越性，坚定了道路自信、理论自信、制度自信、文化自信，这在意识形态教育工作中，就充分做到了“用事实说话”，极大增强了意识形态工作的说服力，这就避免了“空头政治”，保证了意识形态工作的实效性。

2. 经济建设取得的成就，为意识形态教育奠定了坚实的基础

中国经济建设取得的成就及人民生活水平的不断改善，为理想信念教育、爱国主义教育、党的路线方针政策教育、习近平新时代中国特色社会主义思想教育等提供了坚实的物质条件和物质基础。这种物质基础和条件体现在两个方面，一方面，国家强大的经济势力，必定提高主流意识形态的感召力，提高主流意识形态在人民群众的威信。另一方面，经济建设的发展直接为意识形态工作提供物质条件，如在意识形态工作中需要的场所、载体、开展的各种活动都必须有一定的经费和物质保障，这些没有一定的物质条件，就会受到很大的制约。改革开放以来，我国意识形态载体建设取得了显著成效，特别是新闻媒体、各类纪念馆、展览馆、爱国主义教育基地等方面的建设，为我国开展意识形态教育创造了良好的物质条件，这些都是建立在我国经济发展的基础之上的。

3. 经济建设的发展推动着我党意识形态工作的不断创新和发展

经济建设是意识形态工作发展的强大动力，经济建设每向前发展一步，都会带来思想观念的变革，推动意识形态工作不断实现理念创新、工作机制创新、方式手段创新；在经济建设中，难免会遇到矛盾和问题，特别是我国的改革进入深水区和攻坚期，各种矛盾叠加呈现，这就需要我们党带领人民有效应对重大挑战、抵御重大风险、克服重大阻力、解决重大矛盾，在这个过程中，我们要更加自觉地坚持党的领导和社会主义制度，坚决反对削弱、歪曲、否定党的领导和我国社会主义制度的言行，坚决反对一切分裂祖国、破坏民族团结和社会和谐的行为。这些都是伴随经济发展不可避免出现的意识形态问题，通过有效地解决这些问题，继而不断推动意识形态工作向纵深发展。

（二）我党也十分重视意识形态工作对经济建设的巨大能动作用

在强调经济建设重要性的同时，十分重视意识形态工作，习近平总书记指出，经济建设是中心工作，并不是说其他工作不重要了，历史和现实反复证明，能否做好意识形态工作事关党的前途命运，事关国家长治久安，事关民族凝聚力和向心力。巩固党的群众基础和执政基础，不能只说物质生活好就可以了，党的群众基础和执政基础包括物质和精神两个方面。精神上丧失群众基础，最后也会出问题。“只有物质文明建设和精神文明建设都搞好，国家物质力量和精神力量都增强，全国各族人民物质生活和精神生活都改善，中国特色社会主义

事业才能顺利向前推进。”① 习近平总书记运用战略思维、辩证思维，把做好意识形态工作与党的执政基础、两个文明建设、国家物质力量、精神力量、物质生活、精神生活等问题紧密联系在一起，这对我们深刻、全面理解意识形态工作的重要性，具有重要理论指导价值。

搞好意识形态工作对经济建设具有巨大能动作用，意识形态工作能够为经济建设提供思想保证，使经济建设沿着正确的方向发展。毛泽东曾明确指出："政治工作是一切经济工作的生命线。"② "思想和政治又是统帅，是灵魂。只要我们的思想工作和政治工作稍为一放松，经济工作和技术工作就一定会走到邪路上去。"③ 中国特色社会主义进入新时代，习近平总书记坚持和发展了毛泽东这一光辉思想，十分重视意识形态工作对经济工作的保证作用，做好意识形态工作对经济建设的保证作用主要可以从下列方面去理解。

第一，做好意识形态工作能够为经济建设创造稳定的政治和社会环境。

任何一个国家要搞好经济建设，一个基本前提就是国家和社会保持稳定的环境，只有在稳定的政治社会环境下，党和国家的各项方针政策才能顺利贯彻落实，进而有效指导经济建设，任何一个国家的经济建设都不是自发的、都不是纯粹地依靠市场调节，都需要政府的宏观调控，需要国家制定一系列发展经济的政策和计划，只有在稳定的政治社会环境下，党和国家才能集中精力制定本国经济和社会发展战略，研究本国经济发展中面临的问题，制定适合本国发展的经济政策，按照一定的程序贯彻落实这些政策，继而指导本国的经济建设。如党的十八大以来，我国党和政府制定了一系列扶贫政策，加快推进集中连片特殊困难地区区域发展与扶贫攻坚，地方要优化整合扶贫资源，实行精准扶贫，确保扶贫到村到户，积极引导社会力量参与扶贫事业，经过几年的努力，到2018年底，我国扶贫任务取得了决定性胜利，绝大多数贫困人口摆脱了贫困。只有在稳定健康的政治环境下，这样的任务才能顺利完成。如果政治和社会秩序不稳定，出现政局动荡，势必干扰经济建设的顺利推进。一些第三世界国家，由于政局动荡，经济建设难以正常进行，国家经济实力大幅度下滑，人民生活受到严重影响。正反两方面的事实表明，国家政治和社会稳定对国家经济建设具有巨大能动作用。保持一个国家政治和社会稳定取决于多种因素，做好意识

① 习近平．胸怀大局把握大势着眼大事 努力把宣传思想工作做得更好［N］．人民日报，2013－08－21.

② 毛泽东．毛泽东文集：第6卷［M］．北京：人民出版社，1999：449.

③ 毛泽东．毛泽东文集：第7卷［M］．北京：人民出版社，1999：351.

形态工作是一个重要方面，意识形态是社会进步的“黏合剂”，具有“社会水泥”的功能，意识形态的政治凝聚功能对维护政治稳定、社会稳定具有重要作用。此外，做好意识形态工作还有助于抵制腐朽思想文化及敌对势力的渗透，防止对国家政权及社会秩序的破坏活动，这对于维护政治和社会稳定具有直接的作用。习近平总书记特别强调要维护意识形态安全和政治安全，实际上就是把意识形态工作与维护政治稳定紧密地联系在一起。因此，通过做好意识形态工作维护政治社会稳定，进而为经济建设创造良好的政治和社会环境。

第二，做好意识形态工作能保证经济建设正确的政治方向。

习近平总书记指出：“全面深化改革往什么方向走，这是一个带有根本性的问题。”① 他进一步指出：“全面深化改革的总目标是完善和发展中国特色社会主义制度、推进国家治理体系和治理能力现代化。”② 这两句话是一个统一整体，前一句规定了根本方向，这个方向就是中国特色社会主义道路，而不是其他什么道路。我国的改革既不能走封闭僵化的老路，也不能走改旗易帜的邪路，苏联东欧国家的改革，偏离了社会主义方向，最终葬送了社会主义制度，走了一条西化道路。在我国改革中要防止东欧剧变的悲剧，就必须坚持社会主义方向。做好意识形态工作，有助于坚持正确的政治方向，保持清醒的政治头脑，有助于及时防止各种错误思潮的侵蚀。在我国改革过程中，少数人大肆散布新自由主义，主张在我国实行“完全的私有制”，取消国家宏观调控，实行西方的市场经济，这股新自由主义思潮对我国改革的社会主义方向有很大的冲击性、干扰性。习近平总书记指出，我们的改革是有方向、有立场、有原则的，是在中国特色社会主义道路上不断前进的改革，而不是对社会主义制度改弦易张。在这个问题上头脑必须清醒，习近平总书记对此明确地强调：“问题的实质是改什么、不改什么，有些不能改的，再过多长时间也是不改。”③ 要增强政治定力，坚守政治原则底线，决不能在根本问题上出现颠覆性错误。加强意识形态建设能够增强我们的政治定力，坚守正确的政治方向。

第三，意识形态工作为经济建设提供强大精神动力。

目前，国内外形势发生深刻复杂变化，我国发展仍处于战略机遇期，前景

---

① 中共中央宣传部．习近平新时代中国特色社会主义思想学习纲要［M］．北京：学习出版社，人民出版社，2019：83.

② 中共中央宣传部．习近平新时代中国特色社会主义思想学习纲要［M］．北京：学习出版社，人民出版社，2019：83－84.

③ 中共中央宣传部．习近平总书记系列重要讲话读本［M］．北京：学习出版社，人民出版社，2016：73.

十分光明，挑战也十分严峻，这主要有：发展不平衡不充分的一些突出问题尚未解决，发展质量和效益不高，创新能力不够强，实体经济水平有待提高，生态环境保护任重道远，民生领域有不少短板，城乡区域发展和收入分配差距依然较大，群众在就业、医疗、教育、居住、养老等方面面临不少难题等。要克服前进道路上的这些困难、解决这些问题，既要靠我党和政府制定科学的政策，又需要发扬奋斗精神，社会主义意识形态是激励全党全国人民奋勇前进的强大精神力量。通过意识形态工作更好地构筑中国精神、中国价值、中国力量，为人民提供精神指引；通过“建设具有强大凝聚力和引领力的社会主义意识形态，使全体人民在理想信念、价值理念、道德观念上紧紧团结在一起。”① 通过培育和践行社会主义核心价值，凝聚全体人民共同的价值追求；通过加强思想道德建设，提高人民思想觉悟、道德水准、文明素养，引导人们树立正确的历史观、民族观、国家观、文化观。总之，加强意识形态工作能够为经济建设提供多方面的精神动力，这正是上层建筑对经济基础能动作用的具体表现。

在深刻阐述经济建设决定作用和意识形态工作能动作用的基础上，习近平总书记进一步指出，我们要深刻认识经济基础对上层建筑的决定作用，深刻认识上层建筑对经济基础的反作用，既要有硬实力，也要有软实力，既要切实做好中心工作，为意识形态工作提供坚实的物质基础，又要切实做好意识形态工作，为中心工作提供有力保障，既不能因为中心工作而忽视意识形态工作，也不能使意识形态工作游离于中心工作。这就为我们全面、科学把握经济建设与意识形态工作的关系提供了基本理论遵循，这不仅有助于深刻认识意识形态工作的重要性，而且还会防止意识形态工作出现偏差，避免在意识形态工作问题上犯“左”或右的错误。

二、我党从巩固政权的高度，强调意识形态工作事关党的前途命运

政治的核心问题是国家政权问题，任何阶级要实现自己的目的，都必须掌握对国家和社会的最高统治权，无论是剥削阶级占统治地位的国家，还是无产阶级掌权的社会主义国家，都是如此。国家政权关系到全部政治的根本问题，一个阶级要从根本上维护和实现自身利益，就必须掌握和巩固国家政权，对于统治阶级来说，失去了政权，就意味着失去一切，对于被统治阶级来讲，夺取了政权就意味着从根本上改变了自己的地位和命运。因此，任何一个阶级在夺

---

① 习近平．在中国共产党第十九次全国代表大会上的报告［N］．人民日报，2017－10－28.

取政权后，都要采取多种措施和手段维护自己政权，加强意识形态工作是巩固国家政权不可缺少的重要方面。社会主义国家要维护和巩固人民当家作主的国家政权，同样也要高度重视意识形态工作。

（一）一个阶级要夺取政权，首先就要做好意识形态方面的工作

马克思主义经典作家非常重视意识形态在社会制度变革中的重要作用，马克思指出："如果从观念上来考察，那么一定的意识形式的解体足以使整个时代覆亡。"① 这里的"意识形式"就包括多种形式的意识形态思想，如道德、哲学、法律、价值观、思想观念等。马克思的这一深刻论述，就阐明了意识形态变化在政权更迭过程中的重要作用。马克思特别注重在进行革命前做好意识形态工作的必要性，马克思在对德国旧政治制度进行批判的基础上指出，要改变德国的旧的政治制度，首先就要使人们在思想上认清德国旧制度的落后性，就要把德国人从受宗教的影响中解放出来，提出："现在的革命则从哲学家的头脑开始。"② 在此，马克思实际上就强调了，在变革旧的政治制度之前，首先就要先进行思想领域的革命的必要性，他还进一步指出："哲学把受僧侣精神影响的德国人转变为人，就是解放人民。"③ 这同样也是强调了在社会革命前解放人民思想的必要性，使人民摆脱旧思想的束缚，用新思想武装人民的头脑，进而为发动社会革命创造前提条件。马克思还特别强调了哲学对无产阶级革命的重要作用，他指出："哲学把无产阶级当作自己的物质武器，同样，无产阶级也把哲学当作自己的精神武器；思想的闪电一旦彻底击中这块朴素的人民园地，德国人就会解放成为人。"④ 我党历来重视意识形态在革命和夺取政权的重要性，毛泽东同志指出："革命文化，对于人民大众，是革命的有力武器，在革命前是革命的思想准备。"⑤ 这里的"革命文化"就是一种意识形态，阐明了意识形态在夺取政权的斗争中具有启发思想、鼓舞斗志、凝聚力量等方面的作用。他还明确地指出："凡是要推翻一个阶级，总要先做意识形态方面的工作。革命的阶级是这样，反革命的阶级也是这样。"⑥ 习近平总书记继承发展了马克思主义关于

---

① 马克思，恩格斯．马克思恩格斯全集：第46卷（下）［M］．北京：人民出版社，1980：35.

② 马克思，恩格斯．马克思恩格斯选集：第1卷［M］．北京：人民出版社，2012：10.

③ 马克思，恩格斯．马克思恩格斯选集：第1卷［M］．北京：人民出版社，2012：10.

④ 马克思，恩格斯．马克思恩格斯选集：第1卷［M］．北京：人民出版社，2012：16.

⑤ 毛泽东．毛泽东著作选读：下册［M］．北京：人民出版社，1986：399.

⑥ 中共中央文献研究室．建国以来毛泽东文稿：第10册［M］．北京：人民出版社，1996：194.

意识形态在革命斗争中重要作用的基本观点，特别重视在新的历史条件下意识形态在政权建设中的作用。

（二）意识形态工作与党的命运联系在一起

中国特色社会主义进入新阶段，习近平总书记站在巩固党和国家政权的战略高度，强调了意识形态工作的重要性。他指出，一个政权的瓦解往往是从思想领域开始的，政治动荡、政权更迭可能在一夜之间发生，但思想演化是个长期过程。思想防线被攻破了，其他防线就很难守住。习近平总书记还结合苏联解体的教训，深刻地讲："苏联为什么解体？苏共为什么垮台？一个重要原因就是意识形态领域的斗争十分激烈，全面否定苏联历史、苏共历史，否定列宁，否定斯大林，搞历史虚无主义，思想搞乱了。"①苏联共产党放松和削弱了意识形态工作，动摇了马克思主义指导地位，各种错误思潮泛滥，这是苏联解体的一个重要原因。新时代中国共产党对意识形态工作在巩固党和国家政权中的重要性有高度自觉、高度清醒的认识和把握，特别重视把意识形态工作的领导权、管理权、话语权牢牢掌握在手中，避免犯无可挽回的历史性错误。苏联共产党就犯了无可挽回的历史性错误，因为他们失去了国家政权，我们必须认真吸取苏联共产党深刻的历史教训。习近平总书记结合我国的思想实际，针对一些别有用心的人攻击我国的社会主义制度，习近平总书记对此进行了坚决的揭露和批驳，他指出："国内外敌对势力往往就是拿中国革命史、新中国历史来做文章，竭尽攻击、丑化、污蔑之能事，根本目的就是要搞乱人心，煽动推翻中国共产党的领导和我国社会主义制度。"② 习近平总书记关于意识形态工作的这些重要论述，明确地把能否做好意识形态工作与巩固国家政权紧密地联系在一起，与党的命运联系在一起。因此，共产党执政不仅需要有坚实的物质基础，而且还要有强大的精神基础，意识形态工作是共产党执政重要的精神基础，做好意识形态工作就能保持坚强的政治定力，形成强大的精神动力，是党长期执政的有力思想保证，因此，做好意识形态工作事关党的前途命运。

三、我党从维护政治安全的角度，强调做好意识形态工作事关国家长治久安

一个国家的长治久安是由多种因素决定的，如一个国家经济健康稳定地发

---

① 中共中央文献研究室．十八大以来重要文献选编：上［M］．北京：中央文献出版社，2014：113.

② 中共中央文献研究室．十八大以来重要文献选编：上［M］．北京：中央文献出版社，2014：113.

展，能够为国家政治稳定奠定坚实的物质基础，如果经济形势恶化、通货膨胀、民不聊生势必会影响政治稳定甚至政权稳定；又如，各种政治关系是否和谐，也会危及政治稳定，如果一个国家能够处理好民族关系、干群关系、不同阶层之间的关系、不同利益群体之间的关系，就能较好地维护政治稳定。在维护国家长治久安方面，意识形态工作发挥着十分重要的作用。

（一）意识形态普遍具有政治合法性作用

意识形态的政治维护功能实际上也是一种政治合法性功能，所谓政治合法性意味着某种政治秩序越来越被人认可的价值。合法性是以对某种政治共同体、某种政治权力结构和某种政治秩序的认同意识为基础，使它得到社会上大多数人的普遍承认、普遍支持、普遍尊重，而具有的一种合法性权威，这种合法性是保持社会政治稳定发展的不可缺少的思想心理基础。在现代社会，任何一个统治阶级都不会完全依靠暴力来维持其统治，而必须使公众对其统治的价值从心理上加以认同，使其具有一种受集体承认的权威性，进而使该政权的统治取得一种合法的资格。如果一个统治阶级的统治秩序、统治政策、统治制度被人们所认可，这种统治就具有了合法性，从而获得存在的理由，反之，就会出现合法性危机，严重的会丧失统治地位。意识形态具有强大的合法性功能，意识形态能够为特定的阶级统治进行论证，证明某种统治的合理性、必然性，使民众从内心认同甚至拥护这种统治。意识形态通过解释社会现实，提供评价事物的一致标准，提供思想文化导向，为人们提供行动方案和适度的行为模式促进政治认同。意识形态为人们通过一套认识社会现象的基本范式，使人们对现存政治秩序形成一种“理应如此”的认同感。不同性质的意识形态必定具有不同性质的政治合法性功能。主流意识形态作为上层建筑的重要组成部分，是一个社会占统治地位的思想，具有维护政治稳定、政治统治秩序的独特功能，历史和现实昭示我们，一个阶级或政党要维护自己的统治，必须构建一套与自己政治统治相适应的意识形态，这样才能把民众吸引在自己周围，形成广泛的执政基础。

（二）马克思主义意识形态对社会主义国家政权具有强大维护作用

马克思主义意识形态的政治维护功能就是通过论证无产阶级和劳动人民政权的合理性，使社会主义国家政权和共产党的领导获得广泛而深厚的政治认同，进而维护和加强社会主义国家政治统治。马克思主义意识形态通过论证我国走社会主义道路的必然性及社会主义制度的优越性，使我国社会主义制度具有充分的合法性，自觉认识到只有社会主义才能救中国；马克思主义意识形态是我们党重要的执政资源，我党通过对马克思主义意识形态的宣传教育，为政府执政的合法性提供强大的解释和宣传功能，使人民群众形成与党执政相适应的思想观念，进而引导广大人民群众对党的领导、国家政权认同；通过阐述社会主义国家生产关系与生产力、上层建筑与经济基础之间既相适应又存在矛盾的现实状况，使人们充分认识社会主义国家改革的必要性，为社会主义改革和发展提供科学依据；马克思主义意识形态还具有维护政治稳定功能，没有意识形态守护的国家不可能是一个完整的国家、一个稳定的社会。纵观当今世界，凡是陷入分裂或党派激烈冲突的国家大都是缺乏意识形态的认同，因此对于一个国家来说，为保持政治和社会稳定，必须具有一个为大多数社会成员认同的意识形态。意识形态具有稳定人心、统一行动的功能，敌对势力要搞乱一个社会，推翻一个政权，往往总是先从意识形态领域打开突破口，先从搞乱人们的思想下手。意识形态是国家稳定的政治思想保障，从某种意义上讲，意识形态危机比其他危机更易引发政治动荡，正如马克思所指出："如果从观念上来考察，那么一定的意识形式的解体足以使整个时代覆亡。"① 通过对马克思主义意识形态的宣传教育，有助于提高人们的思想觉悟，提高人们认识问题、分析问题的能力，进而正确认识一些社会问题，全面理解党和政府的政策，解除人们思想上存在的困惑、疑虑，消除不稳定因素。马克思主义意识形态借助于精神资源、先进文化、高尚的道德对每个社会成员的思想意识、精神世界进行整合，形成合力，使社会成员之间的关系保持良性互动，马克思主义意识形态能够正确处理好人民内部矛盾，协调好各种利益关系、政治关系和社会关系，避免人民内部关系的扭曲和变异，防止一些矛盾的激化，减少社会冲突和越轨行为，维护政治和社会稳定。政治稳定是维护政治统治的前提条件，没有稳定的政治环境，就不能有效地进行统治，甚至会危及政治统治，政治稳定的实质是统治秩序的稳定。从这个意义上讲，马克思主义意识形态对政治稳定的维护，实际上就是对我国政治统治的维护；马克思主义意识形态本身就是代表人民利益的，在马克思主义意识形态指导下制定的理论方针政策是为实现人民利益服务的。在马克思主义意识形态指导下，我国经济和社会发展取得了巨大成就，人民生活水平显著提高，改革发展的成果不断惠及人民群众，这就产生了强大的意识形态功能，这就使人民群众认识到共产党好、社会主义好、改革开放好、中国特色社会主义道路好，这就使我国的社会主义制度获得了广泛的政治认同。

---

① 马克思，恩格斯．马克思恩格斯全集：第46卷（下）［M］．北京：人民出版社，1980：35.

（三）新时代中国共产党非常重视意识形态在维护国家长治久安上的重要作用

习近平总书记在2013年8月全国宣传思想工作会议上提出，能否做好意识形态工作，事关国家长治久安的重要论断，此后，他从不同角度具体阐述了做好意识形态工作对维护政治和社会稳定的重要作用。在新闻舆论工作方面，习近平总书记指出："党的新闻舆论工作是党的一项重要工作，是治国理政、定国安邦的大事。"① 他还强调，党的新闻舆论工作，要体现党的意志、反映党的主张、维护党中央权威、维护党的团结。他要求引导广大新闻舆论工作者，牢牢坚持马克思主义新闻观，认清西方所谓"新闻自由"的本质，自觉抵制西方新闻观的影响，更要坚决防止别有用心的人，借助"新闻自由"搅乱民心、煽动社会动乱。要牢牢坚持正确舆论导向，维护社会和谐稳定，要牢牢坚持团结稳定鼓劲、正面宣传为主的基本方针。新闻舆论是意识形态的前沿阵地，强调新闻舆论在维护社会政治稳定中的作用，实际上也就是强调了意识形态在维护社会政治稳定上的作用。习近平总书记对宣传思想工作提出要求，"我们必须既积极主动阐释好中国道路、中国特色，又要有效维护我国政治安全和文化安全。"② 习近平总书记在谈到高校意识形态工作时指出："要坚持不懈促进高校和谐稳定，培育理性平和的健康心态，加强人文关怀和心理疏导，把高校建设成为安定团结的模范之地。"③ 在谈到互联网工作时，习近平总书记进一步强调："要压实互联网企业的主体责任，决不能让互联网成为传播有害信息、造谣生事的平台。"④ 他还进一步指出："没有网络安全就没有国家安全，就没有经济社会稳定运行，广大人民群众利益也难以得到保障。"⑤ 因此，要树立正确的网络安全观，加强信息基础设施网络安全防护，加强安全信息统筹机制、手段、平台建设，加强网络安全事件应急指挥能力建设，积极发展网络安全产业，做到关口前移，防患于未然。

可见，习近平总书记不仅从战略层面提出了做好意识形态工作对维护国家长治久安的作用，而且还从各个领域具体阐述了意识形态对维护国家安全稳定的重要作用。意识形态有不同的表现形式，每种意识形态形式在维护国家稳定

---

① 习近平．在党的新闻舆论工作座谈会上的讲话［N］．人民日报，2016－02－20.
② 习近平．举旗帜聚民心育新人兴文化展形象　更好地完成新形势下宣传思想工作使命任务［N］．人民日报，2018－08－23.
③ 习近平．把思想政治工作贯穿于教育教学全过程［N］．人民日报，2016－12－09.
④ 习近平．自主创新推进网络强国建设［N］．人民日报，2018－04－22.
⑤ 习近平．自主创新推进网络强国建设［N］．人民日报，2018－04－22.

中所发挥的具体作用是不同的，具体分析多种意识形态形式的作用，实际上就把意识形态在维护国家政治和社会稳定中的作用更加细化、深化、现实化。

四、我党从增强政治团结的高度，提出做好意识形态工作事关民族凝聚力和向心力

意识形态作为一定阶级和政治团体的思想体系有强大的政治凝聚力，这种凝聚力就是让阶级或政治组织成员在思想上、政治上、价值观念上达成共识，进而把本阶级、本政治团体成员紧密地团结起来，形成强大、统一的政治力量，保障本阶级、本政治团体政治目标的实现。

（一）意识形态具有强大的政治凝聚功能

意识形态的凝聚功能主要是指意识形态具有的聚合、整合及感召力量。意识形态是社会的“黏合剂”，在特定的社会群体中，由于人们的利益、思想观念有较大差异性，这就难免产生分散力、离心力，为实现一定阶级、民族、国家及政治团体的长远利益和根本利益，就有必要用特定的意识形态把不同社会成员的思想统一起来，进而保证国家及一定阶级所提出的目标、任务的实现。任何阶级和政党的意识形态都具有凝聚功能，马克思主义意识形态作为一种科学的理论体系，是人民的理论、科学的理论、实践的理论、开放发展的理论，科学揭示了人类社会发展规律，马克思主义具有强大的真理感召力，这种理论特性，就决定了马克思主义不仅具有科学的指导功能，也具有强大的政治凝聚功能。我党历来十分重视意识形态的政治凝聚功能，毛泽东强调全党要有“共同语言”，全国要有“统一意志”，邓小平特别强调理想信念，江泽民强调“同心同德”，胡锦涛十分重视“精神支柱”等，这都是对意识形态政治凝聚功能的不同阐述。意识形态的凝聚功能具有鲜明的指向性，在不同时期，由于人们的思想状况不同，意识形态政治凝聚功能所面对的问题也不尽相同。在看到我国社会主义建设和改革取得巨大成就的同时，还必须清醒地看到，我们的工作还存在许多不足，也面临不少困难和挑战，这些现实问题对意识形态凝聚力不可避免地会产生直接或间接的销蚀性。中国特色社会主义进入新时代，要实现“两个一百年”奋斗目标，实现中华民族伟大复兴的中国梦，我们需要凝神聚气、凝魂聚力，充分发挥意识形态的政治凝聚功能。

（二）新时代中国共产党对意识形态政治凝聚功能提出了新的理论观点

党的十九大报告中，习近平总书记明确提出：“建设具有强大凝聚力和引领力的社会主义意识形态，使全体人民在理想信念、价值理念、道德观念上紧紧

团结在一起。”① 习近平总书记还进一步指出：“意识形态工作是党的一项极端重要的工作，是为国家立心、为民族立魂的工作。”② 意识形态工作本质上做的是政治工作，民心是最大的政治，要把凝聚民心作为意识形态工作的出发点和落脚点，坚持以人民为中心的工作导向，为党的中心工作服务，为维护最广大人民根本利益服务，通过建设具有强大凝聚力和引领力的社会主义意识形态，使全体人民在理想信念、价值理念、道德观念上紧紧团结在一起。这些都是意识形态政治凝聚功能的基本要求。

新时代中国共产党十分重视意识形态的政治凝聚功能，特别重视社会主义核心价值观的凝聚功能。对此，习近平总书记指出，用社会主义核心价值观凝聚人心。社会主义核心价值观是一个民族赖以维系的精神纽带，是一个国家共同的思想道德基础。如果没有共同的核心价值观，一个民族、一个国家就会魂无定所、行无依归，因此，必须把培养社会主义核心价值观作为凝魂聚气、强基固本的基础工程。培育和践行社会主义核心价值，要着力培养能够担当民族复兴大任的时代新人，社会主义核心价值观建设，说到底是人的思想建设、灵魂建设，聚焦的是造就具有正确世界观、人生观、价值观的社会主义建设者。核心价值观是文化软实力的灵魂、文化软实力建设的重点。这是决定文化性质和方向的最深层次要素，一个国家的文化软实力，从根本上说，取决于核心价值观的生命力、凝聚力、感召力。培育和弘扬核心价值观，有效整合社会意识，是社会系统得以正常运转、社会秩序有效维护的重要途径。社会主义核心价值观的整合作用，也是一种凝聚作用，思想领域的整合在一定程度上就是把不同的思想观念聚合起来，形成统一意志。社会主义核心价值观是社会主义意识形态的本质体现，强调社会主义核心价值观的凝聚作用，实际上也就是具体阐述了意识形态的凝聚功能。

新时代中国共产党也十分重视理想信念的凝聚功能。理想是人类特有的精神现象，是人们对未来的憧憬、向往和追求，是一个人世界观和政治立场在奋斗目标上的集中体现。信念是人们对理想能够实现的确信无疑的认识，表现在行动上，就是对理想的矢志不移地追求。理想的形成受人生信念、道德信念、政治信念等的制约。理想的形成和发展，对信念的进一步坚定起着重要作用。

---

① 人民出版社．中国共产党第十九次全国代表大会文件汇编［M］．北京：人民出版社，2017：33.

② 中共中央宣传部．习近平新时代中国特色社会主义学习纲要［M］．北京：学习出版社，人民出版社，2019：140.

理想和信念在人的精神生活中共同作用，就会激励斗志，催人奋进；理想和信念在社会生活中共同作用，就能凝聚人心，团结人民。习近平总书记非常重视理想信念的凝聚功能，他指出："对马克思主义的信仰，对社会主义和共产主义的信念，是共产党人的政治灵魂，是共产党人经受住任何考验的精神支柱。"① 2015 年，在十八届中央政治局第二十六次集体学习时习近平又指出："我们共产党人的根本，就是对马克思主义的信仰，对共产主义和社会主义的信念，对党和人民的忠诚。"习近平总书记特别强调，理想信念动摇是最危险的动摇，理想信念滑坡是最危险的滑坡。一个政党的衰落，往往从理想信念的丧失或缺失开始。在新的历史条件下，我们党面临的"四大考验""四种危险"越来越突出、越来越严峻，理想信念是解决这些问题的总开关，理想信念动摇、丧失或缺失，会给执政党带来"无可挽回的历史性错误"。理想信念是中国共产党人安身立命的根本，必须筑牢理想信念的根基。历史和现实都告诉我们，党之所以有强大的力量，就是由于有坚定的理想信念，理想信念是人们向往、追求的奋斗目标，崇高的理想信念是一种强大的精神力量。理想信念关乎党员干部的精神追求。理想信念是共产党人的政治灵魂，是共产党人经受任何考验的精神支柱。习近平总书记讲，理想信念是共产党人精神上的"钙"，"理想信念坚定，骨头就硬，没有理想信念，或理想信念不坚定，精神上就会'缺钙'，就会得'软骨病'。"② 无论时代如何变迁，社会如何发展，作为党员干部，必须始终坚定理想信念，绝不能有丝毫放松和动摇。理想信念可以将民众团结起来，增强民族凝聚力。尤其在全球化背景下，国家和民族的生存、发展更需要理想信念和道德价值的支撑。一个国家、一个民族要同心同德地迈向前进，必须有理想信念作为支撑。习近平总书记指出，人民有信仰，民族有希望，国家有力量。我们要广泛开展理想信念教育，把全党全国人民团结在中国特色社会主义伟大旗帜之下。中国特色社会主义进入新时代，我们必须用中国特色社会主义共同理想统一思想、凝聚人心。历史和现实证明，一个国家和民族如果没有共同理想，也就失去了民魂国魂，就失去了凝聚力和生命力，在实现中华民族伟大复兴中国梦的过程中，在当前人们思想多样、多元、多变的情况下，更加需要全社会共同的价值追求，更加需要用共同理想信念引导、凝聚全体社会成员向共同的

---

① 中共中央宣传部．习近平总书记系列重要讲话读本［M］．北京：学习出版社，人民出版社，2016：107.

② 中共中央宣传部．习近平总书记系列重要讲话读本［M］．北京：学习出版社，人民出版社，2016：106.

目标前进。中国特色社会主义共同理想，体现了中国社会发展规律和广大人民的根本利益，集中代表了我国人民的愿望，这个共同理想把国家、民族和个人紧紧地联系在一起，能够最大限度地统一社会意志，凝聚社会共识，集中社会智慧，为实现中华民族伟大复兴中国梦提供强大思想动力。

五、我党从保证政治发展的战略角度，提出意识形态关乎旗帜、关乎道路、关乎国家政治安全

意识形态对一个政党、一个国家、一个民族的生存发展至关重要。党的十八大以来，以习近平同志为核心的党中央高度重视意识形态工作，就意识形态领域的方向性、根本性、全局性问题做出一系列重要论述和重大部署，进一步明确了意识形态工作的地位作用、目标任务、基本要求和主体责任，为建设社会主义意识形态提供了科学指引。

意识形态关乎旗帜。旗帜问题也属于意识形态，党的十九大把习近平新时代中国特色社会主义思想确立为我党必须长期坚持的指导思想，这是党的十九大最重大的历史贡献，是我党坚持高举中国特色社会主义伟大旗帜最重要的昭示，反映了全党共同意志和全社会共同意愿，对于我们决胜建成小康社会，夺取新时代中国特色社会主义伟大胜利，实现中华民族伟大复兴的中国梦，具有现实意义和深远历史意义。党和国家指导思想在我国社会主义意识形态建设中占据统摄地位，我们必须高举马克思主义、中国特色社会主义伟大旗帜，加强意识形态建设对于我们高举马克思主义、中国特色社会主义伟大旗帜具有直接的现实意义。旗帜问题关系到国家政治发展方向和目标，习近平总书记指出，马克思主义、毛泽东思想一定不能丢，丢了就会丧失根本，这个根本就是党和国家政权，就是人民的根本利益。

意识形态关乎道路。中国特色社会主义道路，就是坚持以经济建设为中心，坚持四项基本原则，坚持改革开放，协调推进全面建成小康社会、全面深化改革、全面依法治国、全面从严治党“四个全面”战略布局，统筹推进经济、政治、文化、社会、生态文明“五位一体”总体布局，不断解放和发展生产力，逐步实现全体人民共同富裕，促进人的全面发展。中国特色社会主义道路是实现现代化、创造人民美好生活必由之路，是实现中华民族伟大复兴的必由之路。当代中国的历史性变革和历史性成就，都无可争辩地证明，中国特色社会主义道路具有无比宽广的舞台，具有无比深厚的历史底蕴，具有无比强大的前进定力，要屹立于世界民族之林，全面实现中华民族伟大复兴，就必须坚持中国特色社会主义道路。我们要坚定不移地沿着中国特色社会主义道路前进，就需要

有科学的理论指导，有政治上的坚定性，既不能走封闭僵化的老路，也不能走改旗易帜的邪路。加强意识形态建设对保证中国特色社会主义道路具有重大意义，如果意识形态出了问题，在道路上就会迷失方向，甚至会背离中国特色社会主义道路。苏联东欧国家发生剧变，背离了社会主义道路，其中重要的原因就是在意识形态领域出了问题，这些国家放弃了马克思主义在意识形态领域的指导地位，没有很好地坚守社会主义意识形态阵地。

意识形态关乎政治安全。习近平总书记在十九届中央国家安全委员会第一次会议上强调，必须坚持人民安全、政治安全、国家利益至上的有机统一，人民安全是国家安全的宗旨，政治安全是国家安全的根本，国家利益至上是国家安全的准则，实现人民安居乐业、党的长期执政、国家长治久安。习近平总书记关于政治安全的系列重要论述，深刻阐明了维护国家政治安全的极端重要性，明确提出了中国特色社会主义进入新时代维护国家安全的新要求，具有鲜明的时代性、强烈的针对性、科学的指导性，是做好维护国家政治安全工作的根本遵循。政治安全是指国家主权、政权、政治制度、政治秩序以及意识形态等方面免受威胁、侵犯、颠覆、破坏的客观状态。在当代中国，维护国家政治安全集中表现为对外保持中华人民共和国的主权独立、领土完整，对内坚持中国共产党的领导、人民民主专政、社会主义政治制度和社会政治秩序稳定、马克思主义意识形态的主导地位。维护政治安全最核心的是政权安全和制度安全。政权是指掌握国家主权的政治组织及其所掌握的政治权力，以维护对社会的统治和管理。当代中国国家政权体现为中国共产党在国家政治生活中的组织领导和执政地位。政治制度是国家权力的性质、组织、分配、运作等方面的规范法度。中国共产党在中华人民共和国的领导地位和社会主义政治制度的确立是中国社会发展的历史选择和人民的选择，中国的历史发展和现实国情决定了必须坚持中国共产党的领导，坚持社会主义制度，这是维护国家政治安全的核心。维护政治安全最现实的是维护国家政治秩序稳定和主流意识形态巩固。国家政治秩序是保证国家政权运行和政治活动开展的社会基础，维护国家政治秩序就是确保国家政权正常运转、政治制度不受干扰破坏，保持基本的安全状态，为政权运转和政治制度稳固提供安定有序的社会环境。维护我国政治秩序稳定就必须始终坚持中国共产党在各项工作中的领导地位，始终坚持马克思主义在意识形态领域的主导地位，坚持人民民主专政，坚持社会主义道路，为中国共产党执政活动和社会主义政治制度依法落实创造和谐有序、安全稳定的社会环境。维护国家政治秩序稳定应以人民群众的支持和拥护为根本，如果失去了群众基础，国家政治秩序稳定就会受到严重危害，进而影响到国家政治安全。维护国家政治安全是实现“两个一百年”奋斗目标的战略举措。“两个一百年”奋斗目标，是中国共产党对当前和今后一段时间内实现中华民族伟大复兴的战略部署。维护国家政治安全，就是要为实现“两个一百年”奋斗目标创造良好的内外部环境，特别是创造和谐稳定的国内政治环境，保障我国经济社会健康有序发展，同时为应对外部安全挑战提供坚强有力支撑。

党的十八大以来，习近平总书记多次在重要讲话、重要批示中强调要坚决维护国家政治安全，增强总体国家安全观。根据新的形势和任务，设立了中央国家安全委员会，实现了对国家安全工作的集中统一领导。中国共产党执政地位的巩固，直接关系到国家政治安全。当前，我们党面临的执政环境相对复杂，影响党的先进性、弱化党的纯洁性的因素不少。这要求我们必须积极面对“四大考验”“四种危险”，牢固树立习近平总书记新时代中国特色社会主义思想的指导地位，切实加强党的自身建设，全面增强党的执政能力。要坚持全面从严治党，严肃党内政治生活，加强党风廉政建设，坚决铲除党内腐败，坚持无禁区、全覆盖、零容忍，坚持重遏制、强高压、长震慑。要坚持中国共产党对国家安全工作的绝对领导，坚持集中统一、高效权威的国家安全工作领导体制，确保国家安全工作正确的政治方向。要旗帜鲜明地开展意识形态领域的斗争，始终坚持马克思主义在意识形态领域的主导地位，以意识形态安全保证政治安全。

六、我党从重视社会主义核心价值观强基固本作用的视角，阐明了意识形态建设的重要性

核心价值观是一个民族赖以维系的精神纽带，是一个国家共同的思想道德基础。社会主义核心价值观具有鲜明的政治属性，对国家政治发展具有强基固本、凝魂聚气的重要作用，社会主义核心价值观是当代中国精神的集中体现，凝结着全体人民共同的价值追求。任何一个社会都存在多种多样的价值观和价值取向，要把全社会意志和力量凝聚起来，必须有一套与经济基础和政治制度相适应并能形成广泛社会共识的核心价值观。核心价值观在一个社会的文化中是决定文化性质和方向的最深层的要素，是一个国家的重要稳定器。习近平总书记指出：“人类社会发展的历史表明，对一个民族、一个国家来说，最持久、最深层的力量是全社会共同认可的核心价值观。核心价值观，承载着一个民族、一个国家的精神追求，体现着一个社会评判是非曲直的价值标准。”① 每个时代

① 习近平．习近平谈治国理政［M］．北京：外文出版社，2014：168.

都有每个时代的精神，每个时代都有每个时代的价值观。当代中国我们倡导富强、民主、文明、和谐、自由、平等、公正、法治、爱国、敬业、诚信、友善的社会主义核心价值观，社会主义核心价值观是社会主义意识形态的本质表现，新时代中国共产党非常重视社会主义核心价值观的作用，实际上就是重视意识形态的作用。

（一）有助于夯实中国特色社会主义思想道德基础

一个国家的发展需要经济、科技等硬实力支撑，也需要思想文化、道德等软实力方面的指引和支撑，社会主义核心价值观属于道德层面，是国家软实力的重要组成部分。核心价值观是一个民族赖以维系的精神纽带，是一个国家共同的思想道德基础，如果没有共同的价值观，一个民族、一个国家就会魂无定所，核心价值观关系社会和谐稳定、关系国家长治久安。一个国家的道德对社会进步、国家发展具有显著的支撑作用，每个时代都有每个时代的精神，每个时代都有每个时代的价值观。我国历史上早就深刻认识到了道德对维系国家的重要性，国有四维，礼义廉耻，“四维不张，国乃灭亡。”这是我国先人对价值观重要性的认识。中国特色社会主义进入新时代，意味着我国迎来了从站起来、富起来到强起来的伟大飞跃，迎来了实现中华民族伟大复兴的光明前景，这就更需要社会主义核心价值观的支撑和推动作用。关于社会主义核心价值观对社会主义制度的支撑作用，习近平总书记讲：“一个民族、一个人能不能把握自己，很大程度上取决于道德价值。如果我们的人民不能坚持在我国大地上形成和发展起来的道德价值，而不加区分、盲目地成为西方道德价值的应声虫，那就真正要提出我们的国家和民族会不会失去自己的精神独立性的问题了。如果没有自己的精神独立性，那政治、思想、文化、制度等方面的独立性就会釜底抽薪。”① 他还进一步强调：“核心价值观，其实就是一种德，既是个人的德，也是一种大德，就是国家的德、社会的德。国无德不兴，人无德不立。如果一个民族、一个国家没有共同的核心价值观，莫衷一是，行无依归，那这个民族、这个国家就无法前进。”② 在此，习近平总书记从国家大德的高度，深刻阐明了社会主义核心价值观在国家发展中的推动和支撑作用，没有共同的价值，国家不可能发展、兴旺，培育和践行社会主义核心价值观，既是一个关系到提高全民素质的问题，也是一个国家发展前途的问题，这就具有了意识形态功能。因

① 中共中央文献研究室．习近平关于全面深化改革论述摘编［M］．北京：中央文献出版社，2014：88.

② 习近平．习近平谈治国理政［M］．北京：外文出版社，2014：168.

此，既要从伦理角度理解社会主义核心价值观的作用，更要从意识形态高度理解社会主义核心价值观的政治作用。社会主义核心价值观集中体现了当代中国精神、凝结着全体人民共同的价值追求，人民有信仰，国家有力量，民族有希望。培育和践行社会主义核心价值观对国家兴旺发展是一项强基固本的基础工程，通过广泛开展社会主义核心价值观教育，不断夯实中国特色社会主义的思想道德基础，能更好地构筑中国精神、中国价值、中国力量，为人民提供精神和道德指引。

（二）为中国特色社会主义建设提供强大精神动力

“我们要在全社会牢固树立社会主义核心价值观，全体人民一起努力，通过持之以恒的奋斗，把我们的国家建设得更加富强、更加民主、更加文明、更加和谐、更加美丽。”① 建设富强、民主、文明、和谐、美丽的社会主义现代化强国，实现中华民族伟大复兴，是中华民族的最高利益和根本利益。在实现这一目标的过程中，充满了各种风险和挑战。党的十九大报告指出，我们党要团结带领人民有效应对重大挑战、抵御重大风险、克服重大阻力、解决重大矛盾，必须进行具有许多新的特点的伟大斗争。在进行伟大斗争过程中，我们要坚决反对一切削弱、歪曲、否定党的领导和我国社会主义制度的言行，坚决反对一切损害人民利益、脱离群众的行为，坚决破除一切顽固瘴痼疾，坚决反对一切分裂祖国、破坏民族团结和社会和谐稳定的行为，坚决战胜一切在政治、经济、文化、社会等领域和自然界出现的困难和挑战。我国改革发展任务艰巨繁重，也面临着一系列重大风险挑战，要取得伟大斗争的胜利，战胜各种艰难险阻，我们就要发扬斗争精神，培育越是艰难越向前的奋斗精神。这些斗争精神、奋斗精神不是自发形成的，需要经过严格的思想淬炼、政治历练、实践锻炼。社会主义核心价值观是激励全党和全国各族人民团结奋进的强大精神力量。广大干部群众在社会主义核心价值观引导下，树立正确的世界观、人生观、价值观，坚定对马克思主义的信仰，坚定对中国特色社会主义的信念，将自己的言行自觉融入建设社会主义强国、实现中华民族伟大复兴的奋斗之中。习近平总书记指出：“用社会主义核心价值观凝魂聚力，更好构筑中国精神、中国价值、中国力量，为中国特色社会主义事业提供源源不断的精神动力和道德滋养。”②

（三）为提高国家治理能力现代化提供有力价值支撑

党的十九届四中提出，发展社会主义先进文化、广泛凝聚人民的精神力量，

① 习近平．习近平谈治国理政［M］．北京：外文出版社，2014：169.

② 中共中央宣传部．习近平总书记系列重要讲话读本［M］．北京：学习出版社，人民出版，2016：190.

是国家治理体系和治理能力现代化的深厚支撑。社会主义核心价值观是社会主义先进文化的本质体现，在我国推进国家治理体系和治理能力现代化进程中，社会主义核心价值观是一种巨大的精神、信仰力量，培育和弘扬社会主义核心价值观对于增进社会成员对制度的认同、确保制度有效运行，具有重要作用。因此，培育和践行社会主义核心价值观也是与国家治理能力联系在一起的，习近平总书记强调，培育和弘扬核心价值观，有效整合社会意识，是社会系统得以正常运转、社会秩序得以有效维护的重要途径，也是国家治理体系和治理能力的重要方面。在一定意义上讲，现在国家治理能力的重要方面就是培育和巩固社会成员对国家的政治认同和对核心价值观的信仰，通过核心价值观实现思想意识整合，强化国家治理能力。构建能够发挥统摄、引领和整合作用的核心价值观，凝聚起社会成员广泛的价值共识和共同的价值追求，可以大大减少国家治理成本，提高国家治理效能。一些国家之所以治理效能低下甚至发生巨大的社会混乱和政治动荡，其中一个重要原因就是这些国家的思想文化分崩离析，社会成员缺乏共同的价值信仰，缺少一种居于主导地位的思想文化和价值观念来引导和整合社会成员的思想意识，进而转化为对国家的忠诚和认同，使社会趋向融合团结。为有效提高国家治理能力，就要求我们必须在全社会大力培育和弘扬社会主义核心价值观，增强国家治理体系的深层文化结构，提高整合社会思想文化和价值观念的能力，不断筑牢全党全国人民团结奋斗的思想基础，凝聚起应对重大挑战、抵御重大风险、克服重大阻力、解决重大矛盾的强大力量。

七、我党从加强高校意识形态工作角度，提出了意识形态建设的重要性

我国高校意识形态工作肩负着立德树人，研究宣传马克思主义，培养社会主义合格的建设者和接班人的重要任务，牢牢掌握高校意识形态工作领导权、话语权是一项战略工程、固本工程、铸魂工程。高校意识形态工作的地位和职责，就决定了加强高校意识形态建设具有特别重要的意义。

（一）加强高校意识形态建设有助于保证高校坚持正确的政治方向

大学不是独立于社会之外的，任何一个国家的大学不仅与本国的国情相适应，具有本国特色，而且还与本国的政治制度相符合，有形无形受本国政治制度的制约和影响，为本国政府提供决策参考，为本国政治需要提供人才。大学推崇学术性、独立性，但与大学的政治性并不是对立的、冲突的。西方国家的高校都开设《公民》《社会道德》《法律》等方面的课程，这些课程实际上就是

在灌输统治阶级的意识形态，因此，西方国家的高校都是讲意识形态。

习近平总书记指出，我们办的大学是社会主义大学。这实际上就明确我国高校的政治属性。我国是人民当家作主的社会主义国家，我国的高校必须坚持正确的办学方向，贯彻党和国家的方针政策，坚持党对高校工作的领导，这是我国高校沿着正确方向发展的根本政治保障。2018 年 5 月 2 日习近平总书记在北京大学师生座谈会上讲，高校马克思主义学院就是要坚持“马院姓马，在马言马 ”的鲜明导向和办学原则，为巩固马克思主义在意识形态领域的指导地位，推动马克思主义进校园、进课堂、进学生头脑发挥应有作用。在这里虽然直接说的马克思主义学院，实际上也对整个高校坚持正确的政治方向提出了要求。在我国《高等学校教师职业道德规范》第一条明确规定：作为高校教师要“爱国守法，热爱祖国，热爱人民，拥护中国共产党领导，拥护中国特色社会主义制度，遵守宪法和法律法规，贯彻党和国家教育方针，依法履行教师职责，维护社会稳定和校园和谐，不得有损害国家利益和不利于学生健康成长的言行”。这些规范都具有鲜明的意识形态属性，实际是对高校教师的一种政治规范，以保证主流意识形态在高校教师中得以维护和坚持。因此，加强高校意识形态建设就是保障主流意识形态在高校的主导地位、领导地位，就是在高校意识形态阵地巩固和加强马克思主义的指导地位。

（二）加强高校意识形态建设有助于实现立德树人的根本任务

习近平总书记指出：“育新人，就是要坚持立德树人、以文化人，建设社会主义精神文明、培育和践行社会主义核心价值观，提高人民思想觉悟、道德水准、文明素养、培养能够担当民族复兴大任的时代新人。”① 我国高校教育的根本任务是立德树人，这里的“德”根本上讲就是社会主义道德和共产主义道德，这种“德”不仅仅是个人思想品德，更是指国家的“大德”，是一种政治品德。具体地讲，这种“德”要求高校师生明大德、守公德、严私德，既要立足高远，又要立足平实。“要立志报效祖国、服务人民，这是大德，养大德者方可成大业。同时，还得从做好小事、管好小节开始起步。”② 高校师生特别是大学生要踏踏实实修好公德、私德，学会劳动、学会勤俭，学会感恩、学会助人，学会谦让、学会宽容，学会自省、学会自律。道德是意识形态的重要组成部分，在高校意识形态工作中，其中一项重要任务，就是要加强高校师生的思想品德建

① 习近平．在全国宣传思想工作会议上的讲话［N］．人民日报，2018－08－21.

② 中共中央文献研究室．十八大以来重要文献选编：中［M］．北京：中央文献出版社，2016：7.

设，树立正确的世界观、人生观、价值观，加强爱国主义、集体主义、社会主义教育，引导大学生自觉遵守爱国守法、明礼诚信、团结友善、勤俭自强、敬业奉献的基本道德规范。在2018年8月21日召开的全国宣传思想工作会议上，习近平总书记指出："宣传思想工作是做人的工作的，要把培养担当民族复兴大任的时代新人作为重要职责。重中之重是要以坚定的理想信念筑牢精神之基，坚定对马克思主义的信仰，对社会主义和共产主义的信念，对中国特色社会主义道路、理论、制度、文化的自信。"①

立德树人不只是单纯的道德问题，而是与政治思想联系在一起，在实现立德树人过程中，不仅要开展道德教育和实践活动，还要开展政治思想教育活动，把道德培育与政治思想教育融合在一起。因此，高校师生的道德建设是与高校意识形态工作不可分的，特别是高校师生的"大德"建设方面，既是道德问题，也是政治问题，属于意识形态的基本内容，爱国主义、社会主义、为人民服务等这些"大德"，显然与国家主流意识形态是一致的。要牢牢掌握高校意识形态工作领导权、话语权，为立德树人提供基本的思想引领和有利的政治思想环境，保障高校立德树人任务的顺利实现。

（三）加强高校意识形态建设有助于抵制各种错误思潮的侵蚀

高校是各种敌对势力争夺的重要阵地，各种社会思潮通过各种途径和手段传播自己的思想观点，把高校师生作为传播的重要对象，与主流意识形态争夺青年一代。高校是意识形态的前沿阵地，青年师生是敌对势力对我国进行渗透分化的重点人群。近年来，一些国家把中国的发展壮大看作是对其制度模式和价值观的挑战，加紧对我国渗透分化，方法手段更加隐蔽多样，高校宣传思想阵地的管理难度进一步加大。近年来，对高校影响较大的社会思潮主要有新自由主义、民主社会主义、历史虚无主义、普世价值论、宪政民主论、后现代主义、实用主义及各种形式的享乐主义、拜金主义、极端个人主义等。这些社会思潮在不同方面腐蚀高校师生的思想和价值观，如民主社会主义宣扬的政治多元化、思想多元化等，对高校师生的政治思想有较大影响，个别人动摇了马克思主义信仰，信奉指导思想多元化，认为马克思主义只是多元思想中的一元，思想认识模糊。新自由主义宣扬的私有化、个人化、完全市场化等观点，在高校师生中也有不少赞同者，特别是高校经济理论专业的师生，受新自由主义影响更明显，有的人信奉市场是万能的，否认市场经济的缺陷和负面影响，形成"市场崇拜论"，甚至极个别人推崇私有制，他们认为，中国的改革就应当实行

① 习近平．在全国宣传思想工作会议上的讲话［N］．人民日报，2018－08－21.

私有化，深化改革就要扩大私有化成分。历史虚无主义否定革命、矮化领袖、抹黑英雄等，对高校师生的价值观、历史观产生了恶劣影响，个别人历史观混乱。普世价值论宣扬的自由、平等等价值观，被一些高校师生认同，个别人认为社会主义核心价值观就是一种普世价值。后现代主义标榜的消解中心、自以为是、远离政治、娱乐主义等，对大学生艰苦奋斗精神有很大腐蚀性。

尽管每种社会思潮对高校师生思想状况的影响程度不同、角度不同，但有一点是共同的，那就是损害马克思主义在高校意识形态领域的指导地位，冲击主流意识形态。习近平总书记指出，建设具有强大凝聚力和引领力的社会主义意识形态，要旗帜鲜明坚持真理，立场坚定批驳谬误。加强高校意识形态建设对于巩固马克思主义在高校意识形态领域的指导地位，有效批驳和抵制各种错误思潮对高校师生的侵蚀具有更为现实的意义。因为掌握高校意识形态工作领导权、话语权就意味着用主流意识形态占领高校意识形态阵地，最大限度地压缩错误思潮的传播空间，减弱错误思潮对高校师生的影响，并通过分析、批驳错误思潮，使广大师生认清这些错误思潮的实质，科学分辨这些错误思潮在理论上的荒谬性和实践上的危害性，进而自觉做到抵制错误思潮。

（四）加强高校意识形态建设事关党对高校的领导

新时代中国共产党特别重视对校的领导，习近平总书记指出："我们的高校是党领导下的高校，是中国特色社会主义高校。"① 他还进一步指出："办好我国高等教育，必须坚持党的领导，牢牢掌握党对高校工作的领导权，使高校成为坚持党的领导的坚强阵地。"② 加强高校意识形态建设对于实现党对高校的领导具有现实作用。

高校是意识形态生产和交汇的重要阵地，在全社会有很强的引领、示范和辐射作用，只有加强高校意识形态建设，才能进一步增强党在高知群体中的凝聚力、号召力，进一步扩大党在知识群体中的影响力，赢得青年，赢得未来；意识形态工作是理论性、政治性都很强的工作，通过加强高校意识形态建设，使高校各级党组织和领导班子切实负起政治责任和领导责任，不断提高工作的能力和水平，更好地坚持社会主义办学方向，把高校建设成为学习研究宣传马克思主义的阵地、培育和弘扬社会主义核心价值观的阵地，进而使高校党委保证高校正确办学方向，掌握高校思想政治工作主导权，保证高校始终成为培养社会主义事业建设者和接班人的坚强阵地；只有加强高校意识形态建设，高校

---

① 习近平．把思想政治工作贯穿教育教学全过程［N］．人民日报，2016－12－09.
② 习近平．把思想政治工作贯穿教育教学全过程［N］．人民日报，2016－12－09.

党委才能自觉研究意识形态领域的热点问题、增强政治敏锐性和政治鉴别力，筑牢思想防线，有效抵制、批判各种错误思潮，帮助师生划清是非界限，澄清模糊认识，不为错误言论和观点所迷惑；加强高校意识形态建设，能够更好地保证高校各级领导班子自觉研究意识形态领域的新形势、新趋向，及时发现倾向性、苗头性问题，做好意识形态事件的应对工作，采取更为有效的措施做好意识形态工作，增强主动性、掌握主动权、打好主动仗，保障党的教育方针得到有效贯彻执行；加强高校意识形态建设，使高校党委能够有效做好高校意识形态阵地的管理，占领意识形态阵地，主要是对形势报告会、哲学社会科学报告会、研讨会、讲座、论坛等意识形态阵地的管理，不给错误思潮提供传播机会；加强高校意识形态建设，有助于高校党委增强对全局问题、复杂问题的驾驭能力。当前意识形态领域斗争尖锐复杂，各类错误思想观点竞相扩大自身影响，若不能掌握意识形态工作领导权、话语权，就难以抵挡各种错误思潮侵蚀，要在复杂多变的意识形态斗争中站稳脚跟，保持高度的警觉和清醒的头脑。

第四章

新时代中国共产党提出的意识形态建设的主要内容

新时代中国共产党在坚持马克思主义意识形态理论的前提下，结合我国实际情况，立足于中国特色社会主义进入新时代的新要求，针对我国意识形态领域面临的新问题，提出了我国社会主义意识形态建设多方面的内容。主要涉及理想信念培育、道德建设、培育和践行社会主义核心价值观、马克思主义指导地位、中国梦、爱国主义、政党政治文化、革命精神等多个方面。

马克思主义经典作家关于意识形态内容的论述主要涉及道德、宗教、哲学、法律、国家等主要方面。马克思、恩格斯在《德意志意识形态》中，在阐述意识形态对现实生活的依赖性时，分析认为："道德、宗教、形而上学和其他意识形态，以及与它们相适应的意识形式便不在保留独立性的外观了。"① 在这里马克思、恩格斯阐明了意识形态的主要内容包括道德、宗教、哲学等，并指明了这些意识形态都要依赖于客观世界，不是绝对孤立、独立地存在的。马克思、恩格斯还提道："所谓占统治地位的形而上学观念、政治观念、法律观念、道德观念以及其他观念也被归入宗教观念或神学观念的领域；还在于：政治意识、法律意识、道德意识被宣布为宗教意识或神学意识。"② 马克思、恩格斯在《共产党宣言》中讲："从宗教的、哲学的和一切意识形态的观点对共产主义提出的种种责难，就不值得详细讨论了。"③ 马克思论述，随着经济基础的变更，全部庞大的上层建筑也会慢慢地发生变革，这些变革也会影响到意识形态各个领域，"那些法律的、政治的、宗教的、艺术的或哲学的，简言之，意识形态的形式。"④ 由此可见，在马克思、恩格斯关于意识形态的有关论述中，在涉及意识形态的内容时主要就是包括道德、法律、宗教、哲学、政治意识等。

意识形态的内容是对现实情况的反映，意识形态的内容来自现实，当现实

---

① 马克思，恩格斯．马克思恩格斯选集：第1卷［M］．北京：人民出版社，2012：152.
② 马克思，恩格斯．马克思恩格斯选集：第1卷［M］．北京：人民出版社，2012：144.
③ 马克思，恩格斯．马克思恩格斯选集：第1卷［M］．北京：人民出版社，2012：419.
④ 马克思，恩格斯．马克思恩格斯选集：第2卷［M］．北京：人民出版社，2012：3.

发生变化后，意识形态的具体内容也会发生变化，可以说，不同时代意识形态的具体内容是不同的。意识形态是一定阶级的思想体系和价值观念，是为实现一定阶级利益服务的，具有鲜明的阶级性。不同阶级在不同时代有不同的利益要求、面临不同的目标任务，这就要求有与之相适应的意识形态内容和形式。马克思主义经典作家关于意识形态基本内容的论述，为今天具体地研究认识意识形态内容提供了基本理论指导和遵循，这是我们认识和研究意识形态内容的科学理论依据。马克思主义是指南，不是教条，马克思主义基本原理要随着时代和现实情况的变化，不断地完善、变革，意识形态的基本内容没有改变，但意识形态基本内容的表现形式却在不断地变化，并且随着实际情况的变化，还会增添新的内容。不同时期有不同时期的话语体系，话语体系是现实政治、经济、社会、文化生活的反映。为适应时代发展的需要，面对目前我国意识形态建设面临的新问题、新情况，我党提出了意识形态建设多方面的内容。

一、我党进一步强调了坚持发展马克思主义有关问题，完善、强化了我国意识形态建设的理论基础

马克思、恩格斯讲：“统治阶级的思想在每一时代都是占统治地位的思想。这就是说，一个阶级是社会上占统治地位的物质力量，同时也是社会上占统治地位的精神力量。”① 我国是人民当家作主的社会主义国家，生产资料公有制占主导地位，我国社会主义国家性质就决定了在我国意识形态领域必须坚持马克思主义的指导地。中国共产党是中国工人阶级的先锋队，同时也是中国人民和中华民族的先锋队，是中国特色社会主义事业的领导核心。党章明确党规，中国共产党以马克思列宁主义、毛泽东思想、邓小平理论、“三个代表”重要思想、科学发展观、习近平新时代中国特色社会主义思想作为自己的行动指南。正是由我国的社会性质和中国共产党的阶级性质所决定，我党和我国在指导思想上，必须坚持马克思主义的指导地位。马克思主义是占我国主导地位、指导地位的意识形态，中国特色社会主义进入新时代，习近平总书记对坚持马克思主义问题进行了全面的论述，这些论述是习近平总书记关于意识形态建设内容的核心部分。

（一）我党对马克思主义的基本特性进行了全面阐述

习近平总书记认为，马克思主义尽管诞生在一个半世纪之前，但历史和现实都证明了马克思主义的科学性和强大生命力。马克思主义深刻揭示了自然界、

① 马克思，恩格斯．马克思恩格斯选集：第1卷［M］．北京：人民出版社，2012：178.

人类社会、人类思维发展的普遍规律，为人类社会发展指明了方向。马克思主义坚持实现人民解放、维护人民利益的立场，以实现人的自由而全面的发展和全人类解放为己任，马克思主义揭示了事物的本质、内在联系及发展规律，是人们认识世界、分析问题的有力思想武器。在人类发展史上，还没有一种理论像马克思主义那样对人类文明进步产生如此广泛而巨大的影响。

马克思主义作为无产阶级认识世界、改造世界的强大思想武器，具有自身强大优势和显著特征。习近平总书记从历史发展进程的高度对马克思主义的贡献、地位进行了全面阐述，更为具体地阐明了马克思主义的特性。

"马克思主义是科学的理论，创造性地揭示了人类社会发展规律。"① 习近平总书记从与空想社会主义的比较中，得出结论，在马克思提出科学社会主义之前，空想社会主义者，他们只是同情无产阶级，但看不到无产阶级的历史地位和作用，空想社会主义只是提出一些美好的想象，没有找对实现美好社会的依靠力量，也没有找到实现美好社会的途径。马克思创立了唯物史观和剩余价值学说，充分认识到了无产阶级的历史使命，揭示了资本主义社会运行的特殊规律，为人民指明了实现自由和解放的道路，创立了科学社会主义，实现了社会主义从空想到科学的飞跃。

"马克思主义是人民的理论，第一次创立了人民实现自身解放的思想体系。"② 习近平总书记认为，马克思主义博大精深，归根到底一句话，为人类求解放。在马克思主义产生之前，社会上占统治地位的思想和理论是多种多样的，但这些理论都不是为劳动人民服务的，资本主义国家占统治地位的思想和理论不是为无产阶级服务的，都是为剥削阶级服务的，马克思主义具有鲜明的阶级性，马克思主义第一次站在人民的立场上，探寻人民解放的道路。马克思主义之所以具有跨越国界、跨越时代的影响力，就是因为它植根于人民之中。马克思主义理论的这种人民属性是其他任何一种理论所无法比拟的。

"马克思主义是实践的理论，指引着人民改造世界的行动。"③ 马克思讲："哲学家们只是用不同的方式解释世界，问题在于改变世界。"马克思主义具有深刻的实践性，这是马克思主义区别于其他理论的显著特征，马克思主义是在人民群众的生动实践中创造的，马克思主义来自人民群众，是在无产阶级反对资产阶级的斗争实践中创立的，马克思主义产生后对无产阶级革命实践具有科

① 习近平．在纪念马克思诞辰200周年大会上的讲话［N］．人民日报，2018－05－08.
② 习近平．在纪念马克思诞辰200周年大会上的讲话［N］．人民日报，2018－05－08.
③ 习近平．在纪念马克思诞辰200周年大会上的讲话［N］．人民日报，2018－05－08.

学指导作用，为人民认识世界、改造世界提供了强大的思想武器。

“马克思主义是不断发展的开放的理论，始终站在时代前沿。”① 马克思主义是行动指南，不是教条，马克思主义要随着时代发展而不断发展，马克思主义之所以保持强大的生机与活力，就在它不断创新，不断吸收新的营养，不断探索时代发展提出的新课题，回应人类社会面临的新挑战。

正是由于马克思主义有这些基本特性，因此，无论时代如何变迁、科学如何进步，马克思主义依然显示出科学思想的伟力，依然占据着真理和道义的制高点。习近平总书记对马克思主义特性的多方面论述，体现了习近平总书记对马克思主义理论全面深刻的理解和把握，体现了对马克思主义理论的高度自觉与自信，这些重要论述为新时代坚定马克思主义自信，奠定了坚实的基础。

（二）我党对坚持马克思主义的必要性进行了充分论述

习近平总书记认为，没有先进理论的指导，没有先进理论武装起来的共产党的领导，中国人民就无法打败压在自己头上的各种反动派，中华民族就无法改变被压迫、被奴役的命运，我们的国家就无法团结统一在社会主义道路上走上繁荣富强。指导思想是一个党的精神旗帜。习近平总书记明确地讲：“中国共产党之所以能够完成近代以来各种政治力量不可能完成的艰巨任务，就在于始终把马克思主义这一科学理论作为自己的行动指南，并坚持在实践中不断丰富和发展马克思主义。”② 习近平总书记还进一步指出，马克思主义在中国的发展，为中国共产党和中国人民各项事业的进步发展，提供了一脉相承又与时俱进的科学理论指导，为增进全党全国人民团结统一，提供了坚实思想基础。马克思主义是我们立党立国的根本指导思想，背离或放弃这一思想，我们党就会失去灵魂，迷失方向。在坚持马克思主义指导这一根本问题上，我们必须坚定不移，任何时候、任何情况下都不能有丝毫动摇。习近平总书记对坚持马克思主义具有高度的自信和坚定，他指出“马克思列宁主义、毛泽东思想一定不能丢，丢了就丧失根本。”③ 习近平总书记在党的十九大报告中，进一步指出，新时代中国特色社会主义思想，是对马克思列宁主义、毛泽东思想、邓小平理论、“三个代表”重要思想、科学发展观的继承和发展，是马克思主义中国化的最新成果，是党和人民实践经验和集体智慧的结晶，是中国特色社会主义理论体系

---

① 习近平．在纪念马克思诞辰200周年大会上的讲话［N］．人民日报，2018－05－08.

② 习近平．在庆祝中国共产党成立95周年大会上的讲话［N］．人民日报，2016－07－02.

③ 中共中央文献研究室．十八大以来重要文献选编：上［M］．北京：中央文献出版社，2014：75.

的重要组成部分，是全党全国人民为实现中华民族伟大复兴而奋斗的行动指南，必须长期坚持，并不断发展。

（三）我党对如何坚持发展马克思主义问题进行了全面阐述

立足目前中国实际坚持发展马克思主义。习近平总书记指出，坚持和发展中国特色社会主义，全面深化改革，有效应对前进道路上可以预见或难以预见的各种困难与风险，都会提出新的课题，迫切需要我们从理论上做出新的科学回答。为发展马克思主义，我们要及时总结党领导人民创造的新鲜经验，不断开辟中国特色社会主义新境界。习近平总书记特别指出，在坚持马克思主义指导地位的前提下，我们一定要以我国改革开放和现代化建设的实际问题、以我们正在做的事情为中心，着眼于马克思主义理论的运用，着眼于对现实问题的思考，着眼于新的实践和新的发展。

在不断创新中坚持发展马克思主义。习近平总书记指出，要不断推进马克思主义在实践基础上的理论创新，实践发展无止境，解放思想永无止境，“我们坚持理论联系实际，及时回答时代之问、人民之问，廓清困扰和束缚实践发展的思想迷雾，不断推进马克思主义中国化、时代化、大众化，不断开辟马克思主义发展新境界。”① 在对待马克思主义问题上，要坚持解放思想和实事求是有机统一，习近平总书记指出，发展21世纪马克思主义、当代马克思主义，是当代中国共产党人责无旁贷的历史责任。我们要强化问题意识、时代意识、战略意识，用深邃的历史眼光、宽广的国际视野把握事物发展的本质和内在联系，紧密跟踪亿万人民的创造性实践，借鉴吸收人类一切优秀文明成果，不断回答时代和实践给我们提出的新的重大课题，让当代马克思主义放射出更加灿烂的真理光芒。

在推进马克思主义中国化进程中坚持发展马克思主义。习近平总书记认为，马克思主义传入中国，走过了一个逐步中国化的过程，在中国革命、建设、改革各个历史时期，我们党坚持马克思主义基本原理同中国具体实际相结合，运用马克思主义立场、观点和方法，研究解决各种重大理论和实践问题，不断推进马克思主义中国化，产生了毛泽东思想、邓小平理论、“三个代表”重要思想、科学发展观、新时代中国特色社会主义思想等重大理论成果。马克思主义中国化取得了重大成果，但还远未结束，我们要不断地推进马克思主义中国化，继续发展21世纪马克思主义、当代中国马克思主义。只有不断地把马克思主义与中国具体实际相结合，才能更好地发展马克思主义，使马克思主义永远植根

① 习近平．在庆祝改革开放40周年大会上的讲话［J］．求是，2018（24）：11.

中国大地，保持旺盛的生机与活力。

在坚持问题导向中坚持发展马克思主义。习近平总书记认为，坚持问题导向是马克思主义鲜明的特点。问题是创新的起点，也是创新的动力源。只有聆听时代的声音，回应时代的呼唤，认真研究解决重大紧迫的问题，才能真正把握历史脉络、找到历史发展规律，推动理论创新。坚持以马克思主义为指导，必须落到研究我党执政面临的重大理论和实践问题上来，落到解决问题的正确思路和办法上来。通过深入研究现实问题、具体问题，既看局部又看全局，在全面分析的基础上，认识事物发展规律和趋势，进而不断丰富和发展马克思主义理论。

在如何对待马克思主义的问题上，不能采取教条主义的态度，也不能采取实用主义的态度。习近平总书记讲："坚持马克思主义，最重要的就是坚持马克思主义的科学原理和科学精神、创新精神，善于根据客观情况的变化，不断从人民群众实践中吸取营养，不断丰富和发展理论，使理论更好指导我们的工作。"① 习近平总书记认为，如果不顾历史条件和现实情况的变化，拘泥于马克思主义经典作家在特定历史条件下，针对具体情况做出的某些个别论断和具体行动纲领，就会因为思想脱离实际而不能顺利前进。什么都用马克思主义经典作家的语录来说话，马克思主义经典作家没有说过的就不能说，找一大堆语录，什么事都说成是马克思、恩格斯当年说过了，用这些语录裁剪活生生的实践，这不是马克思主义的态度。在对待马克思主义的问题上，不能抓住马克思主义经典作家在特定场合讲的观点不放，而是要根据新的实践不断进行新的探索，使我们党的理论不断向前发展，不断为实践提供新的理论指导，保证我们党始终走在时代前列。习近平总书记认为，马克思主义基本原理是普遍真理，具有永恒的思想价值，但马克思主义经典作家没有穷尽真理，而是为不断寻求真理和发展真理开辟道路。

二、我党更加重视理想信念教育问题，丰富了马克思主义意识形态建设理论

我党历来非常重视理想信念教育问题，强调加强理想信念教育是革命建设改革取得成就的重要精神条件。理想信念教育是意识形态建设的重要内容，因为这直接关系到国家及民族的精神动力和精神面貌，理想信念教育对构筑中国精神、中国价值、中国力量具有重要作用。习近平总书记讲，信仰、信念、信

---

① 中共中央文献研究室．十八大以来重要文献选编：下［M］．北京：中央文献出版社，2018：389.

心，任何时候都至关重要。小到一个人、一个集体，大到一个政党、一个民族、一个国家，只要有信仰、信念、信心，就会愈挫愈奋、愈挫愈勇，否则就会不战自败、不打自垮。“无论过去、现在还是将来，对马克思主义的信仰，对中国特色社会主义的信念，对实现中华民族伟大复兴中国梦的信心，都是指引和支撑中国人民站起来、富起来、强起来的强大精神力量。”① 中国特色社会主义进入新时代，中国共产党更加重视对党员、干部、青少年及广大人民群众加强理想信念教育。

（一）非常重视对党员、干部的理想信念教育

习近平总书记从共产党的阶级属性及奋斗历程方面，深刻阐明了理想信念对党的重要性。习近平总书记认为，共产党之所以叫共产党，就是因为从成立之日起，我们党就把共产主义确立为远大理想。中国共产党党章开宗明义就讲，中国共产党是中国工人阶级的先锋队，同时也是中国人民和中华民族的先锋队，是中国特色社会主义事业的领导核心，代表中国先进生产力的发展要求，代表中国先进文化的前进方向，代表中国最广大人民的根本利益。党的最高理想和最终目标是实现共产主义。党的十九大报告指出，革命理想高于天。共产主义远大理想和中国特色社会主义共同理想，是中国共产党人的精神支柱和政治灵魂，也是保持党的团结统一的思想基础。他进一步强调，要把坚定理想信念作为党的思想建设的首要任务，教育指引全党牢记党的宗旨，挺起共产党人的精神脊梁，解决好世界观、人生观、价值观这个“总开关”问题。习近平总书记要求每个共产党员都要自觉做共产主义远大理想和中国特色社会主义共同理想的坚定信念者和忠实实践者。习近平总书记指出：“坚定理想信念，坚守共产党人精神追求，始终是共产党人安身立命的根本。对马克思主义的信仰，对社会主义和共产主义的信念，是共产党人的政治灵魂，是共产党人经受住任何考验的精神支柱。”② 有了坚定的理想信念，站位就高了，眼界就宽了，心胸就开阔了，就能坚持正确的政治方向，在胜利和顺境时不骄傲、不急躁，在困难和逆境时不消沉、不动摇，经受住各种风险和困难考验，自觉抵制各种腐朽思想的侵蚀，永葆共产党人政治本色。习近平总书记指出：“在革命、建设、改革各个历史时期，有无数共产党员为了党和人民事业英勇牺牲了，支撑他们的就是

① 习近平. 在庆祝改革开放40周年大会上的讲话［J］. 求是，2018（24）：11.

② 中共中央文献研究室. 十八大以来重要文献选编：上［M］. 北京：中央文献出版社，2014：80.

‘革命理想高于天’的精神力量。”①

坚定的信仰始终是共产党干部站稳政治立场，抵御各种诱惑的决定性因素。我们党是否坚强有力，既要看全党在理想信念上是否坚定不移，更要看每一位党员在理想信念上是否坚定不移。共产主义信仰是共产党的命脉和灵魂，远大的理想信念对共产党人有巨大的激励和鞭策作用。自我党成立以来，共产主义远大理想激励了一代又一代共产党人英勇奋斗，成千上万的烈士为了这个理想献出了宝贵生命。大批共产党人为了追求民族独立和人民解放，不惜流血牺牲，靠的就是一种信仰，为的就是一种理想。我们党之所以经受一次又一次挫折，而又一次次奋起，归根到底是因为我们党有远大理想和崇高追求。正是我们党有坚定的理想信念，才战胜了各种艰难险阻，领导人民夺取了一个又一个的胜利。崇高的理想信念始终是我们党的强大精神支柱，只要我们不动摇信仰，我们就能无往而不胜。

习近平总书记还从马克思主义理论的高度阐述了共产党人的理想信念问题。他指出，马克思主义奠定了共产党人坚定理想信念的基础。我们要全面掌握辩证唯物主义和历史唯物主义的世界观和方法论，深刻认识实现共产主义是由一个一个阶段性目标逐步达成的历史过程，把共产主义远大理想同中国特色社会主义共同理想统一起来，同我们正在做的事情统一起来，坚定中国特色社会主义道路自信、理论自信、制度自信、文化自信，坚守共产党人的理想信念。习近平总书记明确提出：“我们要把共产主义远大理想同中国特色社会主义共同理想统一起来，同我们正在做的事情统一起来，坚定道路自信、理论自信、制度自信、文化自信，不为任何风险所惧，不为任何干扰所惑，始终坚守共产党人的理想信念，不负共产党人的光荣称号。”② 习近平总书记指出，辩证唯物主义虽然强调世界的统一性在于它的物质性，但并不否认意识对物质的反作用，而是认为这种反作用有时是十分巨大的。我们党始终把思想建设放在第一位，强调理想信念是共产党人精神上的“钙’”，强调“革命理想高于天”，就是精神变物质、物质变精神的辩证法。习近平总书记特别强调，广大党员、干部理想信念坚定、干事创业精气神足，人民群众精神振奋、发愤图强，就可以创造很多人间奇迹。如果党员、干部理想信念动摇、宗旨淡化，人民群众精神萎靡、贪图安逸，那往往可以干成的事情也干不成，因此，必须毫不放松地加强理想信念教育。

---

① 习近平．习近平谈治国理政［M］．北京：外文出版社，2014：414.

② 习近平．深刻感悟和把握马克思主义真理的力量［N］．人民日报，2018－04－24.

习近平总书记特别对领导干部提出：“理想信念是事业和人生的灯塔，决定我们的方向和立场，也决定我们的言论和行动。”① 习近平总书记还从一些干部的违法违纪的教训中，论述了干部要加强理想信念教育的必要性。他讲，这些年来，我们查处了那么多领导干部，他们违纪违法，最后坠入犯罪的深渊，从根本上来说是理想信念的防线崩溃了。领导干部一旦丧失了理想信念，就会把握不住自己，就会迷失方向，不仅会越过做党员的底线，而且也会越过做人的底线。正是由于理想信念对领导干部如此重要，因此，习近平总书记进一步要求中央委员会的每一位同志都要把坚定理想信念作为人生的头等大事，自觉为全党做出示范和表率。领导干部要有坚定的理想信念，不能只停留在口头上，理想信念不是拿来说的，更不是用来装点门面的，必须做到知行合一，言行一致，把理想信念落实到实际行动上，广大领导干部要用自己的实际行动坚持和发展中国特色社会主义，为实现共产主义远大理想不懈奋斗。

习近平总书记讲：“理想信念坚定，是好干部第一位的标准。”② 习近平总书记指出，如果理想信念不坚定，不相信马克思主义，不相信中国特色社会主义，政治上不合格、经不起风浪，这样的干部能耐再大也不是我们党需要的好干部，只有理想信念坚定，用坚定理想信念练就了“金刚不败之身”，干部才能在大是大非面前旗帜鲜明，在风浪考验面前无所畏惧，在各种诱惑面前立场坚定，在关键时刻靠得住、信得过、能放心。

习近平总书记还论述了理想信念动摇的危害性，他指出：“理想信念动摇是最危险的动摇，理想信念滑坡是最危险的滑坡。一个政党的衰落，往往从理想信念的丧失或缺失开始。”③ 习近平总书记形象地比喻，理想信念是共产党人精神上的“钙”，没有理想信念或者理想信念不坚定，精神上就会“缺钙”，就会得“软骨病”，就可能导致政治上变质，经济上贪婪，道德上堕落，生活上腐化，现实生活中，一些党员、干部出现这样或那样的问题，说到底是信仰迷茫、精神迷失。

习近平总书记还从多方面指明了党员干部在理想信念方面存在的一些主要问题。他指出，应当肯定，我们大多数干部理想信念是坚定的，政治上是可靠的。同时，在我们的干部队伍中，也有的对共产主义心存怀疑，认为那是虚无

---

① 习近平．在党的十九届一中全会上的讲话［J］．求是，2018（1）：3－8.

② 习近平．习近平谈治国理政［M］．北京：外文出版社，2014：413.

③ 习近平．在庆祝中国共产党成立95周年大会上的讲话［N］．人民日报，2016－07－02.

缥缈、难以企及的幻想；有的是非观念淡薄、原则性不强、正义感退化、浑浑噩噩过日子；有的甚至向往西方社会制度和价值观念，对社会主义前途命运丧失信心；有的在涉及党的领导和中国特色社会主义道路等原则问题上的政治挑衅面前态度暧昧、消极躲避、不敢亮剑，甚至故意模糊立场等。习近平总书记还指出，在我们的党员干部中，信仰缺失是一个需要引起高度重视的问题，在一些人那里，有的以批评和讽刺马克思主义为"时尚"，有的精神空虚，有的信仰动摇，有的信仰金钱至上、名利至上、享乐至上，心里没有任何敬畏，行为没有任何底线。因此，我们必须把理想信念教育作为党的思想建设的战略任务，保持全党在理想信念的政治定力。

（二）我党高度重视对青少年的理想信念教育

在对党员干部强调理想信念教育的同时，我党也非常重视对全国人民进行理想信念教育，党的十九大报告提出，人民有信仰，国家有力量，民族有希望，提出要广泛开展理想信念教育，深化中国特色社会主义和中国梦宣传教育。我党更加重视对青少年进行理想信念教育，党的十九大报告中特别指出："青年兴则国家兴，青年强则国家强。青年一代有理想、有本领、有担当，国家就有前途，民族就有希望。中国梦是历史的、现实的，也是未来的；是我们这一代的，更是青年一代的。"① 习近平总书记要求广大青少年要坚定理想信念，志存高远，脚踏实地，勇做时代弄潮儿，在实现中国梦的生动实践中放飞青春梦想，在为人民利益的不懈奋斗中书写人生华章。正因为对青少年寄予厚望，因此，习近平总书记特别注重青少年的培养和教育，注重青少年的成长，强调为保证青少年健康成长，就必须加强理想信念教育。习近平总书记在同北京大学师生座谈时讲："在实现中国梦过程中，广大青年既是追梦者，也是圆梦人。追梦需要激情和理想，圆梦需要奋斗和奉献，广大青年应该在奋斗中释放青春激情、追逐青春理想，以青春之我、奋斗之我，为民族复兴铺路架桥，为祖国建设增砖添瓦。"② 在这次座谈会上，习近平总书记对青年提出了几点希望，其中一点就是希望青年要有理想，要立志，立鸿鹄之志，他要求广大青年要培养奋斗精神，做到理想坚定，信念执着，不怕困难，勇于开拓，顽强拼搏，永不气馁。习近平总书记进一步要求青年学生要为实现中华民族伟大复兴的中国梦而奋斗，每个青年都应该珍惜这个时代，做新时代的奋斗者。在纪念五四运动100周年的大会上，习近平总书记对当代中国青年提出六点要求，其中一点就是，要树

① 习近平．习近平谈治国理政：第3卷［M］．北京：外文出版社，2020：54.

② 习近平．在北京大学师生座谈会上的讲话［N］．人民日报，2018－05－08.

立远大理想，树立对马克思主义的信仰，对中国特色社会主义的信念，对中华民族伟大复兴中国梦的信心，到新时代新天地中去，让青春在创新创造中闪光。

习近平总书记从培养肩负起民族复兴大任时代新人的战略高度，阐述了青少年树立远大理想的重要性。在谈到对广大青年的教育时，他讲到，重中之重是要以坚定的理想信念筑牢精神之基，坚定对马克思主义的信仰，对社会主义和共产主义的信念，对中国特色社会主义道路、理论、制度、文化的自信。在谈到对学生进行思想教育时，他强调："要在坚定理想信念上下功夫，教育引导学生树立共产主义远大理想和中国特色社会主义共同理想，增强学生的中国特色社会主义道路自信、理论自信、制度自信、文化自信，立志肩负起民族复兴的时代重任。"① 习近平总书记还从辩证思维的角度，深刻阐明了引导学生要树立远大理想的问题，他指出："要教育引导学生正确认识世界和中国发展大势，从我们党探索中国特色社会主义历史发展和伟大实践中，认识和把握人类社会发展的历史必然性，认识和把握中国特色社会主义的历史必然性，不断树立为共产主义远大理想和中国特色社会主义共同理想而奋斗的信念和信心。"②

习近平总书记希望广大青年要把个人理想与国家民族发展前途联系在一起，既有远大理想，又要脚踏实地，他强调指出，广大青年要正确认识自己的历史责任和历史使命，用中国梦激荡青春梦，激励学生自觉把个人的理想追求融入国家和民族的事业中，他要求广大青年要正确认识远大理想与脚踏实地的关系，把远大理想抱负落实到实际行动中。习近平总书记给北京大学学生回信时指出，只有把人生理想融入国家和民族的事业中，才能最终成就一番事业。希望你们珍惜韶华、奋发有为，勇做走在时代前面的奋进者、开拓者、奉献者，努力使自己成为祖国建设的有用之才、栋梁之材，为实现中国梦奉献智慧和力量。习近平总书记指出，实现中华民族伟大复兴的中国梦，全面建成小康社会需要广大青年不懈地奋斗。他指出，实现全面建成小康社会奋斗目标，实现社会主义现代化，实现中华民族伟大复兴需要一批又一批德才兼备的有为人才为之奋斗。今天，我们比历史上任何时候都更接近实现中华民族伟大复兴光辉目标。祖国的青年一代有理想、有追求、有担当，实现中华民族伟大复兴就有源源不断的青春力量。希望你们扎根中国大地了解国情民意，在创新创业中增长智慧才干，在艰苦奋斗中锤炼意志品质，在亿万人民为实现中国梦而进行的伟大奋斗中实

---

① 习近平．坚持中国特色社会主义教育发展道路，培养德智体美劳全面发展的社会主义建设者和接班人［N］．人民日报，2018－09－11.

② 习近平．把思想政治工作贯穿教育教学全过程［N］．人民日报，2016－12－09.

现人生价值，用青春书写无愧于时代、无愧于历史的华彩篇章。

总之，新时代中国共产党关于理想信念的重要论述内涵丰富、思想深刻，这些内容具有鲜明的政治指导作用，体现了新时代我党的基本主张和要求，是我国意识形态建设内容的重要组成部分。我国意识形态建设是一项总体性建设，其中理想信念教育是不可缺少的重要组成部分，意识形态建设的成效在很大程度上体现在全党和全国人民树立起坚定的理想信念。只有理想信念坚定，国家和民族才有凝聚力，才能为全面建成小康社会，为建成社会主义现代化强国提供强大的精神动力。

三、我党注重在全社会培育和践行社会主义核心价值观，为我国意识形态建设注入时代内容

社会主义核心价值观是社会主义意识形态的本质体现，富强、民主、文明、和谐、自由、平等、公正、法治、爱国、敬业、诚信、友善的社会主义核心价值观是我党对马克思主义意识形态理论的丰富和发展。社会主义核心价值观在国家、社会、个人层面明确了基本价值规范，社会主义核心价值观的提出使我们在价值观层面对社会主义意识形态的认识更加具体、更有现实性。在各个领域培育和践行社会主义核心价值观，是社会主义意识形态建设的重要途径。

（一）我党特别重视在青少年中培育和践行社会主义核心价值观

青少年是祖国的未来、民族的希望，也是我们党的未来和希望，全党、全社会都要关注青少年、关心青少年，关爱青少年。青少年正处于成长时期，在这一过程中，不仅要掌握丰富的知识，增长学识、才干，而且还要高尚的品德、积极健康的思想，这样才能使青少年健康成长，因此习近平总书记特别重视在青少年中大力培育和践行社会主义核心价值观。习近平总书记对青少年提出殷切希望，他指出："同学们都要自觉加强道德养成，从小就让社会主义核心价值观的种子在心中生根发芽，把国家、人民、民族装在心中，注重养成健康、乐观、向上的品格。"① 习近平总书记特意对青少年提出要求，要锤炼品德行为，自觉树立和践行社会主义核心价值观，明大德、守公德、严私德，追求更有高度、更有境界、更有品位的人生。教师在培育学生社会主义核心价值过程中具有不可替代的作用，是学生成长的领路人，为此，习近平总书记对广大教师提出要求，"教育引导学生培育和践行社会主义核心价值观，踏踏实实修好品德，

① 习近平．把我国基础教育越办越好［N］．人民日报，2016-09-10.

成为有大爱大德大情怀的人。”① 学校广大师生在培育和践行社会主义核心价值观方面都面临共同的要求，无论是教师还是学生都要自觉培育和践行社会主义核心价值观，习近平总书记还指出：“要坚持不懈培育和弘扬社会主义核心价值观，引导广大师生做社会主义核心价值观的坚定信仰者、积极传播者、模范践行者。”②

习近平总书记还对学校培育和践行社会主义核心价值的途径及方式提出了具体要求，他指出广大教师要用好课堂讲坛、用好校园阵地，用自己的行动倡导社会主义核心价值观，用自己的学识、阅历、经验点燃学生对真善美的向往，使社会主义核心价值观润物细无声地浸润学生的心田，转化为日常行为，增强学生的价值判断力、价值选择力、价值塑造力，引领学生健康成长。在青少年培育和践行社会主义核心价值观的方式上，不同年龄段采取的方式是不同的，习近平总书记讲，少年儿童如何培育和践行社会主义核心价值观呢？应该同成年人不一样，要适应少年儿童的年龄和特点。他认为，主要是要做到记住要求、心有榜样、从小做起，接受帮助。记住要求，就是要把社会主义核心价值观的基本内容熟记熟背，让它们融化在心灵里、铭刻在脑子里。只要牢记在心，随着年龄、知识、阅历不断增长，会明白得更多、更深、更透，在成长过程中、要结合学生和生活实践，不断想想记住的这些要求，不断加深理解；心有榜样，就是要学习英雄人物、先进人物、美好事物，在学习中养成好的思想品德追求；从小做起，就是从少年儿童自己做起、从身边做起、从小事做起，一点一滴积累，养成好思想、好品德。习近平总书记对青少年讲，每个人的生活都是由一件件小事组成的，养小德，才能积大德。少年儿童不可能像大人那样为社会做很多事，但可以从小做起；接受帮助，就是要听得进意见，受到了批评，在知错就改、越改越好的氛围中健康成长。少年儿童正在处在形成世界观、人生观、价值观的过程中，需要得到帮助，要养成严格遵守纪律，虚心接受批评的习惯。

习近平总书记指出，让社会主义核心价值观在少年儿童中培育起来，家庭、学校、少先队组织和全社会都有责任。家庭是孩子的第一个课堂，父母是孩子的第一个老师。家长要时时处处给孩子做榜样，用正确行动、正确思想、正确方法教育引导孩子。要善于从点滴小事中教会孩子欣赏真善美、远离假恶丑。学校要把德育教育放在更加重要的位置，全面加强校风、师德建设，坚持教书

---

① 习近平．坚持中国特色社会主义教育发展道路，培养德智体美劳全面发展的社会主义建设者接班人［N］．人民日报，2018－09－11.

② 习近平．在北京大学师生座谈会上的讲话［N］．人民日报，2018－05－08.

育人，根据少年儿童特点和成长规律，循循善诱，春风化雨，努力做到每一堂课不仅传播知识，而且传授美德，每一次活动不仅健康身心，而且陶冶情操，让学生们得到倾心关爱和真诚帮助，让社会主义核心价值观的种子在学生心中生根发芽。习近平总书记进一步强调，社会上都要了解少年儿童，尊重少年儿童、关心少年儿童、服务少年儿童，为少年儿童成长提供良好的社会环境。

习近平总书记还语重心长地对大学生讲，社会主义核心价值观的养成绝非一日之功，要坚持由易到难，由近及远，努力把核心价值观的要求变成日常行为准则，进而形成自觉奉行的信念理念。可见，习近平总书记不仅高度重视在学生中培育和践行社会主义核心价值观，以保障青少年健康成长，而且，还具体论述了学校在培育和践行社会主义核心价值观的一些基本方式，这充分说明，习近平总书记非常重视这一问题，对学校培育和践行社会主义核心价值观问题进行了深入的思考。

（二）我党创造性地提出在加强民族团结的过程中培育和践行社会主义核心价值观

国家统一、民族团结是我们的事业取得胜利的重要保证。党的十九大中指出，全面贯彻党的民族政策，深化民族团结进步教育，筑牢中华民族共同体意识，加强各民族交往交流交融，促使各民族像石榴籽一样紧紧抱在一起，共同团结奋斗、共同繁荣发展。一部中国历史，就是一部各民族交融汇聚成多元一体中华民族的历史，就是各民族共同缔造、发展、巩固统一的伟大祖国的历史，我们辽阔的疆域是各民族共同开拓的，我们悠久的历史是各民族共同书写的，我们灿烂的文化是各民族共同创造的，我们伟大的精神是各民族共同培育的。习近平总书记强调，中国特色社会主义进入新时代，中华民族迎来了近代以来最好的发展时期，同时也面临复杂的国内外形势，我们更要团结一致、凝聚力量。实践证明，只有中国共产党才能实现中华民族的大团结，只有中国特色社会主义才能凝聚各民族、发展各民族、繁荣各民族。要做好民族团结进步工作，就要把各族干部群众的思想和行动统一到党中央决策部署上来，不断增强各民族对伟大祖国、中华民族、中华文化、中国共产党、中国特色社会主义的认同。

为加强民族团结，促进各民族共同发展进步繁荣，在各民族中培育和践行社会主义核心价值观尤为必要。2018 年 3 月 6 日，在第十三届全国人民代表大会二次会议期间，习近平总书记在参加内蒙古代表团审议政府工作报告时指出，社会主义核心价值观决定着各民族共有精神家园的发展方向，必须在各民族中大力培育和践行，坚持从小就抓、从幼儿园就抓，注重从少数民族文化中汲取营养，创新载体方式，搞好网上和网下结合，增进各族群众对伟大祖国、中华民族、中华文化、中国共产党、中国特色社会主义的认同，形成各民族同呼吸、共命运、心连心的牢固精神纽带。每当涉及民族团结问题时，习近平总书记都特别重视把在各民族中培育和践行社会主义核心价值观与这一问题紧密联系在一起，把培育和践行社会主义核心价值观作为加强和巩固民族团结的一个重要思想条件。习近平总书记特别强调："要以社会主义核心价值观为引领，构建各民族共有精神家园。要在各族群众中加强社会主义核心价值观教育，牢固树立正确的祖国观、民族观、文化观、历史观，增强各族群众对中华文化的认同。"① 从加强和巩固民族团结的高度，阐明培育和践行社会主义核心价值观的重要性，这就把培育和践行社会主义核心价值观与国家政治发展联系在一起，进而使培育和践行社会主义核心价值观具有重大战略意义。

（三）我党十分重视社会各个领域都要培育和践行社会主义核心价值观

社会主义核心价值观作为我国主导意识形态内容之一，在全社会具有统领作用、规范作用，因此，不只是在特定领域和群体中培育和践行社会主义核心价值观，而且全社会都要这样做，因此，习近平总书记从全社会整体发展要求高度，阐述了培育和践行社会主义核心价值观问题。他指出，通过强化教育引导、实践养成、制度保障，发挥社会主义核心价值观对国民教育、精神文明建设、精神文化产品创作、生产发挥的引领作用，把社会主义核心价值观融入社会发展各个方面，转化为人们的情感追求和行为习惯，坚持全民动手、干部带头，从家庭做起，从娃娃抓起。习近平总书记在2019年春节团拜会上讲，我们要在全社会大力弘扬家国情怀，培育和践行社会主义核心价值观，弘扬爱国主义、集体主义、社会主义精神，提倡爱家爱国相统一，让每个人、每个家庭都为中华民族大家庭做出贡献。党的十九届四中指出，坚持以社会主义核心价值观引领文化建设制度，完善社会主义核心价值观的法律政策体系，把社会主义核心价值观要求融入法治建设和社会管理，体现到国民教育、精神文明创建、文化产品创作生产过程。

此外，习近平总书记还对广大文艺工作者提出要求，"广大文艺工作者要高扬社会主义核心价值观的旗帜，充分认识肩上的责任，把社会主义核心价值观生动活泼、活灵活现地体现在文艺创作之中，用栩栩如生的作品形象地告诉人们，什么是应该肯定和赞扬的，什么是必须反对和否定的，做到春风化雨、润物无声。"② 运用各类文化形式、生动具体地表现社会主义核心价值观，用高水

① 习近平．在全国民族团结进步表彰大会上的讲话［N］．人民日报，2019－09－27.
② 习近平．在文艺工作座谈会上的讲话［N］．光明日报，2014－10－15.

平、高质量的作品形象地告诉人们什么是真善美，什么是假恶丑。习近平总书记还对哲学社会科学工作者提出要求，要把社会责任放在首位，严肃对待学术研究的社会效果，自觉践行社会主义核心价值观，做真善美的追求者和传播者，以深厚的学识修养赢得尊重，以高尚的人格魅力引领风气，在为祖国、为人民立德立言中成就自我、实现价值。

（四）我党多方面提出了培育和践行社会主义核心价值观的途径及方式

新时代中国共产党不仅重视在各个领域培育和践行社会主义核心价值观，而且还非常重视如何培育和践行社会主义核心价值观问题，对培育和践行社会主义核心价值观的途径和方式进行了多方面的论述。

习近平总书记认为，要切实把社会主义核心价值观贯穿于社会生活方方面面。为此就要通过教育引导、舆论宣传、文化熏陶、实践养成、制度保障等，使社会主义核心价值观内化为人们的精神追求，外化为人们的自觉行动。习近平总书记进一步指出，一种价值观要真正发挥作用，必须融入社会生活，让人们在实践中感知它、领悟它。要做到这一点，在培育和践行社会主义核心价值观过程中，要与人们的日常生活联系起来，在落细、落小、落实上下功夫。习近平总书记非常重视从制度层面培育和践行社会主义核心价值观，他要求要按照社会主义核心价值观的基本要求，健全各行各业规章制度，完善市民公约、乡规民约、学生守则，使社会主义核心价值观成为人们日常工作生活的基本遵循。在这方面，习近平总书记还更为具体地提出了一些指导性建议，他提出，要建立和规范一些礼仪制度，组织开展形式多样的纪念庆典活动传播社会主义核心价值观。他还提出，要把社会主义核心价值观的要求融入各种精神文明创建活动之中，吸引人民群众广泛参与，要利用各种时机和场合，形成有利于培育和践行社会主义核心价值观的生活情景和社会氛围，使社会主义核心价值观的影响像空气一样无所不在、无时不有。

习近平总书记还特别重视党和政府在培育和践行社会主义核心价值观过程中的指导、引导作用，他强调，要发挥政策导向作用，使经济、政治、文化、社会等方方面面的政策都有利于社会主义核心价值观的培育。习近平总书记还十分重视法律在培育社会主义核心价值观过程中的保障作用，他强调，要有法律来推动社会主义核心价值观建设。同时还要注重社会管理的作用，各种社会管理要承担起培育和践行社会主义核心价值观的责任，注重在日常管理中体现价值导向，把社会主义核心价值观融入各种管理活动，在各种管理活动中，使符合核心价值观的行为得到鼓励，违背核心价值观的行为受到制约。由此可见，习近平总书记关于培育和践行社会主义核心价值观的措施是全方位的、系统化的，通过这些措施的实施，就能有效保证社会主义核心价值观成为人们行为的基本遵循，进而有效巩固我国主流意识形态。

四、我党系统提出了新时代道德建设问题，凸显了我国意识形态建设现实价值

马克思主义经典作家关于意识形态的论述中，道德是意识形态的一个重要内容，十八大以来，我党立足于中国特色社会主义进入新时代的要求，从多方面论述了道德建设问题，为马克思主义道德建设、意识形态建设理论注入了新内容。

（一）我党高度重视对青年进行道德教育

新时代中国共产党十分重视学校在对学生进行思想政治教育中，提出要把立德树人作为中心环节。习近平总书记指出，办好中国特色社会主义大学，要坚持立德树人，他明确指出："学校是立德树人的地方。爱国主义是中华民族的民族心、民族魂，培养社会主义建设者和接班人，首先要培养学生的爱国情怀。"① 这样就把立德树人与学校的基本职责紧密联系在一起，他还指出，要把立德树人、规范管理的严格要求和春风化雨、润物无声的灵活方式结合起来，把解决师生的思想问题和教学科研、学习就业等实际问题结合起来，使高校始终充满积极向上的正能量、洋溢蓬勃向上的青春活力、展现改革创新的时代风采。党的十八大以来，我党围绕培养什么人、怎样培养人、为谁培养人这一根本问题，全面加强党对教育工作的全面领导，坚持立德树人，习近平总书记对此明确指出："坚持党对教育事业的全面领导，坚持把立德树人作为根本任务。"② 培养什么人，是教育的首要问题。我国是共产党领导的、人民当家作主的社会主义国家，这种国家性质就决定了我们的教育必须把培养社会主义建设者和接班人作为根本任务，在谈到对学生进行教育时，习近平总书记特别重视品德教育，他指出："要在加强品德修养上下功夫，教育引导学生培养和践行社会主义核心价值观，踏踏实实修好品德，成为有大爱大德大情怀的人。"③ 习近平总书记认为，人才培养是育人和育才相统一的过程，而育人是本。人无德不立。育人的根本在于立德，他进一步提出："要把立德树人的成效作为检验学校

---

① 习近平．在南开大学考察时的讲话［N］．人民日报，2019－01－19．

② 习近平．坚持中国特色社会主义教育发展道路，培养德智体美劳全面发展的社会主义建设者接班人［N］．人民日报，2018－09－11．

③ 习近平．坚持中国特色社会主义教育发展道路，培养德智体美劳全面发展的社会主义建设者接班人［N］．人民日报，2018－09－11．

一切工作的根本标准，真正做到以文化人、以德育人，不断提高学生思想水平、政治觉悟、道德品质、文化素养，做到明大德、守公德、严私德。”① 在以习近平同志为核心的党中央的亲切关怀和部署下，中共中央办公厅、国务院办公厅印发的《关于进一步加强和改进新形势下高校宣传思想工作的意见》，为加强高校思想政治工作提供了基本遵循。习近平总书记还对广大青少年提出要求，努力做一个心灵纯洁、人格健全、品德高尚的人，努力做一个有文化修养、有人文关怀，有责任担当的人。努力做到修身立德、志存高远，勤学上进，追求卓越、健康体魄，锤炼意志，砥砺坚韧。

（二）我党特别对广大教师提出道德建设要求

教师的职业就决定了教师不仅要有丰富的知识，还必须有高尚的道德品质。教师的职业决定了教师必须是道德高尚的人群，这不只是关系到教师队伍的整体素质问题，而且也关系到对学生的培养问题，教师的道德品质对学生有直接影响，事关培养合格的社会主义建设接班人和建设者的重大问题，正因如此，新时代中国共产党特别重视教师队伍的道德建设。习近平总书记要求教师，要引导学生热爱祖国、热爱人民、热爱中国共产党，教育引导学生心中有国家和民族，意识到肩负的责任，牢固树立为祖国服务、为人民服务的意识，立志成为党和人民需要的人才。习近平总书记对做一名好老师提出四个要求，要有理想信念、要有道德情操、要有扎实学识、要有仁爱之心。其中，“做好老师，要有道德情操”，就是强调了教师的人格力量和人格魅力是成功教育的重要条件。习近平总书记讲：“老师对学生的影响，离不开老师的学识和能力，更离不开老师为人处世、于国于民、于公于私所持有的价值观。”② 习近平总书记认为，一个老师如果在是非、曲直、善恶、义利、得失方面老出问题，怎么能担起立德树人的责任？因此，他要求，广大教师必须率先垂范，以身作则，引导和帮助学生把握人生方向，特别是帮助和引导青少年扣好人生的第一粒扣子。习近平总书记指出，合格的教师首先应该是道德上的合格者，好老师首先应该是以德施教、以德立身的楷模，师者为师亦为范，学高为师，德高为范。老师是学生道德修养的镜子，因此，教师要不断提高道德修养，提升人格品质，并把正确的道德观传授给学生。习近平总书记还指出，好老师的道德情操要体现到对所从事的职业的忠诚和热爱上来，好老师应该执着于教书育人。要做到干一行、爱一行，热爱教育工作。

---

① 习近平．在北京大学师生座谈会上的讲话［N］．人民日报，2018－05－08.

② 习近平．在北京师范大学师生代表座谈会上的讲话［N］．人民日报，2014－09－11.

（三）我党对广大党政干部的道德建设提出了新要求

领导干部的道德问题也是领导干部的政治品格问题，领导干部的道德不只是涉及个人行为，而且关系到党和政府的形象，关系到人民群众对党和国家的政治认同。因此，领导干部的道德既是一个伦理问题，也是一个政治问题、意识形态问题。

习近平总书记对领导干部的道德要求是从政治的高度提出的，而不是局限于个人的修养问题。习近平总书记认为，以德修身、以德立威，以德服众，是干部成长的重要因素，每一名领导干部都要坚守“三严三实”，拧紧世界观、人生观、价值观这个“总开关”，做到心中有党、心中有民、心中有责、心中有戒，把为党和人民事业无私奉献作为人生的最高追求。习近平总书记指出，领导干部要把践行“三严三实”贯穿于全部工作生活中，养成一种习惯、化为一种境界。“三严三实”是指各级领导干部要严以修身、严以用权、严以律己，谋事要实、创业要实、做人要实，这是共产党人最基本的政治品格和做人准则，也是党员、干部的修身之本、为政之道、成事之要。践行“三严三实”是新时代共产党人重要的政治品德。习近平总书记对广大干部提出要求，要加强道德修养，带头弘扬社会主义核心价值观，明辨是非善恶，追求健康情趣，不断向廉洁自律的高标准看齐，做到心中有所戒、行有所止、守住底线，不碰“高压线”。“每个领导干部都应该把洁身自好作为第一关，从小事小节上加强约束，规范自己，坚决反对特权思想、特权现象，习惯在受监督和约束的环境中工作生活，练就过硬的作风。”① 习近平总书记对广大干部讲，廉洁自律是共产党人为官从政的底线，做到清清白白做人、干干净净做事、坦坦荡荡为官。习近平总书记讲，领导干部要注意道德操守，道德上失足有时比某些工作失误杀伤力还要大，因此，领导干部要加强道德修养，追求健康情趣，慎重对待朋友交往，时刻检点自己生活的方方面面。

习近平总书记强调领导干部要讲政德。政德是整个社会道德建设的风向标，立政德，就要明大德、守公德、严私德。明大德，就是筑牢理想信念、锤炼坚强党性，在大是大非面前旗帜鲜明，在风浪考验面前无所畏惧，在各种诱惑面前立场坚定，这是领导干部首先要修好的“大德”。守公德，就是要强化宗旨意识，全心全意为人民服务，恪守立党为公、执政为民理念，自觉践行人民群众对美好生活的向往就是我们的奋斗目标的承诺，做到心底无私天地宽。严私德，

---

① 习近平．在学习贯彻党的十九大精神研讨班开班式上发表重要讲话［N］．人民日报，2018－01－06．

就是要严格自己的操守和行为，所有党员、干部都要戒贪止欲、克己奉公，切实把人民赋予的权力用来造福人民。要把家风摆在重要位置，廉洁修身，防止“枕边风”成为贪婪的导火线，防止子女打着自己的旗号非法牟利，让身边工作人员把自己拉下水。

（四）我党非常重视提高全民道德水平

全民道德水平是社会文明程度的重要标志，党的十九大报告提出：“提高人民思想觉悟、道德水准、文明素养，提高全社会文明程度。”要提高全民的道德水准，就要加强爱国主义、集体主义、社会主义教育，引导人们树立正确的历史观、民族观、国家观、文化观。深入实施公民道德建设工程，推进社会公德、职业道德、家庭美德、个人品德建设，激励人们向上向善，孝老爱亲、忠于祖国、忠于人民。习近平总书记从多个领域、多个方面倡导在全社会都要讲道理，把社会主义道德建设深入人心，渗透到各个行业，使之成为一种普遍的社会风尚，让整个社会充满向上向善的正能量。

习近平总书记强调，我们要通过文艺作品传递真善美，传递向上向善的价值观，引导人们增强道德判断力和道德荣誉感，向往和追求讲道德、尊道德、守道德的生活，只要中华民族一代接一代追求真善美的道德境界，我们的民族就永远健康向上。

习近平总书记非常重视先进典型对道德建设的引领作用。习近平总书记称赞先进典型身上所具有的信念的能量、大爱的胸怀、忘我的精神和进取的锐气，他们是我们“民族的脊梁”。习近平总书记号召人民群众要心中有榜样，要学习英雄人物、模范人物，在学习中养成好的思想品德。习近平总书记指出，各行各业都有很多值得学习的榜样，包括航天英雄、奥运冠军、大科学家、劳动模范、青年志愿者，还有那些助人为乐、见义勇为、诚实守信，敬业奉献、孝老爱亲的好人等。榜样的力量是无穷的。大家都要把模范人物立为心中的标杆，向他们看齐，像他们那样追求美好的思想品德。

习近平总书记特别重视劳模精神在社会主义道德建设中的突出作用。习近平总书记指出：“劳动模范和先进工作者是坚持中国道路、弘扬中国精神，凝聚中国力量的楷模。”① 这些劳动模范和先进工作者他们以高度的主人翁责任感、卓越的劳动创造、忘我的拼搏奉献，为全国各族人民树立了学习的榜样。“爱岗敬业、争创一流、艰苦奋斗、勇于创新，淡泊名利、甘于奉献”的劳模精神，

---

① 习近平．在庆祝“五一”国际劳动节暨表彰全国劳动模范和先进工作者大会上的讲话[N]．人民日报，2015－04－29.

生动诠释了社会主义核心价值观，是我们的宝贵精神财富和强大精神力量。习近平总书记号召，我们一定要在全社会大力弘扬劳模精神，大力宣传劳动模范和其他典型的先进事迹，引导广大人民群众树立辛勤劳动、诚实劳动、创造性劳动的理念，让劳动光荣、创造伟大成就成为铿锵的时代强音，让劳动最光荣、劳动最崇高、劳动最伟大，劳动最美丽蔚然成风。

我党十分注重道德模范在社会道德建设中的作用，习近平总书记认为，道德模范是社会道德建设的重要旗帜，要深入开展学习宣传道德模范活动，弘扬真善美，传播正能量，激励人民群众崇德向善、见贤思齐，鼓励全社会积善成德、明德惟馨，为实现中华民族伟大复兴的中国梦凝聚起强大的精神力量和有力的道德支撑。精神的力量是无穷的，道德的力量也是无穷的。长期以来，各地区各部门按照中央要求，不断推进公民道德建设，弘扬中华传统美德，培育时代新风，中华大地涌现出一大批道德模范、最美人物，全国道德模范就是其中的代表，这些道德模范充满爱心、助人为乐，见义勇为、舍生忘死，诚实守信、坚守正道，敬业奉献、虔诚勤勉，孝老爱亲、血脉深情。这些道德模范的高尚品德温暖了人心、感动了中国，为全社会树立了榜样。习近平总书记要求，全社会各行各业都要学习道德模范的崇高精神和品德，要高度重视和切实加强道德建设推进社会公德、职业道德、家庭美德、个人品德教育。

五、提出实现中华民族伟大复兴的中国梦，为马克思主义意识形态增添了新话语

中国梦是习近平总书记关于意识形态重要论述方面的话语创新，这一概念把中国人民实现民族复兴和国家强大的愿望生动形象地表达了出来，中国梦蕴含着国家、民族发展前景与个人发展前途的统一、理想与现实的统一、世界发展与中国发展的统一，是一个既接地气，又含义深刻的概念。中国梦带有鲜明的政治立场和深厚的阶级情感，具有明确的价值导向，属于新时代意识形态的重要范畴，习近平总书记首次提出中国梦，并对中国梦进行了多方面的重要论述，这是对马克思主义意识形态理论的重要贡献。

（一）中国梦的提出及内涵

2012年11月29日，习近平总书记在参观《复兴之路》展览时，回顾了近代以来中国人民为实现民族复兴走过的历史进程，号召全党同志承前启后、继往开来，把我们的党建设好，把我们民族发展好，继续朝着中华民族伟大复兴的目标前进。在参观过程中，习近平总书记发表了重要讲话，他指出，《复兴之路》这个展览，回顾了中华民族的昨天，展示了中华民族的今天，宣示了中华

民族的明天，给人以深刻的教育和启示。习近平总书记指出，近代，中华民族遭受的苦难之重、付出的牺牲之大，在世界历史上都是罕见的。但是，中国人民从不屈服，不断奋起抗争，终于掌握了自己的命运，开始了建设自己国家的伟大进程，充分展示了以爱国主义为核心的伟大民族精神。习近平总书记进一步指出，改革开放以来，我们总结历史经验，不断艰辛探索，终于找到了实现中华民族伟大复兴的正确道路，取得了举世瞩目的成果，现在我们比历史上任何时期都更接近于中华民族伟大复兴的目标，比历史上任何时期都更有信心、有能力实现这个目标。

在回顾了中华民族伟大奋斗历程的基础上，习近平总书记指出："每个人都有理想和追求，都有自己的梦想。现在，大家都在讨论中国梦，我认为，实现中华民族伟大复兴，就是中华民族近代以来最伟大的梦想。这个梦想，凝聚了几代中国人的夙愿，体现了中华民族和中国人民的整体利益，是每一个中华儿女的共同期盼。"① 中华民族创造了灿烂的中华文明，为人类做出了卓越贡献，成为世界上伟大的民族。鸦片战争后，由于西方列强的入侵和封建统治的腐败，中国陷入半封建半殖民地的黑暗深渊，中国人民经历了战乱频仍、山河破碎、民不聊生的深重苦难。自强不息的中华民族从未放弃对美好梦想的向往和追求。习近平总书记还讲："近代以来，中华民族始终有一个梦想，这就是实现中华民族伟大复兴。"② 由此可见，习近平总书记提出的中国梦，是与国家和民族命运紧密联系在一起的，是中华民族的共同梦想，是中华民族对未来发展的美好追求和愿望。中国梦视野宽广、内涵丰富、意蕴深远，习近平总书记指出，中国梦的本质是国家富强、民族振兴、人民幸福。这个梦想，把国家的追求、民族的向往、人民的期盼融为一体，体现了中华民族和中国人民的整体利益，表达了每一个中华儿女的共同愿景。

（二）我党对中国梦的影响及宣传策略进行了具体要求

中华民族伟大复兴的中国梦一经提出，就产生了强大的号召力和感染力，广大干部群众畅谈中国梦，社会舆论聚焦中国梦，海外华人述说中国梦，国际社会关注中国梦，中国梦成为中国走向未来的鲜明指向，成为激励中华民族团结奋进、开辟未来的一面精神旗帜。

习近平总书记提出中国梦这一概念后，在国内外引起了巨大反响，以前世

---

① 习近平．承前启后 继往开来 继续朝着中华民族伟大复兴目标奋勇前进［N］．人民日报，2012－11－30.

② 习近平．在纪念毛泽东诞辰120周年座谈会上的讲话［N］．人民日报，2013－12－27.

界上及我国一些人总是在提及凸显以个人奋斗为主旨的“美国梦”。中国特色社会主义进入新时代，习近平总书记明确提出了中国梦，这不仅是一个新概念、新话语，而且有深远的指向性。这一概念的提出，难免引起一些议论、评价，这些议论和评价既有正面的，也有负面的，这就需要对这些评价、议论，有一个明确的态度，这样才能避免一些混乱，才能使这一新概念站得住脚、深入人心，得到人们的认同，成为一种新话语，进而对人们的思想观念产生巨大影响和指导作用。基于这种思考，习近平总书记指出，实现中华民族伟大复兴的中国梦提出来后，得到广大干部、群众的衷心拥护，群众说，中国梦是一种形象的表达，是一种易于为群众接受的表达方式，确定了鼓舞人心的奋斗目标，昭示了党和人民的美好前景。中国梦也引起国外积极反响，国际社会进一步关注我国发展的光明前景和巨大机遇，亚非拉许多国家领导人都祝愿中国梦想成真。西方一些势力担心中国梦会扩大中国在世界上的影响，刻意矮化、曲解、抹黑中国梦，竭尽挑拨离间、混淆视听之能事。西方国家这方面的宣传带有鲜明的意识形态倾向性，他们不愿意看到中国日新月异的发展，更担心中国发展对其价值观和制度模式的挑战，中国影响的扩大，就意味着社会主义影响的扩大，就意味着共产党领导的人民政权的强大，因此，西方一些敌对势力怀着这样的目的必定要曲解、攻击中国梦。习近平总书记讲，对此，我们要高度重视。为扩大中国梦的影响，做好中国梦的宣传。习近平总书记指出，在国际上，要注重把中国梦同各国各地区人民实现自己的愿望联系起来，在促进互利共赢中引导国际社会全面客观认识中国梦。在国内，中国梦的宣传教育注意不要概念化，不要庸俗化，不要好高骛远。

关于如何宣传、解释中国梦，习近平总书记指出：“要与当代中国价值观念紧密结合起来。中国梦意味着中国人民、中华民族的价值体认和价值追求，意味着全面建成小康社会、实现中华民族伟大复兴，意味着每一个人都能在为中国梦的奋斗中实现自己的梦想，意味着中华民族团结奋斗的最大公约数，意味着中华民族为人类和平与发展做出更大贡献的真诚愿望。”①

（三）把中国梦与我党的奋斗历程联系在一起

实现中华民族伟大复兴是近代以来中华民族伟大的梦想，为了实现民族复兴的伟大梦想，中国人民和无数仁人志士进行了千辛万苦的探索和不屈不挠的斗争。可是，从太平天国运动、戊戌变法到义和团运动，一次次奋起抗争都失败了，孙中山先生领导的辛亥革命，虽然结束了统治中国几千年的君主专制制

① 习近平．习近平谈治国理政［M］．北京：外文出版社，2014：161.

度，对推动中国社会进步具有重大意义，但也未能改变旧中国半封建半殖民地的社会性质和中国人民的悲惨命运。近代中国历史表明，旧式农民战争和软弱的资产阶级革命都不可能完成中国民族救亡图存和反帝反封建的历史任务，更不可能承担起实现民族复兴的历史使命。

十月革命一声炮响，给中国送来了马克思列宁主义。中国先进分子从马克思列宁主义的科学真理中看到了解决中国问题的出路。在近代以后中国社会的剧烈变革中，在中国人民反抗封建统治和外来侵略的激烈斗争中，在马克思列宁主义同中国工人运动结合过程中，中国共产党应运而生。中国共产党一经成立，就把实现共产主义作为党的最高理想和最终目标，义无反顾地负起实现中华民族伟大复兴的历史使命。我们党深刻地认识到，实现中华民族伟大复兴，必须推翻帝国主义、封建主义、官僚资本主义的统治，实现民族独立、人民解放、国家统一、社会稳定。我党带领人民找到了一条以农村包围城市、武装夺取政权的正确革命道路，完成了新民主主义革命。我们党深刻认识到，实现中华民族伟大复兴的中国梦，必须建立符合我国实际的先进的社会制度，我们党团结带领人民完成了新民主主义革命，建立了社会主义基本制度，完成了中华民族有史以来最为广泛而深刻的社会变革，为当代中国进一步发展奠定了根本政治前提和制度基础。我们党还进一步认识到，实现中华民族伟大复兴的中国梦，必须进行改革开放，破除阻碍国家和民族发展的一切思想和体制障碍，激发人民群众的创造力，极大解放和发展社会生产力，极大增强社会发展活力，让党和人民事业始终充满前进的强大动力，开辟中国特色社会主义道路。中国共产党领导中国人民取得的伟大胜利，使具有五千多年文明历史的中华民族正在全面迈向现代化，让中华文明在现代化进程中焕发出新的蓬勃生机，让科学社会主义在21世纪焕发出新的生机。

中国共产党的历史表明，中国共产党为实现中华民族伟大复兴的中国梦，一直在不懈地努力，领导中国人民进行了革命、建设和改革伟大事业，每一项伟大事业是实现中国梦的不同奋斗阶段，每个阶段所取得的胜利，都是在一步步地实现中华民族的伟大复兴。

（四）我党全面阐述了实现中国梦的途径

实现中华民族伟大复兴的中国梦，是一项光荣而艰巨的事业，需要一代又一代中国人共同努力。空谈误国，实干兴邦。中国梦不可能轻轻松松地实现，关于如何实现中华民族伟大复兴的中国梦，我党进行了多方面论述。

1. 实现中华民族伟大复兴的中国梦，必须进行伟大斗争

在实现中国梦的过程中，需要我们应对重大挑战、抵御重大风险、克服重

大阻力、解决重大矛盾，这就需要进行许多新的历史特点的伟大斗争。我们要坚决反对一切削弱、歪曲、否定党的领导和我国社会主义制度的言行；坚决反对一切损害人民利益、脱离群众的行为；在改革过程中坚决破除一切顽瘴痼疾；坚决反对一切分裂祖国、破坏民族团结和社会和谐稳定的行为；更加自觉地防范各种风险，坚决战胜一切在政治、经济、文化、社会等领域和自然界出现的困难和挑战。因此，实现中国梦必须发扬斗争精神。

2. 实现中华民族伟大复兴的中国梦，必须在中国共产党的领导下进行

没有中国共产党的领导，民族复兴必然会落空，中国共产党是实现中华民族伟大复兴的领导者和中流砥柱。我们党要始终成为时代先锋、民族脊梁，始终成为马克思主义执政党，就必须推进党的建设的伟大工程，不断增强党的政治领导力、思想引领力、群众组织力、社会号召力，确保我党永葆旺盛生命力和强大战斗力。这样，实现中华民族伟大复兴的中国梦就具有了坚强的政治保证。

3. 实现中华民族伟大复兴的中国梦，必须坚定不移走中国特色社会主义道路

坚持走中国特色社会主义道路来有深厚的历史逻辑，这条道路来之不易，是在改革开放40多年的伟大实践走出来的，是在中华人民共和国成立70多年的持续探索中走出来的，是在对近代以来170多年中华民族发展历程的深刻总结中走出来的，是在对中华民族5000多年悠久文明的传承中走出来的，具有深厚的历史渊源和广泛的现实基础。习近平总书记指出："方向决定道路，道路决定命运。"① 我们自己的路，就是中国特色社会主义道路。这条道路，是中国共产党带领人民历经千辛万苦、付出巨大代价开辟出来的，是被证明了的符合中国国情、适合时代发展要求的正确道路。中国特色社会主义道路是创造人民美好生活的必由之路。我们要不断增强道路自信、理论自信、制度自信、文化自信。同时，实现中国梦，必须坚持中国特色社会主义理论体系，这是指导党和人民实现中华民族伟大复兴的正确理论；实现中国梦，必须坚持中国特色社会主义制度，这是当代中国发展进步的根本制度保障；实现中国梦，必须坚持中国特色社会主义文化，这是激励全党全国各族人民奋勇前进的强大精神力量。

4. 实现中华民族伟大复兴的中国梦，必须弘扬中国精神

中国精神就是以爱国主义为核心的民族精神，以改革创新为核心的时代精

① 习近平．在庆祝中华人民共和国成立65周年招待会上的讲话［N］．人民日报，2014－10－01．

神。对此，习近平总书记指出："这种精神是凝心聚力的兴国之魂、强国之魂。"① 爱国主义始终是把中华民族坚强团结在一起的精神力量，改革创新始终是鞭策我们在改革开放中与时俱进的精神力量。全国各族人民一定要弘扬伟大的民族精神和时代精神，不断增强团结一心的精神纽带、自强不息的精神动力，朝着中华民族伟大复兴的中国梦奋勇前进。只有弘扬中国精神，我们才能敢于斗争、敢于胜利，克服前进道路上的各种艰难险阻，战胜各种风险和挑战，为实现中国梦提供强大的精神动力。改革创新体现了中华民族最深远的民族禀赋，反映了当代中国发展进步的要求，始终是鞭策我们在改革开放中与时俱进的精神力量。

5. 实现中华民族伟大复兴的中国梦，必须凝聚中国力量

这就是中国各族人民大团结的力量。中国梦是民族的梦，也是每个中国人的梦，只要我们紧密团结，万众一心，为实现共同梦想而奋斗，实现梦想的力量就会无比强大，各族人民大团结的力量，是克服各种困难、战胜风险挑战的决定性因素。习近平总书记指出："生活在我们伟大祖国和伟大时代的中国人民，共同享有人生出彩的机会，共同享有梦想成真的机会，共同享有同祖国和时代一起成长与进步的机会。"② 只要全国人民心往一处想，劲往一处使，全国人民的智慧和力量就会汇集起不可战胜的磅礴力量。有了这种强大的力量，就具有了坚实的人民群众基础。

6. 中国梦归根到底是人民的梦，必须紧紧依靠人民来实现

在实现中国梦的进程中，必须坚持同人民站在一起，人民是历史的创造者，实现中国梦必须紧紧依靠人民，发挥人民主体作用，尊重人民首创精神，为了人们干事创业，依靠人民干事业。要坚持以人民为中心，倾听人民心声，汲取人民智慧，"始终把实现好、维护好、发展好最广大人民根本利益作为一切工作的出发点和落脚点，让发展成果更多更公平惠及全体人民。"③ 人民是中国梦的主体，中国梦最深沉的根基在中国人民心中，必须依靠人民来实现，必须不断为人民造福，中国梦的深厚源泉在于人民，中国梦的根本归宿也在于人民。

① 习近平．在十二届全国人大一次会议上的讲话［N］．人民日报，2013－03－18.

② 习近平．在十二届全国人大一次会议上的讲话［N］．人民日报，2013－03－18.

③ 习近平．在庆祝中华人民共和国成立65周年招待会上的讲话［N］．人民日报，2014－10－01.

7. 实现中华民族伟大复兴的中国梦，必须把个人理想融入为实现中国梦的奋斗之中

习近平总书记讲："每个人的前途命运都与国家和民族的前途命运紧密相连。国家好，民族好，大家才会好。"① 中国梦是宏大叙事的国家梦、民族梦，也是"具体而微"的个人梦，历史告诉我们，每个人的前途命运都与国家的前途命运紧密联系在一起，每个中国人，都是中华民族"梦之队"的一员，都是中国梦的参与者。当今时代是放飞梦想的时代，每个人都有自己的美好梦想。中国梦的宽广舞台，为个人梦的实现提供宽广的空间，每个人实现梦想的不断努力，都在为实现伟大中国梦贡献一分力量。

8. 实现中华民族伟大复兴的中国梦，必须付出艰苦努力

实现中华民族伟大复兴的中国梦，是一项光荣而艰巨的事业，需要每个人付出艰苦努力，用实干托起中国梦，全面建成小康社会要靠实干，基本实现现代化要靠实干，实现中华民族伟大复兴要靠实干。每个人既要胸怀理想又要脚踏实地，把自己的事情做扎实，把改革发展稳定的任务落实好，一步一个脚印地朝着梦想奋进。如果只是纸上谈兵，而不真抓实干，再宏伟的蓝图也会落空，再美好的梦想也不可能成真。要在全社会大力弘扬真抓实干、埋头苦干的良好风尚，特别是各级领导干部要带头发扬实干精神，出实策、鼓实劲、办实事，不图虚名，不务虚功。我们的民族，我们的国家，从近代积贫积弱一步一步走到今天的发展繁荣，靠的是一代又一代的顽强拼搏，靠的是中华民族自强不息的奋斗精神。当前，我国处于并将长期处于社会主义初级阶段的基本国情没有改变，在前进道路上还会遇到难以预料的问题和困难，必须居安思危、艰苦奋斗，始终保持那么一股劲，那么一股革命热情，那么一种拼命精神，披荆斩棘，勇往直前。只要一代又一代中国人勠力同心、不懈追求、接力奋斗，我们就一定能够实现中华民族伟大复兴的中国梦。

9. 实现中华民族伟大复兴的中国梦，广大青年要肩负起历史责任

在实现中国梦过程中，中国共产党对广大青年寄予厚望。习近平总书记指出，历史和现实都告诉我们，青年一代有理想有担当，国家就有前途，民族就有希望，实现我们的发展目标就有源源不断的强大力量。大家都在思考中国梦与自己的关系、自己为实现中国梦应尽的责任。习近平总书记明确指出，中国梦是我们的，更是你们青年一代的。中华民族伟大复兴终将在广大青年的接力

① 习近平．承前启后 继往开来 继续朝着中华民族伟大复兴目标奋勇前进［N］．人民日报，2012－11－30．

奋斗中变为现实。“中国梦是国家的梦、民族的梦，也是包括广大青年在内的每个中国人的梦。”① 现在，我们比历史上任何时期都更接近实现中华民族伟大复兴的目标，比历史上任何时期都更有信心、有能力实现这个目标。距离实现中华民族伟大复兴的目标越近越要动员广大青年为之奋斗。习近平总书记要求广大青年要勇敢肩负起时代赋予的重任，志存高远，脚踏实地，努力在实现中华民族伟大复兴的中国梦的生动实践中放飞青春梦想。习近平总书记明确提出：“为实现中华民族伟大复兴的中国梦而奋斗，是中国青年运动的时代主题。”②他要求，共青团要在广大青少年中开展“我的中国梦”主题教育实践活动，为每个青少年播种梦想、点燃梦想，让更多青少年敢于有梦、勇于追梦、勤于圆梦，让每个青少年都为实现中国梦增添强大青春正能量。要用中国梦打牢广大青少年的共同思想基础，教育和帮助青少年树立正确的世界观、人生观、价值观，永远热爱我们伟大的祖国，永远热爱我们伟大的人民，永远热爱我们伟大的中华民族，坚定跟着党走中国道路。要用中国梦激发广大青少年的历史责任感，在党和国家大局中找准自身工作的切入点和结合点。习近平总书记在给北京大学学生回信时勉励广大青年，只有把人生理想融入国家和民族的事业中，才能最终成就一番事业，要求广大青年珍惜韶华、奋发有为，勇做走在时代前面的奋进者、开拓者、奉献者，努力使自己成为祖国建设的有用之才、栋梁之材，为实现中国梦奉献智慧和力量。

六、我党深刻论述了爱国主义问题，成为推动我国意识形态建设的强大力量

爱国主义是对自己祖国的一种深厚感情，爱国，是中华儿女最自然、最朴素的情感，深深植根于中华民族血脉之中。爱国主义不是抽象的，在不同时期具有特定的规定性，目前，我们的爱国主义是与热爱共产党的领导、热爱社会主义制度联系在一起的，因此，爱国主义具有深刻的意识形态属性。

（一）具体阐述了爱国主义的重要性

十八大以来，习近平总书记多次强调爱国主义对国家、民族的重要意义，勉励国人高举爱国主义旗帜，向着伟大复兴中国梦砥砺前行。关于爱国主义的重要性，习近平总书记从历史发展的角度阐述了这一问题，他指出：“在中华民族几千年绵延发展的历史长河中，爱国主义始终是激昂的主旋律，始终是激励

① 习近平．给北京大学学生回信勉励当代青年［N］．人民日报，2013－05－05.
② 习近平．在同各界优秀青年代表座谈时的讲话［N］．人民日报，2013－05－05.

我国各族人民自强不息的强大力量。”① 习近平总书记进一步指出：“历史深刻表明，爱国主义自古以来就流淌在中华民族血脉之中，去不掉，打不破，灭不了，是中国人民和中华民族维护民族独立和民族尊严的强大精神动力，只有高举爱国主义的伟大旗帜，中国人民和中华民族就能在改造中国、改造世界的拼搏中迸发出排山倒海的历史伟力。”② 2015年12月，习近平总书记在中共中央政治局第二十九次集体学习时强调，要大力弘扬伟大爱国主义精神，大力弘扬以改革创新为核心的时代精神，为实现中华民族伟大复兴的中国梦提供共同精神支柱和强大精神动力，爱国主义始终是把中华民族坚强团结在一起的精神力量。

习近平总书记不仅从推动历史发展动力的角度论述了爱国主义的重要性，而且还从民族精神的高度阐述了爱国主义，他多次强调要弘扬以爱国主义为核心的民族精神，习近平总书记在南开大学考察时讲：“爱国主义是中华民族的民族心、民族魂，培养社会主义建设者和接班人，首先要培养学生的爱国情怀。”③ 爱国主义是我国一种伟大的民族精神，这种民族精神是我国各民族团结奋斗的强大动力，也是加强各民族团结的精神纽带，中华民族在遇到艰险困苦的时候，能紧密地团结在一起，靠的就是爱国主义。习近平总书记还明确地讲：“爱国主义是我们民族精神的核心，是中华民族团结奋斗、自强不息的精神纽带。”④ 习近平总书记还讲：“爱国，是人世间最深层、最持久的情感，是一个人立德之源、立功之本。”⑤ 他还讲，做人要有气节、要有人格。气节也好，人格也好，爱国是第一位的。习近平总书记在2020年的新年贺词中，深情地讲，2019年，最难忘的是隆重庆祝中华人民共和国成立70周年。我们为中华人民共和国70年的辉煌成就喝彩，被爱国主义的硬核力量震撼。《我和我的祖国》在大街小巷传唱。“爱国主义情感让我们热泪盈眶，爱国主义精神构筑起民族的脊梁。”⑥ 这种爱国主义情怀 汇聚成礼赞中华人民共和国，奋斗新时代的前进洪流，给我们增添了无穷力量。党的十八大以来，以习近平同志为核心的党中央高度重视民族精神的历史传承和创新发展，“九三”胜利日大阅兵、国家公祭日、中华人民共和国成立70周年庆典等重大纪念活动，无一不是厚植爱国主义情怀的生动实践。

① 习近平．习近平谈治国理政［M］．北京：外文出版社，2014：58.
② 习近平．在纪念五四运动100周年大会上的讲话［N］．光明日报，2019-05-01.
③ 习近平．在南开大学考察时的讲话［N］．人民日报，2019-01-19.
④ 习近平．在纪念五四运动100周年大会上的讲话［N］．光明日报，2019-05-01.
⑤ 习近平．在北京大学师生座谈会上的讲话［N］．人民日报，2018-05-08.
⑥ 习近平．2020年新年贺词［N］．人民日报，2020-01-01.

（二）我党从多个方面论述了加强爱国主义教育问题

新时代中国共产党十分重视对广大人民群众特别是对青年加强爱国主义教育，在这方面提出了很多有针对性的要求。党的十九大报告指出，要加强爱国主义、集体主义、社会主义教育，引导人们树立正确的历史观、民族观、国家观、文化观。

1. 我党特别重视对青少年进行爱国主义教育

党的十九大报告指出，青年兴则国家兴，青年强则国家强。青年一代有本领、有担当，国家就有前途，民族就有希望。因此，对青年进行爱国主义教育事关国家前途和命运，因此，对青年的爱国主义教育具有战略意义。习近平总书记明确指出："要把加强青少年的爱国主义教育摆在更加突出的位置，把爱我中华的种子埋入每个孩子的心灵深处。"① 习近平总书记对青年提出要求，要立志报效祖国、服务人民，这是大德，养大德者方可成大业。他还指出，青年要热爱伟大祖国，胸怀忧国忧民之心，爱国爱民之情。他寄语新时代青年要"以一生的真情投入、一辈子的顽强奋斗来体现爱国主义情怀，让爱国主义的伟大旗帜始终在心中高高飘扬。"② 青年应该有很多优良的政治品德，其中一个最重要的就是要有爱国情怀，热爱自己的祖国。习近平总书记讲，我们是中华儿女，要了解中华民族历史，秉承中华文化基因，有民族自豪感和文化自信心，要时时想到国家，处处想到人民。他向风华正茂的大学生发出号召，爱国不能停留在口头上，而是要把自己的理想同祖国的前途、把自己的人生同民族的命运紧密联系在一起，扎根人民，奉献国家。他要求大学生要把学习的具体目标同民族复兴的宏大目标结合起来，为之而奋斗，只有把小我融入大我，才有海一样的胸怀，山一样的崇高。

青年的爱国主义精神需要教育和引导，习近平总书记在谈到对学生进行思想政治教育时讲："要在厚植爱国主义情怀上下功夫，让爱国主义精神在学生心中牢牢扎根，教育引导学生热爱和拥护中国共产党，立志听党话、跟党走，立志扎根人民、奉献国家。"③ 在培养学生的爱国主义精神方面，教师承担着重要责任，习近平总书记希望广大教师认清肩负的使命和责任，教育引导学生热爱祖国、热爱人民、热爱中国共产党。教育和引导学生心中有国家和民族，意识

---

① 习近平．在全国民族团结进步表彰大会上的讲话［N］．人民日报，2019－09－28.

② 习近平．在纪念五四运动100周年大会上的讲话［N］．光明日报，2019－05－01.

③ 习近平．坚持中国特色社会主义教育发展道路，培养德智体美劳全面发展的社会主义建设者和接班人［N］．人民日报，2018－09－11.

到自己肩负的责任牢固树立为祖国服务，为人民服务的意识，立志成为党和人民有用的人才。

2. 我党注重对留学人员加强爱国主义教育

留学人员的爱国主义教育问题，是我党非常关注的一个现实问题，这些人员远离祖国，往往受到各种思想观念的影响，留学人员对爱国主义有更深的感触，对这些人员，习近平总书记指出："希望广大留学人员继承和发扬留学报国的光荣传统，做爱国主义的坚守者和传播者，秉持'先天之忧而忧，后天下之乐而乐'的人生理想，始终把祖国富强、民族振兴、人民幸福作为努力志向，自觉使个人成功的果实结在爱国主义这棵常青树上。"① 习近平总书记还深情地对留学人员讲，你们无论身在何处，你们都是中华民族的一分子，祖国和人民始终惦记着你们，祖国永远是你们温暖的精神家园。习近平总书记对留学人员所阐述的爱国主义教育问题，在广大留学人员中产生了强烈反映和共鸣，激励着广大留学人员刻苦努力，掌握更多的本领，将来报效祖国和人民。

3. 我党强调要用文艺作品宣传爱国主义

文艺必须坚持社会主义方向，其中一个基本要求就是要大力宣传爱国主义思想，把爱国主义作为创作的主题，怀有对祖国、对人民的深厚感情进行文艺创作。习近平总书记指出，歌唱祖国、礼赞英雄从来就是文艺创作的永恒主题，也是最动人的篇章。习近平总书记要求广大文艺工作者要高扬爱国主义主旋律，用生动的文字语言和光彩夺目的艺术形象，装点祖国的秀美河山，描绘中华民族的卓越风华，激发每一个中国人的民族自豪感和国家荣誉感。文艺带有鲜明的阶级性，我国的文艺要为人民服务、为社会主义服务，不是抽象的，而是具体的，通过宣传一个个爱国主义的先进典型，就是坚持文艺社会主义方向的具体体现，也是文艺政治属性的具体体现。习近平总书记非常重视通过文艺创作宣传爱国主义，也就深刻把握了文艺的意识形态属性。

4. 我党高度重视家庭在爱国主义教育中的独特作用

习近平总书记有浓浓的家国情怀，他讲，在家尽孝、为国尽忠是中华民族的优良传统，没有国家繁荣发展，就没有家庭幸福美满。同样，没有千千万万家庭幸福美满，就没有国家繁荣发展。中国人历来讲求精忠报国，革命战争年代母亲教儿打东洋、妻子送郎上战场，社会主义建设时期先大家后小家、为大家舍小家，都体现出高尚的家庭追求，体现出高尚的家国情怀。当前，"我们要在全社会大力弘扬家国情怀，培育和践行社会主义核心价值观，弘扬爱国主义、

① 习近平．习近平谈治国理政［M］．北京：外文出版社，2014：59.

集体主义、社会主义精神，提倡爱家爱国相统一，让每个人、每个家庭都为中华民族大家庭做出贡献。”① 习近平总书记还指出，广大家庭都要把爱家和爱国统一起来，把实现家庭梦融入国家梦之中，心往一处想，劲往一处使，“用我们4亿多家庭、13亿多人民的智慧和热情汇聚起实现‘两个一百年’奋斗目标、实现中华民族伟大复兴中国梦的磅礴力量。”② 习近平总书记还讲，广大家庭要重言教、重身教、教知识、育品德，身体力行、耳濡目染，帮助孩子扣好人生的第一粒扣子，迈好人生的第一个台阶，引导家庭成员，特别是下一代热爱党，热爱祖国，热爱人民，热爱中华民族。家庭是社会的细胞，家庭和睦则社会稳定，家庭幸福则社会祥和，家庭文明则社会文明。“历史和现实告诉我们，家庭的前途命运同国家和民族的前途命运紧密相连。我们要认识到，千家万户都好，国家才能好，民族才能好。国家富强，民族复兴，人民幸福不是抽象的，最终要体现在千千万万个家庭都幸福美满上，体现在亿万人民生活不断改善上。同时，我们要认识到，国家好，民族好，家庭才能好。”③

七、我党提出了党内政治文化建设问题，丰富发展了政党意识形态建设理论

党的十九大报告明确提出，发展积极健康的党内政治文化，全面净化党内政治生态。这是对党的建设历史经验的深刻总结，充分体现了我党对我国政治发展规律特别是对中国共产党执政规律的深刻把握。中国特色社会主义进入新时代，要全面推进从严治党，严肃党内政治生活、净化党内政治生态，就要从深层次上加强党内政治文化建设。党内政治文化建设具有鲜明的政治性和价值性，实际上就是政党意识形态建设问题。

（一）中国共产党党内政治文化的特征及作用

1. 党内政治文化的内涵及特征

政治文化是指一定的阶级、政党、民族及公民个人在一定的生产方式基础上、在特定的政治环境下对国家政治生活的一种认识和反映。政治文化主要包括政治心理倾向和政治价值取向。其中，政治心理倾向主要包括政治认知、政治感情、政治态度等，政治价值取向主要包括政治理想、政治信念、政治价值观、政治评价、政治理论等。政治文化是整个政治体系的精神层面，特定的政治文化是政治体系存在和运行的必要基础，政治文化是影响政治体系实际运行

① 习近平．在2019年春节团拜会上的讲话［N］．光明日报，2019-02-04.
② 习近平．习近平谈治国理政：第2卷［M］．北京：外文出版社，2017：354.
③ 习近平．习近平谈治国理政：第2卷［M］．北京：外文出版社，2017：354.

及模式的重要因素，是政治体系变革、完善的内在推动力。如果政治文化发生变异或遭到严重损害，会导致政治体系的生存危机。此外，政治文化对国家政治生活具有指导、激励、整合、维护等方面的重要功能。正是因为政治文化有独特的价值和功能，因此，在国家意识形态建设过程，都非常重视政治文化建设。

政治文化具有不同的承载主体，既可以是一个阶级的政治文化、一个国家的政治文化、一个民族的政治文化，也可以是一个政党的政治文化，甚至还可以是公民个人的政治文化。一个政党的指导思想、奋斗目标、路线纲领、制度规范、思维模式、价值观念、精神状态、工作作风、历史传统等都属于政党政治文化，由于这些政治文化在党内存在和发挥作用，所以也称之为党内政治文化。政党政治文化是国家意识形态的重要组成部分。

政党是代表一定阶级利益的特定政治组织，中国共产党是中国工人阶级的先锋队，同时也是中国人民和中华民族的先锋队，是中国特色社会主义事业的领导核心。中国共产党的这种政治属性，就使得中国共产党党内政治文化具有自己鲜明的特征：

第一，具有坚定的信仰性。信仰是政党的政治灵魂，也是一个政党政治实践的出发点与归宿，政党的政治信仰深刻地主导着、塑造着党内政治文化的精神实质。中国共产党把对马克思主义的信仰，对社会主义、共产主义的信念作为自己的政治灵魂，习近平总书记指出，“革命理想高于天，中国共产党之所以叫共产党，就是因为从成立之日起我们党就把共产主义确立为远大理想。”①“用新时代中国特色社会主义思想武装全党。思想建设是党的基础性建设。革命理想高于天。”② 中国共产党的这种信仰文化，使我们党能够经受“四大考验”，克服“四种威胁”，始终保持共产党人的蓬勃朝气、昂扬锐气、浩然正气。

第二，具有高度的组织性。政党不仅具有阶级性，而且还具有严密的组织纪律性，政党是意志的统一体，政党的这种特性，就决定了中国共产党党内政治文化是一种组织文化，党内不允许各自为政、各行其是，不允许有令不行、有禁不止，不允许上有政策、下有对策。这种组织性的政治文化，要求党员、干部对党忠诚、光明磊落，遵循政治纪律、政治规矩，反对两面派、弄虚作假、

① 习近平．在庆祝中国共产党成立95周年大会上的讲话［N］．人民日报，2016－07－02.

② 习近平．决胜全面建成小康社会 夺取新时代中国特色社会主义伟大胜利［N］．人民日报，2017－10－28.

阳奉阴违，这就从组织角度对党内政治文化进行了构建，也是党内政治文化的价值导向，基于党内组织文化的这种内在要求，每个党员、干部必须具有政治意识、大局意识、核心意识、看齐意识，反对个人主义、分散主义、自由主义、本位主义。

第三，具有突出的实践性。中国共产党党内政治文化也是一种实践文化，具有突出的实践特性。党内政治文化在党的政治实践中形成，又贯穿于党的政治实践过程，并对党的政治实践产生重大影响。一方面，党内政治文化是我党领导人民进行革命、建设和改革实践长期的思想文化积淀，是我党历史经验的总结，党内政治文化是社会和国家政治生活的反映，也是党自身政治实践的产物。党内政治文化来自实践，同时也随着我党政治实践的发展而不断地完善创新。习近平总书记指出："时代是思想之母，实践是理论之源。实践发展永无止境，我们认识真理、进行理论创新就永无止境。"① 另一方面，党内政治文化对政党政治实践具有指导作用，指导思想是一个政党的精神旗帜，中国共产党领导人民在革命、建设、改革实践中取得一个又一个胜利，是与坚持马克思主义的指导地位分不开的，中国革命的胜利是马克思主义的胜利，同样，中国改革实践的成功也是马克思主义及中国特色社会主义理论体系的胜利。政治文化不仅能指导实践，而且还能指导人们的政治行为，进一步塑造实践。十八大以来，党内一大批想干事、能干事、干成事的领导干部脱颖而出，展现出敢于担当、奋发有为的精神状态，逐步形成了干部清正、政治清明的政治生态，这些都是源于为民、务实、清廉、忠诚、担当的党内政治文化的指引。

第四，具有鲜明的导向性。中国共产党作为我国的执政党，其路线方针政策决定着、引导着中国的发展道路、发展前景。每个党员、干部在从事党内外公务活动中，都会受到党内政治文化的支配和指导，体现一定的文化思想、文化风格和文化价值，同时每个党员特别是领导干部的一言一行在社会上也具有示范和引领作用。党内政治文化是整个社会政治文化的核心，党内政治文化倡导的政治价值观、政治立场、政治信仰等，往往会影响着、甚至主导着整个社会政治文化的走向，党风、政风影响着整个社会风气。习近平总书记强调，党的作风正，人民的心气顺，党和人民就能同甘共苦。就能更有效引领社会风尚，建设一种积极健康的社会整体政治文化。

---

① 习近平．在庆祝中国共产党成立95周年大会上的讲话［N］．人民日报，2016－07－02.

2. 党内政治文化的现实作用

我党肩负着实现中华民族伟大复兴中国梦的历史使命，不断推进中国特色社会主义伟大事业，需要把全国人民紧密地凝聚在一起，这就需要真理的力量、精神的力量、信仰的力量，党内政治文化正是我党真理的力量、精神的力量、信仰的力量的集中体现。党内政治文化渗透于党内生活和建设的方方面面，党的政治建设、思想建设、组织建设、作风建设、制度建设等都蕴含着党内政治文化要素，都要受到党内政治文化的影响和制约，因此，习近平总书记强调，党内政治生活、政治生态、政治文化是相辅相成的。加强党内政治文化建设，具有重要的现实价值。

第一，党内政治文化对党内生活具有指导作用。党内政治文化一旦形成，对党的全部活动具有重要的指导作用。作为一种标识，党内政治文化直接反映党的性质、政治倾向、政治价值取向，先进的、革命的党必然也是政治文化上进步的党。中国共产党党内政治生活是组织教育、管理党员的重要平台，要加强和规范党内政治生活，严肃党的政治纪律和政治规矩，增强党内政治生活的政治性、时代性、原则性、战斗性，就需要发挥政治文化的指导作用。党内政治文化是党内政治生活的灵魂，党内政治生活要有效解决党内存在的问题，有效锤炼党员、干部的党性，有效纯洁党的作风，就需要发挥积极健康的党内政治文化的指导。

第二，党内政治文化对政治生态具有导向作用。习近平总书记指出，政治生态同自然生态一样，稍不注意就很容易受到污染，一旦出现问题再想恢复就要付出很大代价。党内政治文化对政治生态具有潜移默化的影响，这是一种渐进过程，党内政治文化积极、健康，就会培育良好的党内政治生态，党内政治文化不健康，党内政治生态就会恶化。因此，改善政治生态应从党内政治文化入手，不断培厚良好政治生态的土壤，通过党内政治文化的教育、涵养、引导逐步净化政治生态，进而形成风清气正的政治生态。

第三，党内政治文化对党内制度、法规具有支撑作用。党内制度、法规的构建及运行都需要党内政治文化的支撑，党内制度、法规的建立需要一定的理论基础、思想指导和价值引领，这就需要发挥党内政治文化的作用。党内制度、法规的运行不能简单地依靠强制的方式实施，还需要思想文化及情感认同，这就需要对党员、干部进行思想教育、心理疏导，使党员、干部能够自觉地维护、遵守党规党纪，这样就使党内制度、法规的实施具有了深层次的文化支撑。

第四，党内政治文化对我党的建设和发展具有基础性作用。党内政治文化是融入党员、干部内心深处的精神标识，反映着党员、干部的精神追求。党内政治文化是我们党发展壮大的丰厚滋养，我们党内一直就具有先进的党内文化，使我们党保持先进性、纯洁性，带领人民不断取得革命、建设和改革开放的胜利。加强党内政治文化建设就是要弘扬忠诚老实、光明坦荡、公道正派、实事求是、艰苦奋斗、清正廉洁等价值观，这是坚持党的性质和宗旨、加强和规范党内政治生活的文化基础。习近平总书记指出："工作作风上的问题绝对不是小事，如果不坚决纠正不良风气，任其发展下去，就会像一座无形的墙把我们党和人民群众隔开，我们党就会失去根基、失去血脉、失去力量。"① 加强党内政治文化建设，才能使党员、干部具有坚定的理想信念，更好地坚守共产党员的精神家园，不断夯实党员、干部廉洁从政的思想道德基础，筑牢拒腐防变的思想道德防线。抓好思想理论建设、党性教育和党性修养、道德建设，教育引导党员、干部认真学习马克思主义、毛泽东思想和中国特色社会主义理论体系，牢固树立正确的世界观、权力观和事业观，以理论上的坚定保证行动上的坚定，以思想上的清醒保证权力上的清醒，不断增强宗旨意识，始终保持共产党人的高尚品格和廉洁操守。

可见，党的生机与活力要以党内政治文化健康发展为支撑，党内政治文化建设是党的一种基础性建设，是保证党不断发展进步的一种更基本、更深沉、更持久的力量。

（二）中国共产党党内政治文化面临的一些挑战和存在的问题

1. 西方国家网络意识形态渗透冲击着党内政治文化

在互联网时代，信息传播途径和方式不断增加，西方敌对势力利用其掌握的技术优势和国际话语权，以所谓的"新闻自由""言论自由""网络自由"为借口，在网上相互呼应、造谣污蔑、借题发挥、小题大做、混淆视听，恶意抹黑中国政府和执政党，对我国进行思想文化渗透，一些敌对势力和不法分子利用网络鼓吹推翻国家政权，煽动宗教极端主义，宣扬民族分裂思想，教唆暴力恐怖活动等，利用网络进行欺诈活动，散布色情材料，进行人身攻击，兜售非法物品等。互联网对网民的思维方式、价值观念产生重要影响，让他们对国家、对社会、对工作、对人生的看法产生重要影响。由于资产阶级腐朽没落的思想文化、生活方式不断渗透到党内，致使一些党员、干部的思想意识、价值观出现扭曲、变异，这在很大程度上冲击着党内政治文化的支配力。

2. 党内存在的思想作风问题损害着党内政治文化

随着我国改革进入深水区、攻坚期，各种复杂而深刻的矛盾和问题相互交

---

① 习近平．习近平谈治国理政［M］．北京：外文出版社，2014：387.

织在一起，使一些党员、干部思想迷茫、价值观错位，滋长了官僚主义、形式主义、享乐主义和奢靡之风。思想作风与党内政治文化是紧密相关的，思想作风对党内政治文化建设具有直接的影响，风清气正的作风，必定有利于健康政治文化的形成，否则就会损害、污染党内政治文化。一些党的领导干部中仍存在不同程度的腐败现象，在一些领域消极腐败现象仍易发多发，一些重大违纪违法案件影响恶劣，这极大损害了党内政治文化的感召力。

3. 个别党员、干部理想信念不坚定动摇着党内政治文化

在党员、干部队伍中，信仰缺失是一个需要引起高度重视的问题，一些人理想信念不坚定，一些腐朽落后思想文化沉渣泛起，拜金主义、享乐主义、极端个人主义有所滋长。一些人忘记了共产党人的初心，将共产主义远大理想和中国特色社会主义共同理想抛在脑后，导致一些人思想理论不清醒、政治立场不坚定、理想信念丧失，个别党员、干部不信马列信鬼神，从封建迷信中寻找精神寄托；有的对共产主义心存怀疑，认为那是虚无缥缈、难以企及的幻想；有的心为物役，信奉金钱至上、名利至上；有的是非观念淡漠，原则性不强，正义感退化；有的甚至向往西方社会制度和价值观念，对社会主义前途丧失信心。这种现象严重动摇着党内政治文化的根基，不断消解党内政治文化的引导力。

4. 少数党员、干部政治纪律意识不强危害着党内政治文化

一个时期以来，个别单位和党员、干部党的意识淡漠了，党性原则讲少了，一些党员、干部无视党规党纪，屡屡违反党的政治纪律，破坏党的政治规矩，有的搞小山头、小团体、小圈子，更有的党员、干部政治纪律涣散；少数党员、干部在原则问题和大是大非面前立场摇摆；有的对涉及党的理论和路线方针政策等重大政治问题，公开发表反对意见；个别地方和部门对中央方针政策和重大决策部署阳奉阴违，有的甚至发展到目空一切的地步，对中央工作部署搞“软抵制”；有的专门挑那些党已经明确规定的政治原则来说事，口无遮拦，毫无顾忌，热衷于转发网上不良信息，甚至妄议中央，这些问题在党内和社会上造成恶劣影响，危害着党内政治文化主导力。

5. 一些党组织和领导干部对错误思潮斗争不力弱化着党内政治文化

面对各种错误思潮和言论，一些领导干部在大是大非问题上绕着走，态度暧昧，独善其身，牵涉到政治原则问题含糊其词；有些领导干部对于攻击、污蔑党和政府的言论不进行抵制和批判，消极躲避，不敢亮剑；个别领导干部对正确的观点不进行公开的支持。这种现象使我党不能很好地在事关大是大非和政治原则问题上增强主动性、掌握主动权、打好主动仗，弱化了党内政治文化

的影响力。

（三）加强党内政治文化建设的基本要求

1. 坚持正确的选人用人导向，作为党内政治文化建设的“风向标”

习近平总书记指出，选什么人就是风向标，就有什么样的干部作风，乃至就有什么样的党风。选人用人导向不仅直接关系到党风，也关系到党内政治文化建设，选人用人导向对党内政治文化建设也具有“风向标”作用，有什么样的选人用人导向，就会有什么样的党内政治文化。要坚持正确的选人用人导向，就要坚持德才兼备，以德为先，努力做到选贤任能、用当其时，知人善任，人尽其才。在选人用人方面还要突出政治价值观，要看是否坚定不移地贯彻党的基本路线，在大是大非面前不能动摇基本政治立场，不能被错误思潮所左右，将党员、干部在意识形态上的言行作为选拔任用干部时的一个重要考核指标。在选人用人上要把公道正派作为核心理念，公道对待干部、公平评价干部、公正使用干部。要真正把德才兼备、具有高度政治素质的人才选拔到领导岗位上，因此，选人用人导向既是党内政治生活的价值导向，也是党内政治文化建设的风向标。

2. 严明党的政治纪律，为党内政治文化建设提供有力的组织保障

纪律严明是全党统一意志、统一行动、步调一致前进的重要保障，是党内政治生活的重要内容，也是加强党内政治文化建设的重要保障。党的各级组织必须担负起执行和维护党的政治纪律和政治规矩的责任，通过严明党的政治纪律，一方面为党内政治文化建设提供有力的组织保障，消除不良政治文化的侵蚀，防止腐朽思想文化、旧的官场文化在党内的渗透，另一方面，打造党内良好的政治生态，培育积极健康的党内政治文化。

3. 全面净化党内政治生态，为党内政治文化建设提供良好环境

为全面净化党内政治生态就要增强党内政治生活的政治性、时代性、原则性、战斗性，全党要增强政治意识、大局意识、核心意识、看齐意识，切实做到对党忠诚、为党分忧、为党担责、为党尽责，每个党员、干部要把对党忠诚作为共产党员的生命线和立身之本，在任何时候、任何情况下都要保持清醒的政治头脑和政治本色，站在党和国家的大局上看问题，始终在思想上、政治行动上与以习近平同志为核心的党中央保持高度一致。要坚决消除党内的消极腐败现象。党内政治文化与党内政治生态是相辅相成的，风清气正的党内政治生态就为建设积极健康的党内政治文化提供良好的环境。

4. 加强党性修养和党性锻炼，打造党内政治文化的精神标识

在党内要倡导和弘扬一种忠诚老实、光明坦荡、公道正派、实事求是、艰

苦奋斗、清正廉洁的价值观，习近平总书记指出，好干部要做到信念坚定，为人民服务，勤政务实，敢于担当，清正廉洁。党的干部要求真务实、真抓实干、坚持原则、认真负责、敬畏权力、慎用权力，保持拒腐蚀、永不沾的政治本色，创造出经得起实践、人民、历史考验的实绩。既严以修身、严以用权、严以律己，又要谋事要实、创业要实、做人要实，这是广大党员特别是领导干部的为政之道、成事之要、做人准则。通过加强党性修养和党性锻炼保持共产党人的浩然正气，这是共产党人特有的精神品质，也是党内政治文化的精神标识。

5. 抵制批判腐朽落后的思想文化，清除党内政治文化建设的思想障碍

腐朽落后的思想文化侵蚀党的思想道德基础，损害党内政治生态和党的形象，腐蚀党的先进性、纯洁性，危害党内政治文化。因此，习近平总书记强调，在加强党内政治文化建设过程中必须敢于同一切错误的思想文化做斗争，对错误言行敢抓、敢管，防止错误思想在党内蔓延，不给错误思潮提供传播渠道和空间，各级党委真正做到守土有责、守土负责、守土尽责，牢牢掌握意识形态领导权、管理权、话语权，有针对性地反对和清除不良的党内政治文化，使党始终保持一种蓬勃旺盛的建设状态，通过激浊扬清、扶正祛邪不断纯洁党内政治文化。

八、我党高度重视新时代奋斗精神，为我国意识形态建设注入新内涵

毛泽东同志在全国即将解放之时就提出“两个务必”的重要思想。习近平总书记指出，我们现在强调领导干部要继续发扬艰苦奋斗精神，更深刻的内涵在于强调领导干部要始终保持同人民群众的血肉联系，与人民同甘共苦，同呼吸，共命运，反对高高在上，不关心群众疾苦，只贪图自己享乐的官僚主义和腐败行为。中国特色社会主义进入新时代，我国面临的改革发展的任务艰巨而繁重，各种风险和挑战增加，这既是我国发展的战略机遇期，也是风险期，这就需要我们不仅要提高执政能力、应对风险的能力，而且还要具有坚忍不拔的奋斗精神。习近平总书记非常重视奋斗精神的培育，倡导全党全国各族人民，为实现中华民族伟大复兴的中国梦，要发扬奋斗精神。习近平总书记倡导的伟大创造精神、伟大奋斗精神、伟大团结精神、伟大梦想精神，都是当代中国的伟大精神。习近平总书记所强调的奋斗精神，不只是个人的精神面貌和思想状况问题，而是把奋斗精神与党和国家的发展联系在一起，与国家软实力；联系在一起，把奋斗精神看作是一种民族精神、国家精神，这样习近平总书记所阐述的奋斗精神就具有了意识形态属性，具有了对整个社会起作用的价值导向。因此，习近平总书记对奋斗精神的论述，也是习近平总书记关于意识形态理论

的重要组成部分。

（一）习近平总书记高度赞赏了奋斗精神

在2019年春节团拜会上，习近平总书记热情洋溢地讲，春华秋实，岁物丰成，过去的一年，我们在前进道路上，奋力奔跑，跨过许多沟沟坎坎，越过不少激流险滩。在新的征程上，会有新的发展机遇，也会有新的风险挑战。全国人民要在中国共产党领导下，同心同德，开拓进取，用辛勤劳动创造中国人民的美好生活、创造中华民族的美好未来。习近平总书记在2019年的新年贺词又讲，在这一年，我们战胜各种风险挑战，推动经济高质量发展，各种民生事业加快发展，人民生活持续改善，一系列国家战略稳步实施等，“这些成就是全国各族人民撸起袖子干出来的，是新时代奋斗者挥洒汗水拼出来的。”① 在新的一年，有机遇也有挑战，大家还要一起拼搏、一起奋斗。“我们都在努力奔跑，我们都是追梦人。”② 要撸起袖子加油干。习近平总书记还讲，中华人民共和国成立70年以来，中国人民自力更生、艰苦奋斗，创造了举世瞩目的中国奇迹。新征程上，不管乱云飞渡、风吹浪打，我们都要紧紧依靠人民，坚持自力更生、艰苦奋斗，以坚如磐石的信心、只争朝夕的劲头、坚忍不拔的毅力，一步一个脚印把前无古人的伟大事业推向前进。习近平总书记在2020年新年贺词中提出：“我们要万众一心加油干，越是艰险越向前。”③

习近平总书记从我国改革开放的现实出发，进一步强调了奋斗精神的必要性，他认为40多年来取得的巨大成就，不是天上掉下来的，更不是别人恩赐施舍的，而是全党全国各族人民用辛勤劳动、智慧、勇气干出来的。我们用几十年的时间走完了发达国家几百年走过的工业化路程。在中国人民手中，不可能变成了可能。这都是中国人民奋斗的结果。习近平总书记讲：“伟大梦想不是等得来、喊得来的，而是拼出来、干出来的。”④ 习近平总书记指出，我们现在所处的是一个船到中流浪更急、人到半山路更陡的时候，是一个愈进愈难、愈进愈险而又不进则退、非进不可的时候，改革开放已走过千山万水，但仍需跋山涉水。习近平总书记讲，当前改革发展稳定任务繁重，矛盾风险挑战之多，治国理政考验之大都是前所未有的，我们要赢得优势、赢得主动、赢得未来，必须应对重大挑战、抵御重大风险、克服重大阻力、化解重大矛盾、解决重大问

---

① 习近平.2019年新年贺词［N］.人民日报，2019－01－01.
② 习近平.2019年新年贺词［N］.人民日报，2019－01－01.
③ 习近平.2020年新年贺词［N］.人民日报，2020 －01－01.
④ 习近平.在庆祝改革开放40周年大会上的讲话［J］.求是，2018（24）：11.

题，必须发扬斗争精神。习近平总书记指出，目前全国人民面临的使命更光荣、任务更艰巨、挑战更严峻、工作更伟大，我们绝不能骄傲自满、故步自封，绝不能有丝毫犹豫不决、徘徊彷徨，我党必须统筹伟大斗争、伟大工程、伟大事业、伟大梦想，勇立潮头、奋勇拼搏。习近平总书记这些论述都蕴含着深刻的奋斗精神，鼓励广大人民为实现党和国家的目标任务要不懈奋斗。

（二）我党在培育和发扬奋斗精神方面提出了多方面的要求

1. 青年要有奋斗精神

习近平总书记讲，青年是祖国的未来、民族的希望，也是我们党的未来和希望。他要求，全国广大青年要深刻了解近代以来中国人民和中华民族不懈奋斗的光荣历史和伟大历程，坚定不移跟着共产党走，让青春在为祖国、为人民、为民族的奉献中焕发出绚丽光彩。把我国建设成为社会主义现代化强国，是一项长期任务，需要一代又一代人接续奋斗。我们今天就是这样走过来的，我们的明天需要青年人接着奋斗下去，一代接着一代不断前进。习近平总书记对青年特别提出："希望你们珍惜韶华、奋发有为，勇做走在时代前面的奋进者、开拓者、奉献者。"① 习近平总书记对大学生讲，青年在成长过程中的奋斗，会收获成功和喜悦，也会面临困难和压力，要正确对待一时的成败得失，处优而不养尊，受挫而不志短。习近平总书记讲："社会主义是干出来的，新时代也是干出来的。"② 习近平总书记对青年讲，希望你们珍惜荣誉，努力学习，在各自岗位上继续拼搏、再创佳绩，用你们的干劲、闯劲、钻劲鼓舞更多的人，激励广青年要争做新时代的奋斗者。广大青年既是追梦者，也是圆梦人。追梦需要激情和理想，圆梦需要奋斗和奉献。广大青年应该在奋斗中释放青春激情，追逐青春理想，以青春之我、奋斗之我为民族复兴铺路架桥，为祖国建设添砖加瓦。习近平总书记鼓励大学生，要励志，立鸿鹄志，做奋斗者。广大青年要培养奋斗精神，做到理想坚定，信念执着，不怕困难，勇于开拓，顽强拼搏，永不气馁，幸福都是奋斗出来的，奋斗本身就是一种幸福。"为实现中华民族伟大复兴的中国梦而奋斗，是我们人生难得的际遇。每个青年都应该珍惜这个伟大时代，做新时代的奋斗者。"③

2. 发扬劳模精神、向劳动模范学习，培育奋斗精神

习近平总书记特别重视和尊重劳动模范，大力倡导劳模精神，指出："在前

---

① 习近平．给北京大学学生回信勉励当代青年［N］．人民日报，2013-05-05.

② 习近平．给中国劳动关系学院劳模本科班学员的回信［N］．人民日报，2018-05-01.

③ 习近平．在北京大学师生座谈会上的讲话［N］．人民日报，2018-05-03.

进道路上，我们要始终弘扬劳模精神、劳动精神，为中国经济社会发展汇聚强大正能量。”① 习近平总书记讲，中国特色社会主义事业是靠一砖一瓦砌成的，人民的幸福是靠一点一滴创造得来的。“爱岗敬业、争创一流、艰苦奋斗、勇于创新、淡泊名利、甘于奉献”的劳模精神生动诠释了社会主义核心价值观，是我们的宝贵精神财富和强大精神动力。习近平总书记倡导，我们一定要在全社会大力弘扬劳模精神、劳动精神，大力宣传劳动模范和其他先进典型的事迹，引导广大人民群众树立辛勤劳动、诚实劳动、创造性劳动的理念，让劳动最光荣、劳动最崇高、劳动最伟大、劳动最美丽蔚然成风。习近平总书记指出：“全国各族人民都要向劳模学习，以劳模为榜样，发挥只争朝夕的奋斗精神，共同投身实现中华民族伟大复兴的宏伟事业。”② 习近平总书记讲，一切伟大成就都是接续奋斗的结果，一切伟大事业都需要在继往开来中推进。全国人民要像英雄模范那样坚守、像英雄模范那样奋斗。

3. 把奋斗精神与进行伟大斗争联系在一起

奋斗与斗争是不可分的，在奋斗过程中难免遇到各种艰难险阻，这就需要斗争，斗争本身也就是在奋斗。习近平总书记在论述奋斗精神时，总是将奋斗精神与从事各种斗争联系在一起。习近平总书记讲，实现中华民族伟大复兴，绝不是轻轻松松、敲锣打鼓就能实现的，全党必须准备付出更为艰巨、更为艰苦的努力，实现伟大梦想，必须进行伟大斗争。在前进的道路上，我们面临的风险和考验越来越复杂，甚至还会遇到难以想象的惊涛骇浪，因此，要有斗争意识，敢于进行斗争。习近平总书记讲，凡是危害中国共产党领导和我国社会主义制度的各种风险挑战，凡是危害我国主权、安全、发展利益的各种风险挑战，凡是危害我国核心利益和重大原则的各种风险挑战，凡是危害我国人民根本利益的各种风险挑战，凡是危害我国实现“两个一百年”奋斗目标、实现中华民族伟大复兴的各种风险挑战，只要存在，我们就必须进行坚决斗争。各级领导干部要发扬斗争精神，增强斗争本领，取得斗争胜利。在党的十九大报告中，习近平总书记指出，实现伟大梦想，必须进行伟大斗争，社会是在矛盾中前进的，有矛盾就会有斗争。我们党团结带领人民群众有效应对重大挑战、抵御重大风险、克服重大阻力、解决重大矛盾。必须进行具有许多新的历史特点的伟大斗争，任何贪图享受、消极懈怠、回避

① 习近平．在庆祝‘五一’国际劳动节暨表彰全国劳动模范和先进工作者大会上的讲话［N］．人民日报，2015－04－29.

② 习近平．在同全国劳动模范代表座谈时的讲话［N］．人民日报，2013－04－29.

矛盾的思想和行为都是错误的。

4. 十分重视共产党人的奋斗精神

习近平总书记指出："为中国人民谋幸福，为中华民族谋复兴，是中国共产党人的初心和使命，是激励一代代中国共产党人前赴后继，英勇奋斗的根本动力。"① 共产党人为实现自己的初心使命、为实现自己的目标，就是在长期奋斗中不断前进的。艰苦奋斗是中国共产党人的优良传统和作风。习近平总书记明确指出："全党同志一定要不忘初心、继续前进，永远保持谦虚、谨慎、不骄、不躁的作风，永远保持艰苦奋斗的作风，勇于变革、勇于创新，永不僵化、永不停滞，继续在这场历史性考试中经受考验，努力向历史、向人民交出新的更加优异的答卷。"② 习近平总书记指出，经过中华人民共和国成立以来特别是改革开放 40 多年来的不懈奋斗，我国经济社会发展取得了举世瞩目的成就，人民生活总体达到了小康水平。但我们绝不能自满，绝不能懈怠，绝不能停滞。成绩越大，条件越好，喝彩声越多，越要保持清醒的头脑，越要保持艰苦奋斗的优良传统。那种认为艰苦奋斗是老套、已经过时的看法是错误的、有害的。艰苦奋斗与今天我们所倡导的解放思想、开拓进取、不断创新是完全一致的，艰苦奋斗精神不仅没有过时，更要发扬光大。艰苦奋斗的核心内容是"奋斗"，即面对困难、问题、挑战等，不退缩、不逃避、不屈服，勇于、敢于和善于争而取胜，是一种不畏困难、坚忍不拔、奋发有为的意志品质和精神风貌。目前生态破坏、资源匮乏、环境污染，地区之间、城乡之间、不同社会群体之间收入差距扩大，看病难、上学难、买房难以及失业、贫困等，使得我们现在所遇到的矛盾和问题，比以往更复杂、更艰巨，解决起来难度也更大。面对这些矛盾和问题只有顽强拼搏、开拓进取、奋发有为，才能跟上时代不断前进的步伐。

5. 在抗击新冠肺炎疫情斗争中广大党员、干部及人民群众展现了奋斗精神

2020 年春我国发生了新冠肺炎疫情，这次新冠肺炎疫情，是中华人民共和国成立以来在我国发生的传播速度最快、感染范围最广、防控难度最大的一次重大突发卫生公共事件。疫情发生后，习近平总书记和党中央高度重视，始终把人民群众生命安全和健康放在第一位。习近平总书记提出了坚定信心、同舟共济、科学防治、精准施策的总要求，坚决打赢疫情防控的人民战争、总体战、

---

① 习近平．在"不忘初心、牢记使命"主题教育工作会议上的讲话［J］．求是，2019（13）：4－13.

② 习近平．在庆祝中国共产党成立 95 周年大会上的讲话［N］．人民日报，2016－07－02.

阻击战。习近平总书记指出，在这场严峻斗争中，各级党组织和广大党员、干部冲锋在前、顽强拼搏，勇当先锋，敢打头阵，迎难而上，奋力拼搏。他还指出，湖北武汉广大党员、干部、人民群众积极响应党中央号召，自觉行动、顽强斗争。特别赞扬“全国广大医务工作者不忘初心、牢记使命，响应党的号召，义无反顾冲上疫情防控第一线，同时间赛跑，与病魔较量，顽强拼搏、日夜奋战，展现了对党、对人民高度负责的精神面貌”①。人民解放军指战员发扬越是艰难越向前的大无畏精神，闻令而动，敢打硬仗，坚忍不拔，不怕牺牲，攻坚克难。广大人民群众守望相助，众志成城，广大公安干警、疾控工作人员、社区工作人员坚守岗位，日夜值守，广大新闻工作者不为艰险、深入一线，广大志愿者真诚奉献，不辞劳苦，筑起了群防群控的人民防线。在这场严峻斗争中，充分彰显了中国共产党的领导和社会主义制度的优越性，展现了中国精神、中国力量。经过全党全国全社会共同努力、团结奋斗，疫情蔓延势头得到有效遏制，疫情防控工作取得重大成效。疫情防控取得的成效，既归于党的领导、社会主义制度、人民群众的力量、科技的力量，也归于中国人民和中华民族伟大的、拼搏奋斗精神。习近平总书记指出：“中华民族历史上经历过很多磨难，但从来没有被压垮过，而是愈挫愈勇，不断在磨难中成长、从磨难中奋起。”②

九、我党特别重视传承红色革命精神，为我国意识形态建设增添了红色文化内涵

红色革命精神是我党及人民群众在革命、建设、改革的各个时期，在实现党和国家奋斗目标过程中，所锻造、形成的一种特定精神形态和风貌。由于党和国家面临的任务不同，红色革命精神在不同的时期有不同的表现形态。2021年3月，中共中央印发《关于在全党开展党史学习教育的通知》（以下简称《通知》），《通知》指出，学习历史是为了更好走向未来。当前，我国正处于实现中华民族伟大复兴关键时期，世界正经历百年未有之大变局。在这一重大历史时刻，组织开展党史学习教育，对于总结历史经验、认识历史规律、掌握历史主动，对于传承红色基因、牢记初心使命、坚持正确方向，对于深入学习领会习近平新时代中国特色社会主义思想，进一步统一思想、统一意志、统一行动，

① 习近平．以更坚定的信心更顽强的意志更果断的措施　坚决打赢疫情防控的人民战争总体战阻击战［N］．人民日报，2020－02－11.

② 习近平．毫不放松抓紧抓实抓细防控工作 统筹做好经济社会发展各项工作［N］．光明日报，2020－02－24.

建设更加强大的马克思主义执政党，在新的历史起点上奋力夺取新时代中国特色社会主义伟大胜利，具有重大而深远的意义。习近平总书记非常重视培育、传承、弘扬红色革命精神，红色革命精神是我党、我国人民的宝贵精神财富，也是一种有中国特色的精神力量和精神标识，红色革命精神不仅具有深厚的历史价值，而且有重要的现实意义，这些红色革命精神凝聚了一代代共产党人的理想和追求，反映了共产党人的奋斗历程，折射了广大人民在火热的战争、建设、改革年代的进取、创新、拼搏精神，具有鲜明的政治性、价值导向性。

（一）我党十分重视传承革命战争年代时期的红色革命精神

1. 发扬五四精神

1919 年 5 月 4 日爆发的五四运动，标志着旧民主主义革命的结束，新民主主义革命的开始。五四运动是一场以先进青年知识分子为先锋，广大人民群众参加的彻底反帝反封建的伟大爱国革命运动。五四运动极大地提高了中国人民的觉悟，促进了马克思主义在中国的传播，促进了马克思主义与中国工人运动的结合，为中国共产党的成立在思想上、干部上做了准备，为新的革命力量、革命文化、革命斗争登上历史舞台创造了条件，在近代以来中华民族追求民族独立和发展进步的历史进程中具有里程碑意义。

习近平总书记非常重视对五四精神的研究，2019 年 4 月 19 日，中共中央政治局就五四运动的历史意义和时代价值举行第十四次集体学习，习近平总书记在主持学习时强调，五四精神是五四运动创造的巨大财富，我们必须加强对五四精神的研究，以引导广大青年在五四精神激励下，为决胜全面建成小康社会、夺取新时代中国特色社会主义伟大胜利、实现中华民族伟大复兴的中国梦不懈奋斗。习近平总书记在纪念五四运动 100 周年大会上的讲话中指出："五四运动，孕育了以爱国、进步、民主、科学为主要内容的伟大五四精神，其核心是爱国主义精神。"①

习近平总书记指出，通过五四运动，中国青年发现了自己的力量，中国人民和中华民族发现了自己的力量。中国人民和中华民族从斗争中懂得，中国社会发展，中华民族振兴，中国人民幸福，必须依靠自己的英勇奋斗来实现。对青年发扬五四精神问题习近平总书记特别指出："青年是整个社会力量中最积极、最有生气的力量，国家的希望在青年，民族的未来在青年。"② 新时代中国青年处在中华民族发展的最好时期，既面临着难得的建功立业的人生际遇，也

---

① 习近平．在纪念五四 100 周年大会上的讲话［N］．人民日报，2019-05-01.
② 习近平．在纪念五四 100 周年大会上的讲话［N］．人民日报，2019-05-01.

面临着“天将降大任于斯人”的时代使命，新时代中国青年要继续五四精神，以实现中华民族伟大复兴为己任，不辜负党的期望、人民期盼、民族重托，不辜负我们这个伟大时代。发扬五四精神不是一句空话，要具体落实到每个青年的实际生活中，在自己的成长过程中扎扎实实地践行五四精神，为了使青年更好地发扬五四精神，习近平总书记深情寄语青年，对青年提出六点要求：一是要树立远大理想，树立马克思主义的信仰、对中国特色社会主义的信念，对中华民族伟大复兴中国梦的信心，到新时代新天地中去，让青春在创新创造中闪光。二是热爱伟大祖国，听党话、跟党走，胸怀忧国忧民之心、爱国爱民之情。三是要担当时代责任，让青春在新时代改革开放的广阔天地中绽放，让人生在实现中国梦的奋进追逐中展现出英勇奔跑的英姿，努力成为德智体美劳全面发展的社会主义建设者和接班人。四是要勇于砥砺奋斗，勇做走在时代前列的奋进者、开拓者、奉献者。五是练就过硬本领，增强学习紧迫感，努力学习马克思主义立场观点方法，努力掌握科学文化知识和专业技能，努力提高人文素养，以真才实学服务人民，以创新创造贡献国家。六是要锤炼品德修为，自觉树立和践行社会主义核心价值观，明大德、守公德、严私德，追求更有高度、更有境界、更有品位的人生。

2. 弘扬红船精神

2005 年 6 月 25 日，时任浙江省委书记的习近平总书记在《光明日报》发表文章《弘扬“红船精神” 走在时代前列》，首次提出并阐述了“红船精神”，阐述了中国共产党的源头精神。2017 年 10 月 31 日，党的十九大闭幕仅一周，习近平总书记带领新一届中共中央政治局常委前往上海和浙江嘉兴，瞻仰中共一大会址和嘉兴红船，回顾建党历史，重温入党誓词，宣示新一届党中央领导集体的坚定政治信念。习近平总书记讲，红船，见证了中国历史上开天辟地的大事变，成为中国革命源头的象征。红船所代表和昭示的是时代高度，是发展方向，是奋进明灯，是铸就在中华儿女心中的永不褪色的精神丰碑。习近平总书记指出：“‘红船精神’同井冈山精神、长征精神、延安精神、西柏坡精神等一道，伴随中国革命建设、改革的光辉历程，共同构成我们党在前进道路上战胜各种困难和风险，不断夺取新胜利的强大精神力量和宝贵精神财富。”“红船精神”一直激励和鼓舞着我们党坚持站在历史的高度，走在时代的前列，勇当舵手，引领航向，不断夺取革命、建设和改革的一个又一个胜利。

习近平总书记指出：“开天辟地、敢为人先的首创精神，坚定理想、百折不挠的奋斗精神，立党为公、忠诚为民的奉献精神，是中国革命精神之源，也是‘红船精神’的深刻内涵。”习近平总书记分析认为，红船，中国共产党引领革命的航船，劈波斩浪，开天辟地，使中国革命的面貌焕然一新。伟大的革命实践，产生伟大的革命精神。“红船精神”正是中国革命精神之源，中国历史上形成的优良传统和革命精神，无不与之有直接的渊源关系。中国共产党作为中国工人阶级和中华民族的先锋队，从这条红船扬帆起航，在推动中国历史前进中发挥这无可替代的核心作用。红船是走在时代前列的象征，“红船精神”充分体现了走在时代前列的精神，这集中体现了党的先进性，是党的先进性之源。习近平总书记认为，中国共产党沿着红船的航向，以开天辟地、敢为人先的首创精神，始终站在历史和时代发展的潮头，中国共产党在红船上宣告成立，从此使中国革命的历史翻开了崭新的一页，这是开天辟地的大事件，红船点燃的星星之火，形成了中国革命的燎原之势，我们党从这里走向井冈山，走向延安，走向西柏坡，由一个领导人民为夺取政权而奋斗的党，成为领导人民掌握政权并长期执政的党。习近平总书记还认为，中国共产党扬起红船的风帆，以坚定理想、百折不挠的奋斗精神，矢志推动中国革命和建设事业不断前进。中国共产党的诞生，使中国革命从此有了坚定的理想信念和强大的精神支柱，在白色恐怖的环境下，在红船上完成缔造中国共产党的使命，靠的是坚定的理想信念和百折不挠的革命精神，我们党在长期的艰苦卓绝奋斗中，经历曲折而不畏艰险，靠的还是坚定的理想信念和百折不挠的革命精神。习近平总书记进一步指出，中国共产党承载着红船的意愿，以立党为公、忠诚为民的奉献精神，努力维护好、实现好、发展好最广大人民群众的根本利益，中国共产党从成立之日起，从来就没有自己的私利，而是以全心全意为人民谋福利为根本宗旨，忠诚为民成为贯穿中国革命和建设全过程的一条红线，也是“红船精神”的本质体现。肩负着为人民谋利益的神圣职责和崇高使命，中国共产党人以自己的身体力行，宣传、发动和引领全国各族人民团结一心、和衷共济，英勇奋战，在推动中国革命和建设的进程中，不断实现为人民服务的宗旨。习近平总书记强调，我们重温红船的历史沧桑，在继承和弘扬“红船精神”中，进一步激发为中国特色社会主义事业而奋斗的精神信念和力量。

习近平总书记还具体论述了继承发扬“红船精神”的意义。习近平总书记认为，在新的形势下，继承和发扬“红船精神”，对于加强党的先进性建设，进一步巩固党的执政地位，完成党的执政使命，具有十分重要的理论和实践意义。习近平总书记还讲：“‘红船精神’是激励我们把握发展这一时代主题和党执政兴国第一要务，大胆探索、创新创业的强大思想武器。”“红船精神”昭示我们，在社会发展的进程中，我们不能因循守旧，刻舟求剑，必须勇立潮头，敢为人先，以创新的精神永葆党的生机和活力。面对新挑战、新机遇和新形势、新任务，我们要坚持和发扬“红船精神”，有敢于突破前人的勇气和智慧，自觉克服安于现状、不思进取的思想观念，坚持用创新的理论成果武装头脑，用创新的思想观念谋划工作，紧紧扭住发展不放松，与时俱进，开拓创新，不断推进建设中国特色社会主义的伟大事业。习近平总书记还强调，“红船精神”是鼓舞我们坚定共产主义理想和中国特色社会主义信念，不畏艰险、艰苦奋斗的强大精神支柱。建设中国特色社会主义是一项前无古人的创造性事业，全面建设小康社会是一项空前艰巨的宏图伟业，在推进其发展的漫漫征程中充满了重重困难和各种风险。“红船精神”昭示我们，逆水行舟，不进则退。面对我国的基本国情和我们党的历史使命，没有坚定的理想和必胜的信念，没有不畏艰辛、励精图治的精神状态和艰苦奋斗、顽强拼搏的作风，就难以克服前进道路上的重重困难，难以战胜前进道路上的风险和挑战。我们必须坚持和发扬“红船精神”，坚定理想信念，增强忧患意识，居安思危，处盛虑衰，以共产党人的胸襟和眼界观察世界、判断形势，恪尽职守、脚踏实地，不怕艰难、坚韧不拔，矢志拼搏、艰苦创业，努力谱写全面建设小康社会、加快推进社会主义现代化的新篇章。习近平总书记进一步认为，“红船精神”是鞭策我们牢记立党为公、执政为民的本质要求和全心全意为人民服务的根本宗旨，求真务实、一心为民的强大道德力量。“红船精神”昭示我们，党和人民的关系就好比舟和水的关系，“水可载舟，亦可覆舟”。革命战争年代，正是在“红船精神”引领下，我们党从民族大义和人民群众的根本利益出发，充分发动并紧紧依靠人民群众夺取了政权，从此成为在全国掌握政权并长期执政的执政党。改革开放以来，我们党经受着执政和改革开放的双重考验。党的先进性能否始终保持，党的执政地位能否不断巩固，根本取决于人民群众对党的信赖和拥护，而这又取决于我们党能否践行立党为公、执政为民的本质要求，取决于我们党能否团结带领人民群众求真务实、真抓实干。我们必须牢记“权为民所用、情为民所系、利为民所谋”的谆谆教诲，继续发扬“红船精神”，始终不渝地为最广大人民谋利益，坚持人民利益高于一切的政德，真正干出有利于党和人民事业的政绩。

3. 传承井冈山精神

井冈山是中国革命包围城市道路胜利的起点，这里点燃了中国革命的星星之火，见证了井冈山革命斗争的艰苦卓绝，也铸就了伟大的井冈山精神。井冈山是革命的山、英雄的山，1928 年 4 月，毛泽东率领的秋收起义部队与朱德率领的南昌起义部队在这里会合，开辟了井冈山革命根据地，翻开了中国革命的新篇章。在井冈山革命斗争时期，孕育形成了宝贵的井冈山精神。习近平总书记讲，井冈山是中国革命的摇篮。井冈山时期留给我们最为宝贵的精神财富就是跨越时代的“井冈山精神”。今天我们要结合新的时代条件，“坚持坚定执着追理想、实事求是闯新路、艰苦奋斗攻难关、依靠群众求胜利，让井冈山精神放射出新的时代光芒。”① 在此，习近平总书记深刻阐述了井冈山精神的内涵。

“井冈山精神”给我们的深刻启示，就是共产党人无论在任何情况下，都要有崇高的理想，这是我们党攻坚克难的精神法宝，在艰苦卓绝的革命战争年代，正是我们有坚定的理想信念，我们才战胜了各种艰难险阻，夺取了革命斗争的胜利，在今天全面建设小康社会过程中，为实现中华民族伟大复兴的中国梦，我们也必须有坚定的理想信念；一切从实际出发，实事求是，是我党的优良传统，只有实事求是，才能探索适合自己发展的道路，才能走出一条新路，井冈山时期我党探索的农村包围城市革命道路，就是实事求是闯新路的典范，正是依靠这条道路，我们走了一条有中国特色的新民主主义革命道路；艰苦奋斗精神是井冈山精神的重要内涵，井冈山时期条件非常艰苦，物资极其匮乏，缺少盐、油、粮、布匹、药品等，面对敌人困死、饿死、冻死根据地军民的图谋，中国共产党人带领根据地人民，自力更生、艰苦创业，奏响了一曲曲艰苦奋斗的英雄赞歌，使根据地战胜了困难，渡过了难关。与井冈山时期相比，我们今天的物质条件发生了翻天覆地的变化，但是，要实现中华民族伟大复兴的中国梦同样需要发扬艰苦奋斗精神；人民群众是历史的创造者，在井冈山时期，我们紧紧依靠人民群众，唤起工农千百万，形成了强大革命力量。中国特色社会主义进入新时代，实现十九大提出的各项战略目标，同样也必须依靠人民群众。

4. 弘扬长征精神

长征是人类历史上的伟大壮举，留给我们最可贵的精神财富，就是中国共产党人和红军将士用生命和热血铸就的伟大长征精神。

习近平总书记指出：“伟大长征精神，就是把全国人民和中华民族的根本利益看得高于一切，坚定革命的理想信念，坚信正义事业必然胜利的精神；就是为了救国救民，不怕任何艰难险阻，不惜付出一切牺牲的精神；就是坚持独立自主、实事求是，一切从实际出发的精神；就是顾全大局、严守纪律、紧密团结的精神；就是紧紧依靠人民群众，同人民群众生死相依、患难与共、艰苦奋斗的精神。”② 习近平总书记强调，伟大长征精神是中国共产党人及其领导的人

① 习近平．在江西看望慰问广大干部群众和驻赣部队时的讲话［N］．人民日报，2016－02－04.

② 中共中央党史和文献研究院．十八大以来重要文献选编：下［M］．北京：中央文献出版社，2018：396.

民军队革命风范的生动反映，是中华民族自强不息的民族品格的集中展示，是以爱国主义为核心的民族精神的最高体现。关于长征精神的现实价值，习近平总书记指出，伟大长征精神，作为中国共产党人红色基因和精神族谱的重要组成部分，已经深深地融入中华民族的血脉和灵魂，成为社会主义核心价值观的丰富滋养，成为鼓舞和激励中国人民不断攻坚克难，从胜利走向胜利的强大精神动力。

关于如何弘扬伟大长征精神，习近平总书记进行了多方面论述，中华人民共和国成立后，经过艰苦摸索和曲折实践，我们开启了改革开放新时期，迈上了建设中国特色社会主义新长征之路。每一代人都有每一代人的长征路，每一代人都要走好自己的长征路，今天我们这一代人的长征，就是要实现“两个一百年”奋斗目标，实现中华民族伟大复兴的中国梦。在新的长征路上，一切贪图安逸、不愿艰苦奋斗的想法都是要不得的，一切骄傲自满、不愿继续开拓前进的想法都是要不得的。我们要大力弘扬伟大长征精神，在新的长征路上继续奋勇前进。习近平总书记指出，要弘扬伟大长征精神，必须坚定共产主义远大理想和中国特色社会主义共同理想，为崇高理想信念而矢志奋斗。长征胜利启示我们，心中有信仰，脚下有力量，没有牢不可破的理想信念，没有崇高理想信念的有力支持，要取得长征胜利是不可想象的。在新的长征路上，我们一定要保持理想信念坚定，不论时代如何变化，不论条件如何变化，都风雨如磐不动摇，为实现理想而斗争。习近平总书记还指出，弘扬伟大长征精神，必须坚定中国特色社会主义道路自信、理论自信、制度自信、文化自信。长征胜利启示我们，只有掌握科学理论，才能把握正确的前进方向，只有立足实际，独立自主开辟前进道路，才能不断走向胜利。长征给我们的根本经验和启示，就是坚持马克思主义基本原理同中国具体实际相结合，坚定不移走符合中国国情的革命、建设、改革道路。习近平总书记进一步指出，弘扬伟大长征精神，必须把人民放在心中最高位置，坚持一切为了人民、一切依靠人民，为让人民过上更加美好生活而矢志奋斗。长征胜利启示我们，人民群众有着无穷无尽的智慧和力量，只有始终相信人民、紧紧依靠人民，充分调动人民群众的积极性、主动性、创造性，才能凝聚起众志成城的磅礴之力。我们要始终把人民立场作为根本政治立场，把人民利益摆在至高无上的地位，不断把为人民造福事业推向前进。习近平总书记特别强调，弘扬伟大长征精神，必须加强党的领导，坚持全面从严治党，为推进党的建设新的伟大工程而矢志奋斗。长征胜利启示我们，党的领导是党和人民事业成功的根本保证，是中国特色社会主义最本质的特征，也是中国特色社会主义的最大优势，必须毫不动摇坚持完善。

习近平总书记特别指出："伟大长征精神，是党和人民付出巨大代价、进行伟大斗争获得的宝贵精神财富，我们世世代代都要牢记伟大长征精神、学习伟大长征精神、弘扬伟大长征精神，使之成为我们党、我们国家、我们人民、我们军队、我们民族不断走向未来的强大精神动力。"①

5. 传承延安精神

延安精神是以中国共产党为核心的中华民族优秀分子，在抗日战争和解放战争时期，在为争取民族独立和人民解放事业的不懈奋斗中，在陕北延安极其艰苦的环境下，所体现出来的理想信念、精神风貌、思想品德、工作与生活作风的精华和结晶。延安精神的主要内容是：坚定正确的政治方向，解放思想、实事求是的思想路线，全心全意为人民服务的根本宗旨，自力更生、艰苦奋斗的创业精神。延安精神是由中国共产党的性质和宗旨所决定的一种精神、一种传统，是中国共产党人一代一代传承下来的优良作风和风范。延安精神是中国共产党人彻底的革命精神，是升华了的民族精神，是中国共产党人领导争取民族独立、人民解放的时代精神，是展示共产党人形象的群体精神。作为一种道德情操和精神风貌，是贯穿于党的理论与思想中的精神气质，是内化在党的优良传统和作风中的灵魂。

坚持正确的政治方向是延安精神的灵魂。坚持正确的政治方向对于马克思主义政党来说，必须把党的最高纲领和最低纲领统一起来，依据历史发展的客观要求和广大人民群众的愿望，从实际出发确定不同历史时期主要任务及实现这一任务的途径，并使自己正确的政治主张化为亿万人民群众的行动纲领；解放思想、实事求是是延安精神的思想精髓。中国共产党能够在二十八年时间里，成长为领导中国人民取得革命成功，这与中国共产党不断总结经验教训，逐渐在全党确立实事求是的思想路线是分不开的；全心全意为人民服务的根本宗旨是延安精神的本质体现。中国共产党自成立之日起，就为中国人民的利益而奋斗，把全心全意为人民服务作为自己的根本宗旨。延安时期，党的领袖、党的干部及普通党员都自觉践行为人民服务的宗旨，出现了"只见公仆不见官"的生动场面，为夺取革命胜利奠定了坚实的群众基础；自力更生、艰苦奋斗是延安精神的重要标志。延安时期，我党带领边区军民开展"自己动手、丰衣足食"的大生产运动，战胜了各种困难和艰险，党政军领导人率先垂范、身体力行，与人民群众同甘共苦，在党内形成了艰苦奋斗的工作作风。

---

① 中共中央党史和文献研究院．十八大以来重要文献选编：下［M］．北京：中央文献出版社，2018：404.

习近平总书记非常重视弘扬延安精神，多次强调要学习、继承、发扬延安精神。2009 年 11 月 13 日至 16 日，习近平总书记在陕西调研时强调，伟大的延安精神是党的性质和宗旨的集中体现，是党的优良传统和作风的集中体现。要结合新的实际大力弘扬延安精神，以求真务实作风切实加强和改进新形势下党的建设，为推动科学发展、促进社会和谐提供强大精神动力和坚强组织保证。在这次考察中，习近平总书记专程参观了延安革命纪念馆，瞻仰了杨家岭、枣园革命旧址和中共中央西北局旧址，亲切看望了延安八一敬老院的老红军、老八路，与延安市各级干部代表进行座谈，深切缅怀革命先辈的丰功伟绩。习近平总书记指出，伟大的延安精神教育滋养了几代中国共产党人，始终是凝聚人心、战胜困难、开拓前进的强大精神力量。弘扬延安精神，要把坚定正确的政治方向放在第一位，牢记全心全意为人民服务宗旨，坚持解放思想、实事求是、与时俱进，始终牢记“两个务必”，保持延安时期那么一种忘我精神、那么一股昂扬斗志、那么一种科学精神，为建设和发展中国特色社会主义不懈奋斗。习近平总书记在中国延安干部学院考察时强调，要继续挖掘延安精神这个宝藏，教育各级领导干部始终保持和发展共产党人的先进性。2015 年 2 月 13 日至 16 日，习近平总书记在陕西考察时指出：“老一辈革命家和老一代共产党人在延安时期留下的优良传统和作风，培育形成的延安精神，是我们党的宝贵精神财富。今天，全面从严治党要继续从延安精神中汲取力量。要把抓理想信念贯穿始终，提高辩证思维、系统思维能力，保持党同人民群众的血肉联系，始终为党和人民事业艰苦奋斗、不懈奋斗。”习近平总书记指出，延安精神是中华民族优良传统的继承和发展，是我们党的性质和宗旨的集中体现。弘扬延安精神，对于推进中国特色社会主义事业、实现中华民族伟大复兴具有重要意义。2020 年 9 月 19 日，习近平总书记致中国延安精神研究会第六次会员大会的贺信中指出：“延安是中国革命的圣地，老一辈革命家和老一代共产党人在延安时期培育形成的延安精神是我们党的宝贵精神财富。希望同志们在新的历史条件下，坚持正确政治方向，服务党和国家工作大局，深入研究、大力宣传、认真践行延安精神，努力为全面建成小康社会、乘势而上开启全面建设社会主义现代化国家新征程提供强大精神动力。”①

6. 学习领会西柏坡精神

1948 年 5 月至 1949 年 3 月，中共中央曾在地处太行山东麓的河北省平山县

---

① 习近平．致中国延安精神研究会第六次会员大会的贺信［N］．人民日报，2020－09－20.

西柏坡办公，在这里指挥了辽沈战役、淮海战役、平津战役三大战役，召开了著名的七届二中全会，毛泽东向全党发出“两个务必”的号召。以“两个务必”为核心的西柏坡精神，是党和国家的宝贵精神财富。西柏坡时期的伟大实践，不仅为中华人民共和国成立奠定了物质基础，还孕育形成了以“两个务必”为核心的西柏坡精神，为夺取全国胜利后经受住执政的考验，做了充分的精神准备。面对革命即将胜利的新形势、新任务、新变化，毛泽东指出：“务必使同志们继续保持谦虚、谨慎、不骄、不躁的作风，务必使同志们继续保持艰苦奋斗的作风。”

2013年7月11日，习近平总书记来到西柏坡考察，他对这里的党员干部们说，我们面临的“赶考”远未结束。他指出，“两个务必”包含着对我国几千年历史治乱规律的深刻借鉴，包含着对我们党艰苦奋斗历程的深刻总结，包含着对胜利了的执政党永葆先进性和纯洁性、对即将诞生的人民政权实现长治久安的深刻忧思，也包含着我们党坚持全心全意为人民服务宗旨的深刻认识。西柏坡精神是中国共产党人在革命时期铸就的一座精神丰碑，是我们党宝贵的精神财富，思想意义和历史意义十分深远。习近平总书记还指出，全党同志要不断学习领会“两个务必”的深邃思想，始终做到谦虚谨慎、艰苦奋斗、实事求是、一心为民，继续把人民对我们党的“考试”、把我们党正在经受和将要经受各种考验的“考试”考好，使我们的党永远不变质、我们的红色江山永不变色。2016年7月1日，习近平总书记在庆祝中国共产党成立95周年大会上的讲话中，进一步指出，1949年3月23日上午，党中央从西柏坡动身前往北京时，毛泽东同志说，今天是进京赶考的日子。60多年的实践证明，我们党在这场历史性考试中取得了优异成绩。同时，这场考试还没有结束，还在继续。今天，我们党团结带领人民所做的一切工作，就是这场考试的继续。习近平总书记进一步强调：“全党同志一定要不忘初心、继续前进，永远保持谦虚、谨慎、不骄、不躁的作风，永远保持艰苦奋斗的作风，勇于变革、勇于创新，永不僵化、永不停滞，继续在这场历史性考试中经受考验，努力向历史、向人民交出新的更加优异的答卷。”①

除了论述以上革命精神外，习近平总书记还强调了其他方面的革命精神，如关于伟大的抗战精神，习近平总书记讲：“中国人民在抗日战争的壮阔进程中孕育出伟大抗战精神，向世界展示了天下兴亡、匹夫有责的爱国情怀，视死如

① 习近平．在庆祝中国共产党成立周年95周年大会上的讲话［N］．人民日报，2016－07－02.

归、宁死不屈的民族气节，不畏强暴、血战到底的英雄气概，百折不挠、坚忍不拔的必胜信念。伟大抗战精神，是中国人民弥足珍贵的精神财富，将永远激励中国人民克服一切艰难险阻、为实现中华民族伟大复兴而奋斗”。① 关于吕梁精神，习近平总书记说，革命战争年代，吕梁儿女用献血和生命铸就了伟大的吕梁精神。我们要把这种精神用在当今时代，继续为老百姓过上幸福生活、为中华民族伟大复兴而奋斗。关于沂蒙精神，2013 年 11 月 24 日，习近平总书记在山东考察时讲，革命胜利来之不易，主要是党和人民水乳交融，党把人民利益放在第一位，为人民谋解放，人民跟党走，无私奉献，可歌可泣。沂蒙精神要大力弘扬。

总之，习近平总书记非常重视继承和发扬在战争年代铸就的这些革命精神，把这些革命精神作为我党的宝贵财富，倍加珍惜，大力弘扬和倡导，习近平总书记每当到一个地方考察工作，他必定到这个地区的革命纪念馆去瞻仰、鲜花，就发扬这些革命精神发表重要讲话，这充分反映了习近平总书记深深的革命情怀，习近平总书记所阐述的战争年代的这一系列革命精神带有深厚、真挚的阶级感情，也具有鲜明的现实意义。这些革命精神具有鲜明的阶级性、价值性、导向性，是我国意识形态建设的重要内容。

（二）坚持和发扬社会主义建设和改革时期的红色革命精神

中华人民共和国成立后，人民成为国家主人，在党的领导下，开始了轰轰烈烈的社会主义建设和改革，人民群众积极投入到社会主义建设和改革开放的实践中，极大地迸发了革命热情，社会主义制度的建立，不仅从根本上改变了中国政治面貌，而且极大地改变了人们的精神面貌，在这个过程中，又形成了新的红色革命精神。

1. 传承雷锋精神

雷锋已经离开我们半个多世纪了，今天的社会环境和雷锋精神产生的时代已有很大不同，有人说，雷锋精神是不是过时了。习近平总书记指出雷锋精神没有过时，雷锋精神有恒久的时代价值。他在参加 2013 年全国两会辽宁代表团审议时，他说，雷锋、郭明义、罗阳身上所具有的信念的能量、大爱的胸怀、忘我的精神、进取的锐气，正是我们民族精神的最好写照，他们都是我们“民族的脊梁”。习近平总书记提出这个论断有更深远的意义，是要在新的历史条件下重新审视我们民族的核心价值，打牢我们民族的精神支柱。我们民族的传统，

① 习近平．在纪念中国人民抗日战争暨世界反法西斯战争胜利 75 周年座谈会上的讲话［N］．人民日报，2020－09－04.

人不仅仅是独立的个体，还承担着家庭和社会的责任与义务，理应对家庭、对社会做出自己应有的贡献。雷锋精神代表了我们民族的优秀品质和传统，具有永恒的价值。这种精神是不会随着环境的变化而失去价值的，人类永远都需要这种优秀的精神。只重私利，不重公义，见利忘义，贪污腐败等东西方社会的许多弊端出现在当前转型时期，也凸显了提倡雷锋精神的重要性。2014 年 3 月 11 日，习近平总书记出席十二届全国人大二次会议解放军代表团全体会议，亲切接见部分基层代表，他对某工兵团“雷锋连”指导员谢正谊说：“雷锋精神是永恒的，是社会主义核心价值观的生动体现。你们要做雷锋精神的种子，把雷锋精神广播在祖国大地上。”

习近平总书记大力倡导学习雷锋精神，2014 年 3 月 4 日，习近平总书记给“郭明义爱心团队”回信时表示，雷锋精神，人人可学；奉献爱心，处处可为。积小善为大善，善莫大焉。当有人需要帮助时，大家搭把手、出份力，社会将变得更加美好。我国工人阶级应该为全社会学雷锋、树新风做出榜样，让学习雷锋精神在祖国大地蔚然成风。在回信中，习近平总书记还讲，希望你们努力践行社会主义核心价值观，积极向上向善，从“赠人玫瑰、手有余香”中感受善的力量，以实际行动书写新时代的雷锋故事，为实现中国梦有一分热发一分光。“郭明义爱心团队”自 2009 年成立以来，坚持以雷锋、郭明义为榜样，在奉献岗位、奉献社会实践活动中取得显著成绩。习近平总书记的回信，不仅肯定了他们的做法，而且赋予了雷锋精神的新内涵。

2018 年 9 月 28 日上午，正在辽宁省考察的习近平总书记乘车前往抚顺市。抚顺是雷锋的第二故乡，也是雷锋精神的发祥地。习近平总书记向雷锋墓敬献花篮并参观雷锋纪念馆。他在参观时讲，雷锋是时代的楷模，雷锋精神是永恒的。它是五千多年优秀中华文化和红色革命文化的结合，“积小善为大善，善莫大焉。”这与我们当前的“为人民服务”“做人民的勤务员”都是一脉相承的。雷锋精神永远值得弘扬。学习雷锋精神，就要把崇高的理想信念和道德品质追求融入日常的工作生活，在自己岗位上做一颗永不生锈的螺丝钉。习近平总书记还讲：“我们既要学习雷锋的精神，也要学习雷锋的做法，把崇高理想信念和道德品质追求转化为具体行动，体现在平凡的工作生活中，做出自己应有的贡献，把雷锋精神代代传承下去。”①

① 习近平．在东北三省考察并主持召开深入推进东北振兴座谈会［N］．人民日报，2018－09－29.

2. 学习焦裕禄精神

焦裕禄为全社会所知，是因为他在河南省兰考县鞠躬尽瘁、死而后已的模范事迹，以及所形成的“牢记宗旨、心系群众，勤俭节约、艰苦创业，实事求是、调查研究，不怕困难、不惧风险，廉洁奉公、勤政为民”的“焦裕禄精神”。焦裕禄是一个亲民爱民、艰苦奋斗、科学求实、迎难而上的中国共产党党员。习近平总书记要求广大党员干部学习弘扬焦裕禄精神，就要像焦裕禄同志那样艰苦创业、实干为民，使这面旗帜永不褪色。党员干部要给自己定好位，绝不能凌驾于人民群众之上，当官做老爷。领导就是服务，领导干部就要有甘做孺子牛、愿当勤务员，老老实实为人民服务，心甘情愿为人民劳作的思想和品德。党员干部要始终保持锐意进取的精神，攻坚克难的勇气，勤奋工作的干劲；凡要求别人做到的，自己首先做到；禁止别人做的，自己坚决不做，树立自重慎微的良好形象。

习近平总书记在不同场合多次赞扬焦裕禄和焦裕禄精神。2009 年，习近平总书记来兰考县视察时曾说，因为焦裕禄心里装着全体人民、唯独没有他自己。2014 年 3 月 17 日习近平总书记重访兰考县时再次强调：“虽然焦裕禄离开我们 50 年了，但焦裕禄精神是永恒的。”① 习近平总书记深情的话语，深刻阐释了焦裕禄精神之所以常青，之所以能穿越时空，之所以历久弥新，正是因为他心里装着人民，他是在为人民服务，“你为人民做了好事，人民永远不会忘记你”。习近平总书记说，我之所以选择兰考县作为联系点，一个重要考虑就是因为兰考县是焦裕禄同志工作和生活过的地方，是焦裕禄精神的发源地。我希望通过学习焦裕禄精神，为推进党和人民事业发展、实现中华民族伟大复兴的中国梦提供强大正能量。习近平总书记深情地讲，我们这一代人都深受焦裕禄精神的影响，是在焦裕禄事迹教育下成长的。我后来无论是上山下乡、上大学、参军入伍，还是做领导工作，焦裕禄同志的形象一直在我心中。习近平总书记还讲，五年前我到兰考县参观了焦裕禄同志事迹展，今天来再次深受感动，引起心灵的共鸣，并强调指出，我们要特别学习弘扬焦裕禄同志心中装着全体人民、唯独没有他自己的公仆情怀，凡事探求真理的求实作风、敢教日月换新天、革命者要在困难面前逞英雄的奋斗精神，艰苦朴素、廉洁奉公、任何时候都不搞特殊化的道德情操。这些论述为焦裕禄精神赋予了新的时代内涵，对我们深刻理解焦裕禄精神的时代价值，澄清思想困惑、坚定理想信念，推进党和人民事业

① 习近平．在河南兰考调研指导党的群众路线教育实践活动纪实［N］．人民日报，2014－03－19.

发展，实现中华民族伟大复兴的中国梦具有重大现实意义。习近平总书记说，焦裕禄精神和井冈山精神、延安精神一样，体现了共产党人精神和党的宗旨，要大力弘扬。只要我们搞中国特色社会主义，只要我们还是共产党，这种精神就要传递下去。

习近平总书记2017年五四青年节前夕到中国政法大学考察时来到同学们中间，与大家亲切讨论学习焦裕禄精神的体会。习近平总书记语重心长地说，中华人民共和国成立以来，我们党和人民一路筚路蓝缕、艰苦奋斗走来，使国家越来越富强、民族越来越兴盛、人民越来越幸福，其中很重要的一条就是有无数焦裕禄这样的优秀党员、干部为党和人民无私奉献。焦裕禄同志的事迹归结到一点，就是坚定跟党走，他一生都在为党分忧、为党添彩。焦裕禄精神跨越时空，永远不会过时，我们要结合时代特点不断发扬光大。

2018年1月12日，习近平总书记在北京主持召开座谈会，同中央党校第一期县委书记研修班学员进行座谈并发重要讲话，在这次讲话中，习近平总书记多次要求县委书记要向焦裕禄学习。他强调，县级政权所承担的责任越来越大，尤其是在全面建成小康社会、全面深化改革、全面依法治国、全面从严治党进程中起着重要作用。焦裕禄同志以自己的实际行动塑造了一个优秀共产党员和优秀县委书记的光辉形象。“做县委书记就要做焦裕禄式的县委书记，始终做到心中有党、心中有民、心中有责、心中有戒。”习近平总书记指出，我对县一级职能、运转和县委书记的角色有亲身感悟，听了大家的发言很有感触，脑海里不断浮现我当县委书记时的画面，仿佛回到了30多年前。在我们党的组织结构和国家政权结构中，县一级处在承上启下的关键环节，是发展经济、保障民生、维护稳定、促进国家长治久安的重要基础。焦裕禄同志为县委书记树立了榜样，大家要自觉学习和弘扬焦裕禄精神，努力成为党和人民信赖的好干部。他对县委书记提出要求，全心全意为人民服务是我们党的根本宗旨。县委书记是直接面对基层群众的领导干部，必须心系群众、为民造福。大家心中要始终装着老百姓，先天下之忧而忧，后天下之乐而乐，做到不谋私利、克己奉公。对个人的名誉、地位、利益，要想得透、看得淡。要着力解决好人民最关心最直接最现实的利益问题，特别是要下大气力解决好人民不满意的问题，多做雪中送炭的事情。

2019年3月，习近平总书记主持召开学校思想政治理论课教师座谈会。他深情地回忆起上初中时，一位政治课老师讲授焦裕禄的事迹数度哽咽，给同学们带来巨大的心灵震撼。总书记说，这节课在我的一生中留下深刻印记，对我树立坚定的理想信念也有很重要的影响。2020年1月，习近平总书记在“不忘初心、牢记使命”主题教育总结大会上讲：“领导机关和领导干部带头冲在前、干在先，是我们党走向成功的关键。革命战争年代，喊一声‘跟我上’和吼一声‘给我上’，一字之差、天壤之别。新中国成立以后，也是因为我们党有一大批像焦裕禄、谷文昌、杨善洲、张富清这样的英雄模范率先垂范，才团结带领人民群众不断开创各项事业发展新局面。”①

3. 发扬大庆精神、铁人精神

1959年9月，勘探发现了大庆油田，随后掀起了气吞山河、波澜壮阔的石油大会战。在困难的时期、困难的地方、困难的条件下，大庆石油会战如火如荼地展开。来自祖国四面八方的数万名石油人挺进松嫩平原，面对恶劣的自然环境和严重匮乏的财力、物力，以王进喜为代表的广大石油职工没有被困难吓倒，通过认真学习《实践论》《矛盾论》，坚定了战胜困难的决心和信心，形成了“有条件要上，没有条件创造条件也要上”的大无畏精神，苦战三年拿下了大油田，一举摘下中国贫油的帽子。大庆精神就是在这样的背景下产生的。60年来，大庆油田累计生产原油近23.9亿吨，为建立我国现代石油工业体系做出了重大贡献，孕育了大庆精神、铁人精神。大庆精神具有丰富而深刻的内涵：为国争光、为民族争气的爱国主义精神；独立自主、自力更生的艰苦创业精神；讲究科学、“三老四严”的求实精神；胸怀全局、为国分忧的奉献精神。

2019年9月大庆油田发现60周年之际，习近平总书记致信向大庆油田广大干部职工、离退休老同志及家属表示热烈的祝贺。在祝贺信中习近平总书记高度赞扬的大庆精神、铁人精神，他讲，60年前，党中央做出石油勘探战略东移的重大决策，广大石油、地质工作者历尽艰辛发现大庆油田，翻开了中国石油开发史上具有历史转折意义的一页。60年来，几代大庆人艰苦创业、接力奋斗，在亘古荒原上建成我国最大的石油生产基地。大庆油田的卓越贡献已经镌刻在伟大祖国的历史丰碑上，“大庆精神、铁人精神已经成为中华民族伟大精神的重要组成部分。”② 站在新的历史起点上，希望大庆油田全体干部职工不忘初心、牢记使命，大力弘扬大庆精神、铁人精神，不断改革创新，推动高质量发展，肩负起当好标杆旗帜、建设百年油田的重大责任，为实现“两个一百年”奋斗目标、实现中华民族伟大复兴的中国梦做出新的更大的贡献。习近平总书记要求，我们要在党的十九大精神指引下，继续高唱“石油工人心向党”“我为祖国

① 习近平．在“不忘初心、牢记使命”主题教育总结大会上的讲话［J］．求是，2020（13）．

② 习近平．致信祝贺大庆油田发现60周年［N］．人民日报，2019－09－27.

献石油"，让大庆精神、铁人精神在新时代里绽放出更加璀璨的华彩。

4. 弘扬"两弹一星"精神

1964 年 10 月，我国第一颗原子弹爆炸成功；1967 年 6 月，我国第一颗氢弹空爆试验成功；1970 年 4 月，我国第一颗人造卫星发射成功。这是中国人民在攀登现代科技高峰的征途中创造的奇迹。研制"两弹一星"是在我国物质技术基础十分薄弱的条件下进行的，在研制基地建设之初，成百上千的科技人员离开北京、上海等大城市，只身来到遥远的地方，投身研制会战。在这些开创者中，有领导干部、知名科学家，有不同领域的知识分子。他们以帐篷为家，以戈壁黄沙为伴，与筚路蓝缕、自强自立同行，最终建成了中国的"原子城"，无论在中华民族历史上，还是在世界历史上，都书写了一部艰苦卓绝、不懈奋斗的壮丽史诗。广大研制工作者在"两弹一星"事业的奋斗进程中，形成了热爱祖国、无私奉献、自力更生、艰苦奋斗、大力协同、勇于攀登的"两弹一星"精神。

党的十八大以来，习近平总书记多次谈到"两弹一星"精神及其时代价值，他指出，发扬"两弹一星"精神、载人航天精神和"东风精神"，以民族复兴为己任，追求卓越，扎根大漠，报效祖国和人民。突破关键核心技术，关键在于有效发挥人的积极性，要发扬光大"两弹一星"精神，形成良好精神面貌。在第五个"中国航天日"和"东方红一号"卫星成功发射 50 周年之际，习近平总书记给参与"东方红一号"任务的老科学家回信，向他们致以诚挚的问候，并就弘扬"两弹一星"精神、加快航天强国建设向广大航天工作者提出殷切期望。"两弹一星"精神是中华民族的宝贵精神财富，激励着以航天人为代表的广大科技工作者敢于战胜一切艰难险阻，勇于攀登科技高峰，努力为早日实现航天梦、中国梦做出更大贡献。习近平总书记指出，"两弹一星"精神激励和鼓舞了几代人，是中华民族的宝贵精神财富。感悟"两弹一星"精神在新时代的丰富内涵，越发能感受到巍峨精神的丰碑、永不磨灭的时代光芒、生生不息的精神力量。习近平总书记指出，历史车轮滚滚向前，如今国家发展站到了新的历史起点上，青年一代要把学习、观察、思考与实践紧密结合起来，磨砺党性心性，提高党性修养。要把理想信念建立在对科学理论的理性认同上，建立在对历史规律的正确认知上，建立在对基本国情的准确把握上，深刻理解"中国共产党为什么能""马克思主义为什么行""中国特色社会主义为什么好"等重大问题，勇于实践，不断奋斗。

5. 学习载人航天精神

1956 年 10 月 8 日，国防部第五研究院成立。根据时任副总理聂荣臻的提议，经毛泽东、周恩来批准，确定国防部五院的建院方针是：自力更生为主，力争外援和利用资本主义国家已有的科学成果。这条方针孕育了我国最初的航天精神，核心就是“自力更生”。1970 年 4 月 24 日，中国第一颗完全自主研制的人造卫星“东方红一号”发射成功，一曲《东方红》唱响世界。在即将发表的《新闻公报》稿上，周恩来加上了“坚持独立自主，自力更生”的字句，充分展现了中国航天人在航天事业上赶超世界先进水平的意志和决心。伟大的实践赋予了“自力更生”的航天精神更为深刻的含义。

1986 年底，航天工业部在《关于贯彻党的十二届六中全会决议加强思想政治工作的决定》中，将 30 年航天事业伟大实践中创造的航天精神总结为：“自力更生、大力协同、尊重科学、严谨务实、献身事业、勇于攀登”，此后根据中央精神，结合航天科技工业的具体特点，对航天精神做了新的概括和提炼。最终表述为：“自力更生、艰苦奋斗、大力协同、无私奉献、严谨务实、勇于攀登”。1990 年 5 月，聂荣臻亲笔题写这 24 个字。1992 年 9 月 21 日，我国航天事业迎来了一个新的起点——中央决策实施载人航天工程。载人航天工程，汇集了当今世界最顶尖的高新技术，具有极高的风险性和挑战性，不仅需要雄厚的经济实力和强大的科技实力做支撑，还需要巨大的精神力量来推动。在攀登这座现代科技高峰的征程中，传统航天精神被继承和发扬，铸就了新的载人航天精神。

2016 年 3 月 8 日，国务院批复同意自 2016 年起，将每年 4 月 24 日设立为“中国航天日”，以纪念中国航天事业成就，传承中国航天精神。一系列以航天英雄为题材的图书和影视作品出版发行，引起了社会的强烈反响，获得了一致好评，其中电影《钱学森》被评为全国第十二届精神文明建设“五个一工程”奖，图书《天魂》、电影《太空侠》被评为中央企业精神文明建设“五个一工程”奖。一批“航天精神教育基地”“军工文化教育基地”和“军工文化示范单位”在各地兴建和命名。崇尚科学、探索未知、敢于创新的精神，通过文化载体对航天精神的广泛传播，唤起了全社会对航天事业的关注；激发起青少年崇尚科学、探索未知、敢于创新的热情，培育出尊重科学、鼓励探索、追求卓越的创新文化；让全社会的创造活力竞相迸发，让青年一代融入创新的时代洪流，为国家的创新和发展注入了“源头活水”。“十三五”及未来一段时期是中国航天事业发展的战略机遇期。新形势下，中国航天人将继续发扬航天精神，在重点领域集中力量攻坚克难，在关键核心技术上取得突破，推动我国由航天大国向航天强国迈进。

党的十八大以来，习近平总书记多次就航空航天事业的发展做出指示。他强调，探索浩瀚宇宙，发展航天事业，建设航天强国，是我们不懈追求的航天梦。经过几代航天人的接续奋斗，我国航天事业创造了以“两弹一星”、载人航天、月球探测为代表的辉煌成就，走出了一条自力更生、自主创新的发展道路，积淀了深厚博大的航天精神。通过大力宣传航天精神，激发全民尤其是青少年崇尚科学、探索未知、敢于创新的热情，让中国梦与航天梦相互激荡，为实现中华民族伟大复兴的中国梦凝聚强大力量，不断开创中华民族伟大复兴的新局面。

2019 年 2 月 20 日，习近平总书记在北京人民大会堂会见探月工程嫦娥四号任务参研参试人员代表。他强调，太空探索永无止境，我国广大科技工作者、航天工作者要为实现探月工程总目标乘胜前进，为推动世界航天事业发展继续努力，为人类和平利用太空、推动构建人类命运共同体贡献更多中国智慧、中国方案、中国力量。习近平总书记指出，实践告诉我们，伟大事业都基于创新。创新决定未来。建设世界科技强国，不是一片坦途，唯有创新才能抢占先机。这次任务实现了多项创新，填补系列国际国内空白，充分体现了自主创新要敢下先手棋、善打主动仗的精神。我们要深刻把握世界科技发展大势，弘扬科学精神，瞄准战略性、基础性、前沿性领域，坚持补齐短板、跟踪发展、超前布局同步推进，努力实现关键核心技术重大突破，提升国家创新体系整体效能，不断增强科技实力和创新能力，努力在世界高技术领域占有重要一席之地。习近平总书记还讲，伟大事业都始于梦想，梦想是激发活力的源泉。中华民族是勇于追梦的民族。党中央决策实施探月工程，圆的就是中华民族自强不息的飞天揽月之梦。月球探测的每一个大胆设想、每一次成功实施，都是人类认识和利用星球能力的充分展示。在建成社会主义现代化强国、实现中华民族伟大复兴的征途上，每一个行业、每一个人都要心怀梦想、奋勇拼搏，一步一个脚印，一棒接着一棒，在奋力奔跑和接续奋斗中成就梦想。

中华人民共和国成立后，在我国社会主义建设和改革进程中，党领导人民不断探索、不断创新，克服了多方面的困难，取得了举世瞩目的伟大成就。在这个峥嵘岁月中，广大党员干部和人民群众焕发了极大革命热情，以主人翁精神投入到建设、改革的洪流中去。这个过程中，形成了新的革命精神，这些革命精神是劳动人民阶级感情的体现、是爱党、爱国家、爱社会主义的体现，这些革命精神不仅具有道德价值，更具有政治价值，这些革命精神已融合为新时代中国共产党意识形态建设的重要内容。

第五章

新时代中国共产党提出的意识形态建设的基本途径

新时代中国共产党不仅多方面提出了我国意识形态建设的内容，而且还从我国实际出发，结合意识形态建设的新形势、新要求全面地提出了我国意识形态建设的途径。意识形态建设的途径就是开展意识形态建设的政策、措施、手段等一系列问题，意识形态建设是一项系统工程，其建设的途径是多方面、多层次的。从宏观层面上看，新时代中国共产党提出的意识形态建设途径主要包括舆论宣传途径、思想政治教育途径、文化涵养途径、互联网途径、思想政治理论课途径、队伍建设途径等方面。

一、高度重视舆论宣传在我国意识形态建设中的前沿阵地作用

舆论宣传是意识形态的前沿阵地，各种思想观点、社会政治心理、利益诉求等都要通过舆论宣传反映出来，舆论宣传是各种社会思潮和言论交汇、交锋的平台。新时代中国共产党高度重视舆论宣传在我国意识形态建设中的作用，习近平总书记多次就舆论宣传工作做出指示、提出要求，明确舆论宣传部门的职责，进一步强调舆论宣传工作的重要性。有效发挥舆论宣传在我国意识形态建设中的现实作用，完成舆论宣传工作的使命和职责，就要做到以下四个方面。

（一）坚持党对舆论宣传工作的领导不动摇

要实现舆论宣传工作在意识形态建设中的作用，最基本的就是要坚持党对舆论宣传工作的领导，只有坚持党的领导，才能保证舆论宣传工作沿着社会主义方向发展，进而牢牢掌握舆论宣传工作的领导权、管理权。习近平总书记特别重视党对舆论宣传的领导工作，他指出："党性原则是党的新闻舆论工作的根本原则。党管宣传、党管意识形态、党管媒体是坚持党的领导的重要方面。"①党管媒体原则不只是一种思想观念和宣传原则，更主要的是一种现实要求和具体工作，坚持党对舆论宣传工作的领导权，就要做到以下四个方面：

---

① 中共中央党史和文献研究院．十八大以来重要文献选编：下［M］．北京：中央文献出版社，2018：212.

1. 重视发挥新闻媒体党和人民的喉舌作用

新闻媒体是党和人民的喉舌，既体现了新闻媒体的作用，也体现了新闻媒体的性质，新闻媒体必须服从和服务于党和人民的事业，服务于党的工作大局，服务于实现党的路线方针政策，服务于实现党的奋斗目标，引导广大人民群众在以习近平同志为核心的党中央领导下，为实现中华民族伟大复兴的中国梦而奋斗。在新闻宣传中，一方面，要抑制和反对传播有害信息、错误信息，另一方面，要传播正确信息，忠实地宣传党的理论和方针政策，宣传党的主张，体现党的意志，传达党和人民的声音，传播先进文化，关注民生，积极引导社会舆论。习近平总书记指出，党报、党刊要无条件地宣传党的主张，让党的主张成为时代最强音。

2. 新闻媒体必须在思想上、政治上、行动上同党中央保持高度一致

坚持党管媒体原则不是一句空话，而是要落实到具体行动上，体现在新闻媒体工作的各个方面、各个环节。要自觉地遵守和践行这一原则，广大新闻媒体工作者就要把这一原则作为自己工作的基本遵循，时刻用这一原则指导自己的工作，对照检查自己的工作，绷紧党管媒体这根弦，防止工作中出现政治偏差。对此，习近平总书记明确指出："报刊、通讯社、电台、电视台、新闻网站的所有工作都必须体现党的意志、反映党的主张，必须维护党中央权威、维护党的团结，做到爱党、护党、为党。"① 新闻媒体工作者要做到这一点，就要不断提高自身政治素质，就要增强"四个意识"，坚定"四个自信"，做到"两个维护"。不为各种复杂现象和思想观点所迷惑，更不能发表同党中央不一致的声音，决不能为错误思想言论提供传播渠道，必须增强阵地意识，决不能把自己的宣传阵地拱手相让。作为意识形态斗争最前沿的新闻舆论工作，是政治性、政策性很强的工作，习近平总书记提出，新闻媒体的领导干部要有政治家的头脑，善于从政治上看问题，善于把政治导向、政治要求体现到工作中去，旗帜鲜明地坚持政治家办报、办刊、办台、办新闻网站。

3. 要全面深刻认识党性和人民性的关系

在落实党管媒体原则过程中，习近平总书记非常重视党性和人民性的关系问题，他多次阐述这一问题，深刻批驳了"你是替党讲话，还是替老百姓讲话""你是站在党的一边，还是站在群众一边"的论调。一些新闻工作者，如果在这一问题上认识不深刻，那在思想上是糊涂的，理论上是错误的，实践上是有害

① 中共中央党史和文献研究院．十八大以来重要文献选编：下［M］．北京：中央文献出版社，2018：213.

的。关于党性和人民性的关系，习近平总书记认为，在中国共产党领导的社会主义中国，党性和人民性是一致的、统一的。习近平总书记对二者的一致性、统一性进行了深刻阐释，他指出，体现党的意志就是体现人民的意志，宣传党的主张就是宣传人民的主张，坚持党性就是坚持人民性。“党性寓于人民性之中，没有脱离人民性的党性，也没有脱离党性的人民性。”① 深刻正确认识党性和人民性的关系，对做好新闻媒体工作具有现实意义。对此，习近平总书记进一步指出，坚持党性，新闻舆论工作才能有明确的立场和指向；坚持人民性，新闻舆论工作才能获得活力源泉和动力根基。新闻宣传要树立以人民为中心的工作导向，人民性是坚持党性原则的出发点、落脚点。在新闻媒体工作实践中，只有深刻理解和把握好二者的关系，才能使党管媒体原则发挥出更大的实效性，增强新闻媒体的影响力。

习近平总书记非常重视舆论宣传的党性问题，尖锐地批评了在这方面存在的一些问题，他讲，在一些单位和一些人那里，党的意识淡漠了、党性原则讲的少了。习近平总书记还指出，西方国家的媒体也不是超阶级、超党派的，西方国家虽然标榜“新闻自由”，其实也都有意识形态底线，也都有阶级和政党倾向，没有什么完全独立的媒体。

基于这些深刻分析，习近平总书记更加明确指出，新闻媒体要坚持党性原则不动摇，坚持政治家办报纸、办刊、办台、办新闻网站。因此，新闻媒体工作必须讲党性，在新闻宣传中坚持党性，核心就是坚持正确的政治方向，站稳政治立场，坚定宣传党的路线和方针政策，坚定宣传中央重大工作部署，坚定宣传中央关于形势的重大分析判断，坚决同中央保持高度一致，坚决维护中央权威。为保证新闻媒体的党性原则，习近平总书记特别重视党委抓好宣传工作的问题，对此，他要求各级党委要负起政治责任和领导责任，加强对宣传思想领域重大问题的分析研判和重大战略性任务的统筹指导，不断提高领导宣传思想工作能力和水平。他还具体地指出，党委主要负责同志要带头抓意识形态工作，要旗帜鲜明地坚持党管宣传，党管意识形态。可见，习近平总书记所论述的党管媒体原则内涵十分丰富，具体阐明了党管媒体原则的基本要求和基本实现方式，这样坚持党管媒体原则既有明确导向性，又有可靠保障性。

4. 加强完善党领导舆论宣传的工作方式

党在领导舆论宣传过程中，要不断加强和完善工作方式，对舆论宣传中遇

---

① 中共中央党史和文献研究院．十八大以来重要文献选编：下［M］．北京：中央文献出版社，2018：213.

到的关键问题、复杂问题、难点问题要靠前指挥、未雨绸缪，经常召开专题会议研究部署；对新闻媒体部门在机构编制、人才队伍、基础建设、工作条件等方面给予支持和重点扶持；要增强舆论宣传工作的主动性，科学设置议题，增强主流媒体话语权，解决好说什么、怎样说的问题，形成共鸣，凝聚共识。在重大问题、原则问题上，主流媒体要及时、准确发声，抓住时机，把握节奏，讲究策略，体现时效度要求，有效引导社会舆论；把坚持社会效益放在首位，通过提高舆论宣传的报道质量，吸引受众，感染受众，为人民群众提供更多的精神食粮；宣传部门要认真研究新形势下舆论宣传的规律和方法，做到精准部署，通过印发舆论宣传指导意见、策划重大宣传、主题宣传活动等，加强对舆论宣传的指导与引导；还要注重事后管理，对触犯法律底线，违反党和国家政策的从业者给予明确而严厉的惩罚；要建立媒体的社会责任考评，通过各方面的监督、考评，堵塞新闻媒体工作漏洞，及时纠正工作偏差，提高舆论宣传工作质量和效率，促使舆论宣传沿着正确的方向发展。只有不断加强和完善党领导舆论宣传的工作方式，才能保证党管媒体原则落到实处、发挥实效。

（二）牢牢坚持马克思主义新闻观，自觉抵制西方新闻观在意识形态领域的渗透

1. 用马克思主义新闻观教育舆论宣传工作者

新闻观是舆论宣传工作的灵魂。做好舆论宣传工作就要深入开展马克思主义新闻观教育，把马克思主义新闻观作为党的舆论宣传工作的“定盘星”。马克思、恩格斯的新闻观是一种全新的无产阶级的新闻观，它是在批判资产阶级新闻观的基础上形成的，阐述了一些关于新闻传播基本问题的看法。马克思主义新闻观认为，任何新闻宣传都是反映了一定阶级和集团的利益，都带有一定的阶级性；马克思、恩格斯从事新闻工作的过程中，明确承认新闻的党性原则。恩格斯说：“在大国里报纸都反映自己党派的观点，它永远也不会违反自己党派的利益；而这种情况也不会破坏论战的自由，因为每一个派别，甚至是最进步的派别，都有自己的机关报。”① 党报党刊应当真正代表和捍卫无产阶级和人民大众的利益，成为他们自己的报纸；党报党刊要成为党内批评的强大武器，敢于开展新闻批评是一个党有力量的表现；党报党刊要处理好与党的领导机关的关系，在党的领导和监督下开展工作；党组织要加强对党报党刊工作的领导和监督等。只有通过学习和把握马克思主义新闻观，广大新闻工作者才能站稳阶级立场，充分认识舆论宣传的意识形态属性，才能具有高度的政治意识和明确

① 马克思，恩格斯．马克思恩格斯全集：第6卷［M］．北京：人民出版社，1961：209.

的政治责任。在社会主义国家舆论宣传工作就要体现党和人民的意志和利益，社会主义舆论宣传不能为反社会主义、反共产党的思想观点提供阵地，广大舆论宣传工作者要不断提高其政治素养，真正“做党的政策主张的传播者、时代风云的记录者、社会进步的推动者、公平正义的守望者”①。用马克思主义新闻观教育舆论宣传工作者，就为发挥舆论宣传工作在意识形态建设中的作用提供了基本思想条件。

2. 坚决批判和抵制西方新闻观

要牢牢坚持马克思主义新闻观，就要坚决批判和抵制西方新闻观，有效防止西方新闻观在我国意识形态领域的渗透，巩固我国意识形态阵地。一些人宣扬西方新闻观，鼓吹绝对的“新闻自由”。少数人打着“新闻自由”的旗号，攻击党的领导和我国社会主义制度，有的歪曲事实、颠倒黑白，有的以反主流为时尚，博得眼球、喝彩，有的怪话连篇、谎话连篇等，如果听之任之这样的“新闻自由”，那势必会搅乱人们的思想，削弱主流意识形态影响力，动摇马克思主义指导地位，甚至引发社会动乱，因此，要认清西方所谓“新闻自由”的本质，坚决反对少数人打着“新闻自由”的旗号，攻击中国共产党的领导和社会主义制度的言行。东欧剧变的一个重要思想原因，就是一些亲西方的人大肆鼓噪多元化、自由化，肆无忌惮污蔑攻击苏联共产党和马克思列宁主义，煽动民族情绪，使苏联共产党失去了对意识形态阵地的控制，导致思想混乱，诱发民族分裂主义、新自由主义、历史虚无主义等思潮泛滥，进而引发整个苏联局势动荡，这是苏联剧变的重要原因，这样深刻的教训我们必须时刻警钟长鸣。从这个意义上看，批判、抵制西方新闻观，不只是直接关系到党管媒体原则贯彻问题，从战略上讲，也关系到我国意识形态安全、关系到党和国家的前途命运。因此，在新闻媒体工作方面，绝不允许西方新闻观泛滥。

习近平总书记指出，西方国家标榜的“新闻自由”是虚伪的，西方一些媒体报道的一些负面东西，一类是对其他国家的负面报道，再一类是对丑闻、色情、血腥、名人隐私等一些报道，还有就是小题大做，而涉及资本主义制度的严肃话题报道微乎其微。西方国家新闻媒体不是超阶级的，具有鲜明的意识形态属性，具有根深蒂固的社会制度、阶级和党派偏见。如果世界上其他地方，特别是同西方国家意识形态不同的国家发生抗议事件、暴力恐怖事件等，西方国家媒体就会把这些事件描绘成为争取“民主”“自由”“人权”的行动，不惜

---

① 中共中央党史和文献研究院．十八大以来重要文献选编：下［M］．北京：中央文献出版社，2018：215.

版面，连篇累牍加以报道渲染。对社会主义中国，西方国家媒体总是戴着有色眼镜，抹黑、丑化、妖魔化中国，可谓无所不用其极。因此，习近平总书记指出："任何新闻舆论都有鲜明的意识形态属性，没有什么抽象的绝对的自由。我们要认清西方所谓'新闻自由'的本质，自觉抵制西方新闻观等错误观点的影响。"①

（三）坚持正确舆论导向，保证舆论宣传在我国意识形态建设中发挥积极作用

舆论传播是一个执政党有意识地聚焦目标受众，促使其认知情感接近、认同传播者思想观念、政治主张的过程。舆论导向不仅关系到新闻舆论的走向，而且还会对整个社会舆情产生重大影响，可以聚集积极向上的正能量，也可能诱发一些消极错误的负能量。舆论导向与意识形态建设紧密相连，直接关系意识形态建设能否顺利进行。新时代中国共产党高度重视舆论导向在我国意识形态建设中的作用。

1. 坚持正确舆论导向事关党和人民的事业

要有效发挥舆论宣传在意识形态建设中的作用，就必须把好舆论宣传工作的政治方向，如果舆论宣传工作的政治方向出现了问题，舆论宣传就会失去党和人民喉舌的性质，甚至会成为动摇党的领导、危害社会主义制度的工具，损害社会主义意识形态建设。那种认为舆论宣传只是一种信息发布和信息传播，无所谓导向问题的观点是错误和有害的。坚持正确舆论导向是舆论宣传工作的生命线，舆论导向是舆论宣传工作的重要旗帜和灵魂，坚持正确舆论导向是舆论宣传工作的第一要务。习近平总书记高度重视舆论导向的重要作用，他明确指出，舆论导向正确，就能凝聚人心、汇聚力量，推动事业发展；舆论导向错误，就会动摇人心、瓦解斗志，危害党和人民事业。正因如此，习近平总书记强调："要把握正确舆论导向，提高新闻舆论传播力、引导力、影响力、公信力，巩固壮大主流思想舆论。"② 习近平总书记还认为，舆论导向问题对党的领导、国家政治发展、政治稳定具有重大意义。我们正在进行具有许多新的历史特点的伟大斗争，面临的挑战和困难前所未有，为应对各种困难和挑战，新闻舆论和宣传工作肩负着特殊的使命，习近平总书记指出，坚持团结稳定鼓劲、正面宣传为主，是宣传思想工作必须遵循的重要方针。要增强新闻舆论引导的

---

① 中共中央党史和文献研究院．十八大以来重要文献选编：下［M］．北京：中央文献出版社，2018：215.

② 习近平．在全国宣传思想工作会议上的讲话［N］．人民日报，2018－08－21.

实效性，必须坚持巩固壮大主流思想舆论，弘扬主旋律，传播正能量，激发全社会团结奋进的强大力量。新闻舆论在引领过程中，要把握好时、效、度，增强吸引力和感染力，充分发挥正面宣传鼓舞人、激励人的作用。在事关大是大非问题上，必须增强主动性、掌握主动权、打好主动仗，帮助干部群众划清是非界限、澄清模糊认识。

对舆论导向问题的重要性，广大舆论宣传工作者在思想上要有清醒的认识，时刻牢记，要绷紧正确舆论导向这根弦，做到抓住导向不放松，这样可更好地发挥舆论宣传在意识形态建设中的积极作用。

2. 坚持正确舆论导向的基本要求

坚持正确舆论导向，就要求广大舆论宣传工作者要有高度的责任意识、阵地意识、政治意识，在舆论宣传中与党中央保持高度一致，舆论宣传工作必须服从和服务于党和国家的主要任务，舆论宣传要体现党性原则。在不同的历史条件下，由于党所面临的任务不同，国内外形势不同，坚持正确舆论导向的具体内容不同，特定时期的工作重点也是有差异的。因此，在工作实践中，既要牢牢把握坚持正确舆论导向的基本要求不放松，又要善于根据党和国家主要任务的变化，准确把握坚持正确舆论导向的工作着力点，把握坚持正确舆论导向的新内容、新要求，使坚持正确舆论导向更具有现实性和时代特征。中国特色社会主义进入新时代，习近平总书记对坚持正确舆论导向提出新要求，就是要做到所有工作都有利于坚持中国共产党领导和我国社会主义制度，有利于推动改革发展，有利于增进全国各族人民团结，有利于维护社会和谐稳定。他进一步强调："要牢牢把握正确舆论导向，唱响主旋律，壮大正能量，做大做强主流思想舆论，把全党全国人民士气鼓舞起来、精神振奋起来，朝着党中央确定的宏伟目标团结一心向前进。"① 在目前，坚持正确舆论导向的一个基本要求就是要树立"四个意识"，坚定"四个自信"，做到"两个维护"。

3. 把坚持正确舆论导向落实到具体工作实践中

在明确了坚持正确舆论导向基本要求的前提下，就要把坚持正确舆论导向落实到舆论宣传工作实践中，落实到舆论宣传工作各个领域、各个方面。讲导向不只是一些大报、大刊、大网站的事情，各级党报党刊、电台、电视台、网站都要讲导向，如果一部分不讲导向，那么同样会引起导向的混乱，不可避免地削弱党管媒体原则。从报道内容方面来看，不只是特定的栏目讲导向，其他的栏目也要讲导向，新闻报道要讲导向，因为新闻报道直接传达党和政府的声

① 习近平．在全国宣传思想工作会议上的讲话［N］．人民日报，2018－08－21.

音，引领时代潮流，宣传主流意识形态，副刊、专题节目、广告宣传也要讲导向，不能让那些消极颓废的东西充斥在这些栏目中，不给错误的东西提供传播平台。因此，新闻媒体讲导向是全方位、全覆盖的，只有这样才能形成舆论导向的整体效应、协同效应，没有这种全面性、整体性，坚持正确舆论导向就会大打折扣、事倍功半，势必会损害或削弱党管媒体原则。

加强舆论引导，还要关注老百姓的事情，对人民群众关注的问题，要连续深度报道和权威解读，第一时间利用主流媒体的优势进行信息发布，对舆论进行有效引导，避免各种错误言论放任自流。同时，对人民群众意见大的问题、关心的问题要积极报道，及时解疑释惑，这既是坚持马克思主义科学的工作方式，也是坚持无产阶级政党的政治立场。

要有效地坚持正确舆论导向，还要注重增强新闻媒体的公信力。新闻媒体公信力的塑造取决于新闻传播的价值取向和事实判断的有机衔接。我国的新闻媒体代表党的意志、传递党的声音，我国新闻媒体公信力的强弱在一定程度上影响执政党的威信，进而影响党管媒体原则的落实，公信力缺失或被质疑，媒体的舆论引导作用就不能有效发挥，媒体公信力反映了公众对媒体的公认度，因此只有增强新闻媒体的公信力，才能实现正确舆论引导。在引导实效上，习近平总书记指出："要适应分众化、差异化传播趋势，加快构建舆论引导新格局。"①

（四）坚持正面宣传为主，为我国意识形态建设注入强大正能量

1. 坚持正面宣传为主的必然性

习近平总书记指出："团结稳定鼓劲、正面宣传为主，是党的新闻舆论工作必须遵循的基本方针。"② 坚持正面宣传为主与坚持党管媒体原则有内在的关联性、一致性，东西南北中、工农商学兵，党是领导一切的，中国共产党的领导是中国特色社会主义的本质特征，中国改革开放和社会主义现代化建设在政治、经济、文化、社会、生态等领域的一切成就，都是在党的领导下取得的，坚持正面宣传一个基本方面，就是宣传我国社会主义现代化建设和改革开放在各个领域取得的成就，宣传党的领导的正确性，这些与坚持党管媒体原则、本质都是一致的。

坚持正面宣传为主有其现实依据，在现实生活中，我国社会积极正面的事

---

① 习近平．习近平谈治国理政：第2卷［M］．北京：外文出版社，2017：333.

② 中共中央党史和文献研究院．十八大以来重要文献选编：下［M］．北京：中央文献出版社，2018：216.

物是主流，消极负面的东西是支流，改革开放和社会主义现代化取得的成就是主要方面，存在的问题是次要方面；广大人民群众对党和国家政策的认同和拥护是主导的，对贯彻落实效果的不满意是附带性的；我国社会积极向上的风貌是主要方面，存在一些消极颓废的东西是次要方面；广大党政干部敢于担当、勤奋工作、勤政廉政是主体方面，少数干部贪污腐化是害群之马。对我国现实生活中这两个方面的认识，必须坚持辩证唯物主义态度，在新闻宣传中，要正确认识主流与支流、成绩和问题、全局和局部的关系，要看到事物的主要方面，集中反映社会健康向上的本质，客观展示我国社会发展进步的全貌，这样新闻舆论才能与我国改革发展蓬勃向上的态势相符合、相协调。如果片面夸大问题，把支流当作主流，把次要方面当成主要方面，甚至夸大阴暗面，这不是马克思主义的态度，是与我国社会发展的现实不相符合的。

坚持正面宣传为主，是新时代实现党的奋斗目标的必然要求。要全面建成小康社会、把我国建设成富强民主文明和谐美丽的社会主义现代化强国，实现中华民族伟大复兴的中国梦，敲锣打鼓是不能实现的，必须付出艰苦的努力，进行伟大斗争。党要带领人民有效应对重大挑战、抵御重大风险、克服重大阻力、解决重大矛盾，任何贪图享受、消解懈怠、回避矛盾的思想和行为都是错误的，我们必须激励全党全社会团结奋进，形成攻坚克难的强大力量，调动各方面积极性、主动性、创造性。只有坚持正面宣传为主，才能发挥舆论宣传的积极作用，保证舆论宣传为实现党的奋斗目标服务。

在新闻媒体宣传中，如果只看到黑暗、负面，看不到光明、正面，一叶障目、不识泰山，攻击一点，不及其余，不厌其烦地报道负面消息，就会造成相当大的不良社会影响，社会就会缺乏精气神，导致人心涣散。此外，一些别有用心的人，为达到抹黑、污名化中国党和政府的目的，往往利用这些负面报道，刻意渲染、夸大，把一般问题政治化、简单问题复杂化、个别问题普遍化，借题发挥，煽动民众情绪，挑拨民众与党和政府的关系，甚至鼓动社会动乱。因此，一味地进行负面报道，不仅是一个思想认识问题，在特定情况下，也会转化成为一种意识形态问题。

2. 坚持正面宣传为主的基本要求

坚持正面宣传为主，就要精心组织好习近平新时代中国特色社会主义思想主题宣传，使21世纪马克思主义深入人心；就要更好地弘扬主旋律，传播正能量，凝聚精气神，主旋律体现了时代精神，代表了人民群众的愿望和要求；就要宣传我国改革开放和社会主义现代化建设取得的伟大成就；宣传广大党员、干部带领人民艰苦奋斗奔小康的生动实践和典型实例；宣传党的主张，宣传党的路线方针政策和党中央重大决策部署；宣传广大人民群众蓬勃向上的精神面貌，宣传人民群众中的凡人善举，坚持真善美，贬斥假恶丑，传播正能量；要坚持宣传科学理论，传播先进文化，塑造美好心灵，弘扬社会正气。新闻媒体在满足人们的精神、文化需求的同时，也对人们的思想意识、价值观念产生深刻影响，正确的导向对提高人们的思想道德和民族凝聚力有重要作用。坚持正确正面宣传就要把社会效益放在首位，广大新闻媒体工作者要充分认识自己肩负的社会责任和使命，不断提高工作能力和水平，多出精品，多出思想性、艺术性俱佳的作品，靠高质量的作品去赢得读者、占领市场。就要牢牢掌握舆论宣传的主动权，在重大问题、突发事件、热点、焦点上正确引导、有效引导，切实把握团结稳定鼓劲的基本方针，把广大人民群众的智慧和力量凝聚到全面建成小康社会的宏伟目标上来；就要积极，深入反映群众呼声，体现党和人民的意志，体现中国精神、中国力量、中国价值，反映时代潮流，广泛凝聚共识。2020年春，面对突如其来的新冠肺炎疫情，我国新闻舆论宣传工作很好地发挥了正面宣传的作用，党中央提出，要做好宣传教育和舆论引导工作，统筹网上网下、国内国际、大事小事，更好强信心、暖人心、聚民心。要深入宣传党中央重大决策部署，充分报道各地区各部门联防联控的措施成效，生动讲述防疫抗疫一线的感人事迹，讲好中国抗击疫情故事，展现中国人民团结一心、同舟共济的精神风貌，凝聚众志成城抗击疫情的强大力量。

（五）开展积极的舆论斗争，保证我国意识形态建设顺利推进

有效发挥舆论宣传在意识形态建设过程中的作用，不可避免地要受到各种错误思潮和行为的干扰、破坏，为保证舆论宣传在意识形态建设中作用的顺利实现，习近平总书记特别强调舆论宣传战线的领导干部和广大工作者必须发扬批判精神、斗争精神。

1. 发扬斗争精神的必要性

发挥舆论宣传在意识形态建设中的作用是与积极的思想斗争分不开的，要站在维护意识形态安全的高度，把舆论斗争摆在关系党和国家工作大局中去考虑、去谋划、去部署、去落实，不断提高发现、研判、处理负面舆论信息的能力和水平，保证打赢舆论斗争。我国正处于改革发展的关键时期，各种思想舆论相互交织，多种错误思潮都力图与主流意识形态争夺阵地、争夺话语权，都试图影响党和国家政策，在意识形态领域不时出现一些杂音、噪音，对这些形形色色的错误思想观点和言论，不能听之任之，必须保持清醒头脑，必须进行坚决批判、抵制和斗争。习近平总书记指出，在复杂的舆论场，要旗帜鲜明坚持真理，立场坚定批驳谬误。坚持正确的舆论斗争，为有效实现舆论宣传工作

在意识形态建设中的作用创造良好舆论条件。只有敢于对错误思想言论及行为进行批判、斗争，才能牢牢掌握舆论宣传工作主导权，巩固宣传思想阵地，净化思想舆论空间，不给错误思想言论可乘之机，才能祛邪扶正，减少负能量，增强正能量，壮大主流思想舆论。通过开展积极的舆论斗争，在舆论宣传领域消除阻碍、破坏我国意识形态建设的消极、错误、反动的东西。

2. 发扬斗争精神的基本要求

发扬斗争精神、开展积极舆论斗争，就要求舆论宣传领域的领导干部及广大工作者要增强政治敏锐性和政治鉴别力，旗帜鲜明地支持正确思想舆论，反对和抵制各种错误思潮和错误观点。在舆论斗争战场上，新闻媒体工作者要当战士，不要当绅士，习近平总书记特别要求，宣传思想战线的同志要履行好自己的神圣职责和使命，就要以战斗的姿态、战士的担当，积极投身宣传思想领域斗争第一线。在开展舆论斗争方面，习近平总书记提出了许多新观点、新论述，为开展舆论斗争提供了基本遵循。习近平总书记要求，各级党委和领导干部，对新闻媒体存在的问题，要敢抓敢管，敢于亮剑，有理有利有节开展舆论斗争。在开展舆论斗争方面，习近平总书记还具体地指出，对那些恶意攻击党的领导、攻击社会主义制度、歪曲党史、国史的，一切报纸杂志、电影电视、广播电台等媒体都不能为之提供方便；习近平总书记明确指出，对否定党的领导、否定我国社会主义制度、否定改革开放的言行，对歪曲、丑化、否定党的历史、中华人民共和国历史、人民军队历史的言行，对歪曲、丑化、否定党的领袖和英雄模范的言行，对一切违背歪曲、否定党的基本路线的言行，必须旗帜鲜明地反对和抵制。习近平总书记讲，任何人任何势力企图歪曲中国共产党的历史、丑化中国共产党的性质和宗旨，中国人民都绝不答应，任何人任何势力企图歪曲和改变中国特色社会主义道路，否定和丑化中国人民建设社会主义的伟大成就，中国人民都绝不答应，任何人任何势力企图把中国共产党和中国人民割裂开来、对立起来，中国人民都绝不答应。对造谣生事的，必须依法处置，决不能让这些人在那里煽风点火、信口雌黄。关于宣传领域的斗争，习近平总书记还指出，在宣传思想领域，对大是大非问题不能绕着走，不能态度暧昧、独善其身，在舆论战场上，不能做开明绅士，要做勇敢的战士，因此，事关党和国家命运的政治斗争中，所有领导干部不能做旁观者，要敢于进行舆论斗争。

在我国思想领域存在各种各样的思想问题，就要以不同的态度和方式应对这些问题，做到态度坚定、旗帜鲜明，不能含糊其词、回避问题。“对重大政治原则和大是大非问题，要敢于交锋、敢于亮剑。对恶意攻击、造谣生事，要坚决回击、以正视听。”① 对那些在媒体上诋毁、恶搞、丑化英雄人物的歪风，主流媒体要及时发声，为英雄正名，弘扬正气。各类媒体要把好关、把好度，绝不能出现政治性错误，绝不给错误言论和观点提供渠道。要针对网络斗争的新动向、新特点，建立网络队伍，确保人在哪里，新闻舆论阵地就在哪里。坚持新闻舆论领域的思想斗争，要把握好时效度，也就是要善于把握时机、注重效果、掌握分寸，在一定范围、一定程度开展，要讲究斗争艺术和斗争策略，防止右和“左”的偏差。开展舆论斗争是党进行思想斗争的组成部分，这种斗争要服从党的目标任务的需要，要在党的领导下进行。

（六）坚持舆论宣传工作守正创新，为促进我国意识形态建设注入新活力

舆论宣传工作要有效发挥在意识形态建设中的作用，就必须随着现实情况的变化不断创新，只有多方面的创新，才能增强舆论宣传工作的时代性，进而为推动意识形态建设注入新活力。习近平总书记对舆论宣传工作的创新问题进行了多方面论述。

1. 舆论宣传工作创新的必要性

习近平总书记认为，舆论宣传工作要与党和人民同呼吸、共命运，与时代同进步，必须坚持守正创新。守正创新是舆论宣传工作发展的动力源泉，是舆论宣传工作的永恒主题。通过创新思路，在解放思想中，不断增强新闻舆论工作的活力源泉和创造性。要做到守正创新，就要善于把握新闻舆论传播特点、规律和趋势，深入研究受众群体心理特点和接受习惯。做到从群众的关注点、兴奋点入手，把握好舆论引导的时机、节奏和力度，在尊重新闻舆论工作规律的基础上，形成一套因势利导、运行有序的长效机制。新闻舆论工作只有不断创新，才能积极顺应国内外形势的变化和人民群众的新期待，进而做到在理论与实践的结合中创新宣传形式，以新的视角、丰富的内容、灵活的形式，不断增强新闻宣传的实效性。

2. 舆论宣传工作创新的基本要求

关于舆论宣传工作的创新，习近平总书记指出：“宣传思想工作创新，重点要抓好理念创新、手段创新、基层工作创新，努力以思想认识新飞跃打开工作新局面，积极探索有利于破解工作难题的新举措新办法。”② 关于新闻媒体工作的创新，他还进一步指出，随着形势发展，党的新闻舆论工作必须创新理念、

① 中共中央党史和文献研究院．十八大以来重要文献选编：下［M］．北京：中央文献出版社，2018：218.

② 习近平．习近平谈治国理政［M］．北京：外文出版社，2014：155.

内容、载体、形式、方法、手段、业态、体制、机制，增强针对性和实效性。这就要求我们适应新形势、新变化，研究新情况，探索新办法，要实现内容、形式上的创新，聚焦基层群众的实践，找准党的政策与群众生动实践的连接点，在群众普遍关注的问题上深度报道，善于从群众的基层实践挖掘深刻的思想内涵。要用改革创新方法改进新闻宣传，要积极推进媒体工作的改革，制定有效的媒体改革政策，做大做强新闻媒体事业，提高主流媒体竞争力，着力培养一批有实力、有活力的传媒集团。

二、充分发挥思想政治工作在我国意识形态建设中的引导作用

思想政治工作是我党的传家宝，我党在各个时期都非常重视思想政治工作的作用，思想政治工作是各项工作的生命线。思想政治工作与意识形态建设紧密相连，思想政治工作是意识形态建设的重要组成部分，加强意识形态建设需要思想政治工作提供动力和支持，思想政治工作具有鲜明的政治导向性，既是提高人们思想觉悟和道德水平的需要，也是增强人们政治认同的需要，开展思想政治工作对维护阶级统治、对巩固国家政治稳定具有深远作用，从思想政治工作的政治功能来看，思想政治工作本身也是意识形态工作。新时代中国共产党高度重视思想政治工作在意识形态建设中的作用。

（一）思想政治工作在我国意识形态建设中的具体作用

习近平总书记指出："宣传思想工作就是要巩固马克思主义在意识形态领域的指导地位，巩固全党全国人民团结奋斗的共同思想基础。"① 思想政治教育直接作用就是解决人们的思想问题，培育良好的精神风貌，保障人们的思想积极健康地发展。思想政治教育从来就是一项意识形态性很强的社会实践活动。思想政治工作具有强大的意识形态功能，思想政治工作的要求就是以马克思主义意识形态作为整合社会各种不同思想意识观念、不同精神状态的基本观念，并以此确定国家和社会的内在精神秩序。由于这一特殊的规定性和要求，新时代中国共产党特别重视思想政治工作在我国意识形态建设中的独特作用。

1. 为我国意识形态建设提供良好思想条件

我国意识形态建设的基本任务就是保证马克思主义指导地位的实现。这既是一个政治问题，也是一个思想问题，其中政治是根本，思想是保证。如果在思想领域出了问题，马克思主义指导地位也必定会受到损害。因此，要坚持和

---

① 习近平．胸怀大局把握大势着眼大事 努力把宣传思想工作做得更好［N］．人民日报，2013－08－21.

巩固马克思主义的指导地位，就必须高度重视思想政治工作。

改革开放以来，马克思主义的指导地位在我国意识形态领域得到了进一步巩固，广大人民群众团结奋斗的思想基础进一步加强，对党的领导衷心拥护，对中国特色社会主义事业充满信心，但我们要看到，我国意识形态建设仍面临着错综复杂的环境，这种复杂的思想文化环境对我国意识形态建设产生了极为不利的影响。从国际思想文化环境看，冷战结束后，西方敌对势力把我国作为意识形态的主要对手，我国与西方国家在意识形态领域的斗争和较量是长期的复杂的，有时甚至是非常尖锐的，西方大国利用一切机会、通过各种途径、采取多种手段加紧对我国进行思想文化渗透，极力用西方的政治价值观、道德观、生活方式、社会制度来影响我国。近年来，西方敌对势力对我国意识形态渗透日益呈现出日常化、具体化、科技化、学术化等新特征，这对部分民众特别是青少年的思想观念影响很大；从国内思想文化环境看，随着改革开放的不断深化，我国改革进入攻坚期和深水区，各种社会矛盾叠加呈现，在这个过程中，社会成员思想活动的独立性、选择性、多变性、差异性日益增强，社会思想空前活跃，各种思想观念相互交织、各种文化相互激荡，社会意识出现多样化趋势，错误思想的影响难以避免。这种现实状况对人民群众的思想观念不可避免地产生重大影响，随着社会成员思想观念多样化趋势日益增强，我国主流意识形态统一思想认识的任务加重。同时，多样化思想观念的存在，对马克思主义的指导地位产生一种离散作用，直接损害着我国意识形态建设。因此，针对当前我国意识形态建设面临的复杂思想文化环境，要不断加强对人们的思想政治工作。

在这种复杂多样的国内外思想文化环境下，加强思想政治工作，对于有效促进意识形态建设有着直接的意义。通过加强思想政治工作，有助于帮助广大人民群众进一步认识西方国家推行的“西化、分化”图谋的实质，提高政治鉴别力，增强政治敏锐性，在西方腐朽思想文化对我国加紧渗透的环境下，能够做到始终保持头脑清醒、立场坚定、旗帜鲜明，自觉在我国意识形态领域构建起防止“西化、分化”战略的思想长城；有针对性地开展思想政治工作，有助于及时解决社会成员中存在的思想问题，澄清一些模糊认识、批驳错误观点，排除杂音、噪音的干扰，适时消除多元化思想观念对我国民众的消极影响；全方位地在人民群众中开展思想政治工作，有助于坚定人民群众对马克思主义的信念、中国特色社会主义的信心、对党和政府的信任；在人民群众中开展经常性的思想政治工作，通过思想灌输、精神激励、人文关怀、行为规范来培育和践行社会主义核心价值观念，有助于人们深入认识和掌握马克思主义的科学品质和内在本质，防止非马克思主义的东西乘虚而入，增强我国主流意识形态的指导力。

2. 为我国意识形态建设打下坚实思想基础

要全面、有效地加强我国意识形态建设，首先就要求马克思主义占领意识形态阵地。习近平总书记指出，对于意识形态阵地正确的东西不去占领，错误的东西必定会去占领，这是一条基本规律。马克思主义要占领意识形态阵地，不是自发实现的，而是一个自觉能动的过程，在这个过程中就要求对人民群众开展积极的思想政治工作，把马克思主义基本理论、我国主流意识形态灌输到人民群众中去，这样才能有效抵御各种社会思潮对人民群众的侵蚀，进而为我国意识形态建设打下坚实的群众基础。搞好意识形态建设需要有一定的群众基础，广大人民群众只有具备了较高的思想觉悟和道德素养，才能使马克思主义真正植根于人民群众之中，使人民群众真信、真学、真用马克思主义。习近平总书记指出，党的群众基础和执政基础包括物质和精神两个方面，精神上丧失群众基础，最后也要出问题，只有物质文明建设和精神文明建设都搞好，国家物质力量和精神力量都增强，中国特色社会主义事业才能顺利向前推进，进而推动社会主义意识形态建设顺利进行。

通过在人民群众中持之以恒地开展思想政治工作，可提高人民群众辨别是非、善恶、美丑的能力，进一步增强理论认同、政治认同、情感认同，不断激发广大人民群众投身改革开放的巨大热情，凝心聚力共筑中国梦；及时有效的思想政治工作还会起到解疑释惑、统一思想的作用，增强人民群众贯彻党的路线方针政策的自觉性和走中国特色社会主义道路的坚定性，教育引导人们树立共产主义远大的理想和中国特色社会主义共同理想，坚定道路自信、理论自信、制度自信、文化自信；通过开展思想政治教育，让爱国主义精神在人民群众心中牢牢扎根，教育引导人民群众热爱和拥护中国共产党；教育引导人民群众特别是青少年培育和践行社会主义核心价值观，踏踏实实地修好品德，成为有大爱大德大情怀的人。人民群众特别是青少年具有了较高的政治素质和良好的精神状态，增强了自身的免疫力，也就增强了抵御各种腐朽思想文化侵蚀的能力，这必定有利于巩固马克思主义意识形态阵地。

意识形态建设也是扩大马克思主义指导力、影响力的问题，开展积极有效的思想政治工作，为意识形态建设奠定了良好的思想基础。

3. 为我国意识形态建设营造良好环境

搞好我国意识形态建设需要营造积极、健康、向上的良好的社会环境和良好的思想道德环境，而良好社会环境、思想道德环境的营造离不开思想政治工作发挥的引导教育作用。思想政治工作能为我国意识形态建设营造良好环境，主要体现在三个方面：

第一，为我国意识形态建设构建良好的思想道德环境。习近平总书记指出：“要大力弘扬时代新风，加强思想道德建设，深入实施公民道德建设工程，加强和改进思想政治工作，推进新时代文明实践中心建设，不断提升人民思想觉悟、道德水准、文明素养和全社会文明程度。”① 思想政治工作的目的就是提高人民群众的思想道德水平，广大人民群众具有了较高的思想觉悟和道德水平，也就为意识形态建设创造了有利的思想道德条件。一些错误社会思潮和思想观点在社会上的传播，这在一定程度上与部分社会成员思想道德水准下降存在密切联系，如拜金主义、享乐主义、极端个人主义、伪科学、虚无主义等，这些思潮往往利用思想政治教育出现薄弱环节的机会，加速自身的传播。思想政治工作能够培育和引导社会成员形成良好的道德情操、心理品质和政治素质，具有一种“化人”的功能，通过强有力的思想政治工作，帮助人们树立正确的信念，激发奋发向上的民族精神，抵制腐朽思想文化的影响，培育良好的社会主义道德风尚；提高民众的思想道德觉悟，在全社会形成爱国守法、明理诚信、团结友善、勤俭自强、敬业奉献的基本道德风尚，消除腐朽没落思想道德的影响，引导人们树立高尚的道德情操，树立体现中华民族优秀传统和时代精神的价值标准和行为规范；弘扬以爱国主义为核心的民族精神和以改革创新为核心的时代精神，弘扬集体主义、社会主义思想，形成与社会主义市场经济相适应、与社会主义法律规范相协调、与中华民族传统美德相承接的社会主义道德体系，进而构建起抵御腐朽思想文化渗透的道德防线。这样就为我国意识形态建设提供了良好的道德环境。

第二，为我国意识形态建设营造良好的社会环境。通过加强思想政治工作，弘扬新风正气，推进移风易俗，培育文明乡风、良好家风、淳朴民风。改革开放以来，在经济发展过程中，我国出现了一些不良的社会现象，如腐败现象、弄虚作假现象、黄赌毒现象、封建迷信现象、崇洋媚外现象等，不良的社会现象必定会对我国民众的思想状况产生不利影响。要消除社会上存在的一些不良现象、改善社会风气，其中一个方面就是要加强思想政治工作。习近平总书记指出：“我们正在进行具有许多新的历史特点的伟大斗争，面临的挑战和困难前所未有，必须坚持巩固壮大主流思想舆论，弘扬主旋律，传播正能量，激发全

① 习近平．习近平谈治国理政：第3卷［M］．北京：外文出版社，2020：313.

社会团结奋进的强大力量。"① 通过加强思想政治工作，改善社会风气，在全社会形成团结互助、平等友爱、共同前进的良好社会氛围和人际关系；形成知荣辱、讲正气、促和谐的社会风尚；更好地弘扬科学精神，养成健康文明的社会生活方式；遏制社会上的一些不正之风，扶正祛恶，扬善惩恶，净化社会风气，构建良好的社会环境。健康、文明、和谐、稳定、清廉的社会风气不仅体现了我国主流意识形态的价值要求，而且也有助于我国主流意识形态得以顺畅地传播和扩大自身的影响力，进而为我国意识形态建设营造良好的社会环境。

第三，为我国意识形态建设创造稳定的政治环境。我国意识形态建设的顺利推进离不开稳定的政治环境。稳定的政治环境一方面需要制度、法律来规范和制约，通过制度和法律约束人们的行为，惩治一些违纪、违法行为，通过"硬性"的强制保障社会秩序的正常运转；另一方面也需要思想政治工作的作用。通过开展持之以恒的思想政治工作，化解人民内部矛盾。人民内部矛盾是在人民根本利益基础上的非对抗性矛盾，解决人民内部矛盾的基本方法是民主的方法、说服教育的方法，通过开展思想政治工作，摆事实、讲道理，消除误解，达成共识，把矛盾协调在可控范围内，防止矛盾激化；营造和谐的人际关系，从而营造和谐稳定的政治环境；开展有针对性的思想政治工作也是防止群体性事件发生的有效方法，群体性事件对社会和谐、稳定危害较大，这类事件的发生在很大程度上是由于个别部门和工作人员缺乏对群众进行耐心、细致的说服引导，导致矛盾越积越深。通过深入细致的思想政治工作，摆事实、讲道理，得到群众的理解，就能防止矛盾激化，在很大程度上避免群体性事件的发生；开展积极的思想政治教育工作有助于保持民主团结、安定和谐的政治局面。意识形态建设要受到整个社会发展状况的影响，稳定的政治环境为我国意识形态建设的顺利推进提供了前提条件。

4. 为我国意识形态建设凝聚强大力量

搞好意识形态建设不仅需要良好的环境，而且还需要一定的推动力，这种推动力的孕育和形成与思想政治工作存在密切的关联性。

加强和改善思想政治工作能够为意识形态建设提供精神动力。习近平总书记指出："中国特色社会主义进入新时代，必须把统一思想、凝聚力量作为宣传思想工作的中心环节。"② 他强调："要深入开展中国特色社会主义宣传教育，

① 习近平．习近平谈治国理政［M］．北京：外文出版社，2014：155.

② 习近平．习近平谈治国理政：第3卷［M］．北京：外文出版社，2020：311.

把全国各族人民团结和凝聚在中国特色社会主义伟大旗帜之下。”① 他指出，我国发展形势总的很好，我们党要团结带领人民实现党的十九大确定的战略目标，夺取中国特色社会主义新胜利，更加需要坚定自信、鼓舞斗志，更加需要同心同德、团结奋斗。习近平总书记指出：“我们必须把人民对美好生活的向往作为我们的奋斗目标，既解决实际问题又解决思想问题，更好强信心、聚民心、暖人心、筑同心。”② 思想政治工作具有一种激励属性和功能，思想政治工作按照某种政治理想、道德行为标准去培养和塑造人，促使人们去接受和追求这种理想和标准，使人们为之努力和奋斗，在这个过程中，对人们的成长形成一种内在的精神动力，使人们具有一种坚忍不拔、勇于向上的拼搏精神，这种激励作用往往转化为一种勇于开拓、不断创新的动力；在思想政治工作中通过宣传党的路线方针政策，用共同理想凝聚人心，用奋斗目标激励人心，用发展成就鼓舞人心，用良好氛围稳定人心。通过大力加强社会主义核心价值观教育，把培育和弘扬社会主义核心价值观作为凝魂聚气、强基固本的基础工程，使社会主义核心价值观内化于心、外化于行，成为广大人民群众的价值追求和自觉行动。积极有效的思想政治工作，拓展了人们的视野，提升了人们的精神境界，促使人们更新观念、解放思想、与时俱进，有助于培育创新意识、倡导创新精神、营造创新氛围，这种创新增强了我国主流意识形态的活力，从而内化为推动我国意识形态建设的动力源泉。

开展丰富多彩的思想政治工作为意识形态建设提供实践动力。思想政治工作是一项重要的实践工作，开展思想政治工作的过程也是践行马克思主义和中国特色社会主义理论体系的过程，是一种主观见之于客观的行为，是一种推动我国主流意识形态与我国现实生活相结合的过程，思想政治工作实践既为马克思主义理论研究和创新提供了一定的实践材料，又为我国意识形态建设提供了广阔的舞台。思想政治工作实践提出的新问题、新要求，推动着马克思主义理论不断完善和创新，成为推动我国意识形态建设的实践动力。丰富多彩的思想政治工作实践活动，为我国意识形态建设也提供了一些新思路、新方式、新路径，因此，积极有效的思想政治工作必定在实践上推进我国意识形态建设。

经常性的思想政治工作为我国意识形态建设提供群众动力。我国意识形态建设不仅需要思想、理论、宣传部门及有关人员的直接实施，而且还需要广大人民群众的参与和支持，这样才能形成我国意识形态建设的强大力量。积极有

---

① 习近平．习近平谈治国理政［M］．北京：外文出版社，2014：154.
② 习近平．习近平谈治国理政：第3卷［M］．北京：外文出版社，2020：311.

效的思想政治工作，能够充分发挥人民群众的积极性、主动性和创造性，激发和释放广大人民群众参加意识形态建设的活力，使广大人民群众充分认识到坚持马克思主义指导地位的必然性，并站在马克思主义的立场上自觉抵制、反对一些危害国家和人民利益的社会思潮，这就会形成推动我国意识形态建设强大的力量源泉。

（二）发挥思想政治工作在我国意识形态建设中作用的基本要求

意识形态建设的任何一种途径都有其内在的规定性，只有科学认识这种内在规定性，充分认识其发展规律，才能有效发挥这种途径的作用。要有效发挥思想政治工作在我国意识形态建设中作用，就要科学把握开展思想政治工作的一些基本要求。习近平总书记对思想政治工作的基本要求进行了多方面论述。

1. 坚持围绕中心、服务大局，是思想政治工作推进意识形态建设的基本职责

思想政治工作历来是围绕着党的中心任务进行的，为实现党的中心任务服务，保证党的中心任务的顺利完成，这既是我党思想政治工作的优良传统，也是我党思想政治工作的主旋律。党在一定时期的中心任务，是全党和全国工作的大局，党的中心任务决定着意识形态工作的基本方向。以经济建设为中心，大力发展生产力成为党和国家的根本任务，因此，当前的思想政治工作必须保障社会主义现代化建设和改革开放的顺利进行，保障社会主义市场经济健康有序发展，保障全面建成小康社会目标的实现。思想政治工作要大力营造聚精会神搞建设、一心一意谋发展的良好氛围，大力营造倍加顾全大局、倍加珍惜团结、倍加维护稳定的良好氛围。只有始终围绕经济建设这个中心，一切在大局下思考，一切在大局下行动，为改革开放和社会主义现代化建设创造良好的社会环境和舆论氛围，思想政治工作才能找准自身位置，发挥积极作用。党的思想政治工作，是经济工作和其他一切工作的生命线，是团结全党全国各族人民实现党和国家各项任务的中心环节，是我们党和社会主义国家的重要政治优势。

当前思想政治工作必须就是要为全面建成小康社会、全面深化改革、全面依法治国、全面从严治党服务，为积极推进经济建设、政治建设、文化建设、社会建设、生态文明建设“五位一体”的总体布局服务，习近平总书记特别强调，思想政治工作要为人民服务，为中国共产党治国理政服务，为巩固和发展中国特色社会主义制度服务，为改革开放和社会主义现代化建设服务。思想政治工作为人民服务，就是要做到通过开展思想政治工作维护好、实现好人民群众的利益；为中国共产党治国理政服务，就是要通过开展思想政治工作，积极宣传党的路线、方针、政策，自觉做到“两个维护”，坚持做到一切有利于党和

国家的中心任务的思想观点都要予以支持、保护，一切不利于党和国家中心任务实行的思潮、观点都要积极的批驳和抵制，一切危害党和人民根本利益的思潮都要进行批判和斗争。教育人民群众特别是青少年，更加热爱党、拥护党的领导，立志听党话、跟党走；为巩固和发展中国特色社会主义制度服务，就要求通过开展思想政治工作教育和引导人们充分认识中国特色社会主义制度的本质和优势，树立中国特色社会主义共同理想；为改革开放和社会主义现代化建设服务，就要求通过开展思想政治工作，为改革开放创造良好的思想道德环境，引导人们科学认识改革开放中出现的各种困难和问题，全面认识改革开放取得的巨大成就，充分认识改革开放面临的困难和问题，坚定信心，攻坚克难，为改革开放提供强大精神动力。

2. 坚持以人为本，是思想政治工作推进我国意识形态建设的基本价值取向

习近平总书记指出，宣传思想工作“坚持人民性，就是要把实现好、维护好、发展好最广大人民根本利益作为出发点和落脚点，坚持以民为本、以人为本。”① 思想政治工作说到底是做人的工作，必须把以人为本、服务群众融入工作全过程。在思想政治工作中要坚持以人为本，就要求牢固树立群众观点，自觉站稳群众立场，始终坚持群众路线，想问题、办事情、做决策都要从最广大人民群众根本利益出发，要把思想政治工作与解决人民群众的实际问题结合起来，把坚持正确导向与通达社情民意结合起来。多做有利于维护人民群众利益的事情，多帮助解决人民群众反映强烈的现实问题，思想政治工作一定要善于贴近群众，善于从群众最关心、与群众切身利益最密切的问题入手，把工作做到群众的心坎上。在思想政治工作中要坚持以人为本，就要在感情上贴近群众，工作上依靠群众，回答群众关心的问题，解答群众思想上的困惑，办好顺民意、解民忧、惠民生的实事，时刻关心人民群众的安危冷暖，从人民群众最希望做的事情做起，认真倾听群众意见，积极反映群众呼声，大力讴歌人民群众的英雄业绩，努力满足人民群众的精神文化需求。使精神文明建设的成果惠及人民群众。要树立以人民为中心的工作导向，把服务群众同教育引导群众结合起来，把满足需求同提高素养结合起来，多宣传报道人民群众的伟大奋斗和火热生活，多宣传报道人民群众中涌现出来的先进典型和感人事迹，丰富人民精神世界，增强人民精神力量，满足人民精神需求。做到以人为本，就要面向基层，服务群众，深入实际，多反映人民群众的利益要求，多宣传人民群众中的先进典型。多做有利于维护人民群众切身利益的事情，多帮助解决人民群众反映强烈的突

① 习近平．习近平谈治国理政［M］．北京：外文出版社，2014：154.

出问题，多提供有利于保障人民文化权益的文化产品和服务。

在开展思想政治工作过程中，坚持以人为本，就会赢得广大人民群众的拥护和信任，增强我国主流意识形态的吸引力、感召力。坚持以人为本，实现好、维护好、发展好广大人民群众的根本利益，这就确立了我国意识形态建设的基本价值导向。

3. 坚持党对思想政治工作的领导，是思想政治工作推进我国意识形态建设的根本政治保证

党的领导是做好宣传思想工作的关键，任何时候、任何情况下都不能动摇，这就要求各级党委要负起政治责任和领导责任，加强对宣传思想领域重大问题的分析研判和重大战略性任务的统筹指导，不断提高领导宣传思想工作能力和水平。要始终坚持“两手抓、两手都要硬”的战略方针，切实加强党对思想政治工作的领导，思想政治工作战线要坚定自觉地在思想上、政治上、行动上同党中央保持一致，维护中央权威，保证政令畅通。为更好地保障党对思想政治工作的领导，各级党委特别是“一把手”要高度重视思想政治工作，把思想政治工作纳入党的工作全局来考虑，各级党委和领导干部要及时了解人民群众的思想动态，认真研究和解决思想政治工作中存在的新问题；要从政治上、工作上、生活上关心思想政治工作者，充分调动和保护他们的积极性和创造精神；为保障党对思想政治工作的组织领导，必须使思想政治工作机构的领导权牢牢掌握在忠于马克思主义、忠于党和人民的人手里，同时还要构建起保障思想政治工作有效开展的组织制度和机制，以实现思想政治工作的制度化、规范化；党通过制定思想政治工作方面的政策，为宣传思想工作指明方向、部署任务、制定措施实施对宣传思想工作的政治领导。要加强对思想政治工作的领导，关键是要提高质量和水平，把握好时、度、效，增强吸引力和感染力，让群众爱听爱看、产生共鸣。习近平总书记还要求领导干部，在大是大非问题和政治原则问题上，必须增强主动性、掌握主动权、打好主动仗，帮助干部群众划分是非界限、澄清模糊认识。习近平总书记还指出：“宣传思想部门工作要强起来，首先是领导干部要强起来，班子要强起来。各级宣传部门领导同志要加强学习、加强实践，真正成为让人信服的行家里手。”① 切实加强和改善党对思想政治工作的领导，是加强思想政治工作的根本保证。

4. 坚持不断创新，是思想政治工作推进我国意识形态建设的一个动力源泉

创新是民族进步的灵魂，是国家兴旺发达的不竭动力，也是做好思想政治

---

① 习近平．习近平谈治国理政［M］．北京：外文出版社，2014：156.

工作的内在要求。思想政治工作的直接目的就是解决人的思想问题，而人的思想意识是随着现实情况的变化而变化的，因此，这就要求在思想政治工作中必须适应形势的变化，认真研究新时期意识形态工作的特点和规律，不断开拓创新。因此，思想政治工作在继承和发扬优良传统的基础上，必须在内容、形式、方法、手段、机制等方面努力进行创新和改进。只有在继承中努力创新，不断进取，才能打开思想政治工作的新局面、开创思想政治工作的新境界、把思想政治工作推进到新阶段。在我党的历史上，思想政治工作每向前发展一步，都是在创新过程中实现的，这是思想政治工作发展的一条基本规律。

我党十分重视思想政治工作创新问题，习近平总书记强调，宣传思想工作创新，重点要抓好理念创新、手段创新、基层工作创新，努力以思想认识新飞跃打开工作新局面，积极探索有利于破解工作难题的新举措、新办法，把创新的重心放在基层一线。在思想政治工作内容创新上，要紧紧围绕社会主义现代化建设的实际现实问题，紧紧围绕干部群众的思想实际解疑释惑，更好地做到用科学的理论武装人。通过思想政治工作内容的创新，把一些符合时代发展要求的新理念、新思想、新观点应用于思想政治工作实践，武装人民的头脑，也就使引领社会思潮获得了新的思想武器，增强了马克思主义意识形态的吸引力，增强了对错误思潮的抵御能力、斗争能力；借助思想政治教育工作形式的创新，通过寓教于乐、生动活泼的形式开展思想政治工作，使思想政治工作充满着生活气息、时代气息，这必定会增强马克思主义意识形态的感染力；利用思想政治工作的方法创新，更多地运用民主讨论、平等交流、互动沟通、个别谈心、耐心疏导、榜样引领、因人施教、言传身教等方法，使思想政治教育贴近教育对象，适应群众承受力，深入浅出，循序渐进，润物无声，可亲可信，增强马克思主义意识形态的亲和力；实现思想政治工作手段创新，善于利用大众媒体开展思想政治教育工作，特别是要高度重视和积极运用互联网、手机等新兴媒体，建设开展思想政治工作的新平台，增强马克思主义意识形态的吸引力。习近平总书记指出："要加强传播手段和话语方式创新，让党的创新理论'飞入寻常百姓家'。"① 实现思想政治工作的机制创新，不断加强和完善一系列能够保障思想政治教育工作顺利开展的运行机制，如管理机制、监督检查机制、评估机制、奖惩机制等，通过机制创新，增强马克思主义意识形态的发展动力。在思想政治工作创新方面，习近平总书记还站在国际视野阐述了这一问题，他指出，面对世界形势发展变化，对世界上出现的新事物、新情况，对各国出现的

① 习近平．在全国宣传思想工作会议上的讲话［N］．人民日报，2018－08－21.

新思想、新观点、新知识，我们要加强宣传报道，以利于积极借鉴人类文明创造的有益成果。要精心做好对外宣传工作，创新对外宣传方式，着力打造融通中外的新概念、新范畴、新表述，讲好中国故事，传播好中国声音。

思想政治工作创新不仅直接为思想政治工作提供了新动力，而且为推进我国意识形态建设提供持久的动力源泉，使意识形态建设充满了生机与活力。

5. 坚持齐抓共管，是思想政治工作推进我国意识形态建设的有力保障

思想政治工作是一项系统工程，要全面完成思想政治工作的任务，必须形成合力，把社会各方面的力量动员起来，把社会各方面的资源整合起来，使它们充分发挥作用、密切配合。随着改革进程加快，改革进入攻坚期和深水区，各种社会矛盾集中呈现，人们的思想状况日趋复杂化、多样化。在这种社会思想环境下，我国思想政治工作的任务加重，难度加大，仅仅靠个别部门很难保障思想政治工作的有效开展，党的思想政治工作，面向全社会，面向广大干部群众，靠一部分人来做是远远不够的，必须全党动手，落实到基层发动各方面力量共同来做。因此，习近平总书记十分重视各个部门通力协作搞好意识形态工作。

习近平总书记指出："要树立大宣传的工作理念，动员各条战线各个部门一起来做，把宣传思想工作同各个领域的行政管理、行业管理、社会管理更加紧密地结合起来。"① 为此，就要建立健全党委统一领导、党政群齐抓共管、文明委组织协调、有关部门各负其责、全社会积极参与的领导体制和工作机制。各级宣传、教育等党政有关职能部门，共青团、妇联、工会等组织，在加强和改进思想政治工作中都肩负着重要责任，要发挥各自优势，明确职责，密切配合，形成合力。要形成思想政治工作的合力，就要求各级宣传、教育部门、共青团、少年队、妇联、工会等在思想政治工作中都要担负起重要责任；为加强对思想政治教育工作的管理，要建立健全党委统一领导、党委宣传部门指导协调、党政各部门各负其责、社会各个方面齐抓共管的管理新格局。要按照谁主管谁负责和属地管理的原则，认真落实管理责任，履行好管理职能，构建全员育人、全方位育人、全过程育人工作机制。在我国，共产党作为执政党不仅要对国家实施政治领导，而且每个党员、干部及党组织都要积极主动地做好思想政治工作，并在思想政治工作中肩负起领导作用的责任；青年团在思想政治工作中具有直接的责任，特别是针对青年学生和知识分子中思想政治工作减弱的现象，

---

① 习近平．胸怀大局把握大势着眼大事 努力把宣传思想工作做得更好［N］．人民日报，2013－08－21.

青年团在思想政治工作中的职责显得尤为必要；政府主管思想政治工作的部门也要针对思想政治工作的现实要求，不断采取有效的措施，保障思想政治教育工作的有效开展。

总之，在思想政治工作中实现齐抓共管，各部门应发挥各自优势、担负起各自应尽的责任、相互协作、密切配合，使各方面的力量和责任有机地结合起来，这就为推进我国意识形态建设提供了有力的保障。

三、积极发挥高校思想政治理论课在我国意识形态建设中的特定载体作用

高校作为意识形态工作前沿阵地，肩负着学习研究宣传马克思主义，培育和弘扬社会主义核心价值观，为实现中华民族伟大复兴中国梦提供人才保证和智力支持的重要任务，做好高校思想政治工作，加强高校意识形态阵地建设，是一项战略工程、固本工程、铸魂工程，事关党对高校的领导，事关全面贯彻党的教育方针，事关中国特色社会主义后继有人，对于巩固马克思主义在意识形态领域的指导地位，巩固全党全国人民团结奋斗的思想基础，具有十分重要而深远的意义。我国有独特的历史、独特的文化、独特的国情，决定了我国必须走自己的高等教育发展道路，扎实办好中国特色社会主义高校。高校思想政治工作在我国思想政治工作体系中占据十分重要的地位，在推进我国意识形态建设中，高校思想政治工作发挥着重要作用，做好高校思想政治工作不仅是关系到高等教育本身的发展问题，而是关系到我国整个意识形态建设工作状况。

在高校思想政治工作中，思想政治理论课发挥着主渠道、主阵地作用，因此，在高校思想政治工作中习近平总书记又特别重视思想政治理论课的重要作用。2019 年 3 月 18 日习近平总书记主持召开了学校思想政治理论课教师座谈会，在这次座谈会上习近平总书记发表重要讲话，他指出："办好思政课，最根本的是要全面贯彻党的教育方针，解决好培养什么人、怎样培养人、为谁培养人这个根本问题。"① 高校思想政治理论课在意识形态建设中发挥着重要作用，"思政课是落实立德树人根本任务的关键课程。"②在意识形态建设方面，高校思想政治理论课是目前必须高度重视的一个途径。

（一）高校思想政治理论课在意识形态建设中的特定载体作用

高校思想政治理论课程体系高等教育中有不同的具体规定。专科阶段开设毛泽东思想和中国特色社会主义体系概论、思想道德修养和法律基础、形势与

① 习近平．思政课是落实立德树人的关键课程［J］．求是，2019（17）：13.

② 习近平．思政课是落实立德树人的关键课程［J］．求是，2019（17）：13.

政策课程；本科阶段开设马克思主义基本原理概论、毛泽东思想和中国特色社会主义体系概论、中国近现代史纲要、思想道德修养和法律基础及形势与政策课程；硕士阶段开设中国特色社会主义理论与实践研究课程；博士阶段开设中国马克思主义与当代课程；全国重点马克思主义学院率先开设习近平新时代中国特色社会主义思想概论课程。

这些课程坚持以习近平总书记新时代中国特色社会主义思想铸魂育人，以政治认同、家国情怀、道德修养、法治意识、文化素养为重点，以爱党、爱国、爱社会主义、爱人民、爱集体为主线，坚持爱国和爱党爱社会主义相统一，系统开展马克思主义理论教育，系统进行中国特色社会主义和中国梦教育、社会主义核心价值观教育、法治教育、劳动教育、心理健康教育、中华优秀传统文化教育。这些课程的内容具有鲜明的意识形态属性，开设这些课程具有直接的教书育人功能和显著的思想政治教育功能。因此，高校思想政治理论课是全面贯彻党的教育方针，落实立德树人根本任务的主干课程和核心课程，这种属性就决定了高校思想政治理论课在意识形态建设中必定发挥重要作用。

1. 是对学生系统进行马克思主义理论教育的核心课程

我们办的大学是社会主义大学，马克思主义是我国的根本指导思想，是我国占主导地位的意识形态。加强我国意识形态建设首先就要求马克思主义意识形态占领意识形态阵地，用习近平新时代中国特色社会主义思想铸魂育人，马克思主义基本理论必须进教材、进课堂、进学生头脑，坚决克服马克思主义被“边缘化”现象。我们的高校是党领导下的高校，是中国特色社会主义高校。办好我们的高校，必须坚持以马克思主义为指导，全面贯彻党的教育方针。要坚持不懈传播马克思主义科学理论，抓好马克思主义理论教育，为学生一生成长奠定科学的思想基础。思想政治理论课程在对学生进行马克思主义理论教育方面承担着各自的职责，形势与政策课就是帮助大学生正确认识新时代国内外形势，深刻领会党的十八大以来党和国家事业取得的历史性成就、发生的历史性变革、面临的历史性机遇和挑战，第一时间推动党的理论创新成果进教材、进课堂、进学生头脑，引导大学生准确理解党的基本理论、基本路线、基本方略的重要渠道；马克思主义基本原理概论课程就是让学生较为系统地学习马克思主义哲学、政治经济学、科学社会主义及党的最新理论成果。这门课程旨在帮助学生学习和理解马克思主义的基本原理，从整体上把握马克思主义，并学会运用马克思主义的基本原理认识和分析现实问题，其主要内容包括：马克思主义基本原理是关于无产阶级和人类解放的科学，物质世界的本质及其发展，认识世界和改造世界，社会结构，社会发展规律与历史主体，资本主义的形成及其本质，资本主义的发展进程，社会主义制度的建立及其发展，共产主义是人类最崇高的社会理想等。通过对马克思主义基本原理概论的总结和学习，帮助学生了解马克思主义的基本规律及其在现实生活中的实际应用；中国近现代史纲要主要让学生知道中国近现代社会发展的历史过程，中国近代史就是中国人民不断抗击外敌入侵，争取民族解放的历史，全面认识中国近现代史就其主流和本质来说，是中国一代又一代的人民群众和仁人志士为救国存亡而英勇奋斗、艰苦探索的历史；是中国各族人民在中国共产党的领导下，进行伟大的艰苦的斗争，经过新民主主义革命，赢得民族独立和人民解放的历史，是中国各族人民在中国共产党的领导下，经过社会主义革命、建设和改革，把一个极度贫弱的旧中国逐步变成一个初步繁荣昌盛、充满生机和活力的社会主义新中国的历史，进而深刻理解中国坚持共产党的领导、坚持走社会主义道路是人民的选择、历史的选择；让学生系统地学习中国近现代的历史进程及基本规律和主要经验，特别是要弄清中国的发展举什么旗、走什么路，由谁来领导中国近现代史的基本问题；毛泽东思想和中国特色社会主义体系概论课程着重讲授中国共产党把马克思主义基本原理与中国实际相结合的历史进程，充分反映马克思主义中国化的两次历史飞跃和两大理论成果。其主要任务是帮助学生学习毛泽东思想和中国特色社会主义理论体系的基本内容，帮助学生理解毛泽东思想和中国特色社会主义理论体系是马克思主义的基本原理与中国实际相结合的两次伟大的理论成果，是中国共产党集体智慧的结晶。通过该课程的学习，培养学生运用马克思主义的立场、观点和方法分析问题、解决问题的能力，增强贯彻党的基本理论、基本路线、基本纲领以及各项方针政策的自觉性、坚定性，积极投身到全面建设小康社会的伟大实践；思想道德修养与法律基础课程主要是对学生进行中国特色社会主义共同理想、人生价值、爱国主义、社会主义道德、法律精神、法治理念等方面的教育。对这些课程的学习，使大学生系统掌握马克思主义基本理论，为学生成长奠定科学理论基础。

2. 是对大学生进行思想教育的灵魂课程

每门课程都肩负着教书育人的职责，要深入挖掘每门课程的思想政治教育资源，实现思政课程的基本职责，保证各门课程的协同育人功能。在高校各门课程中思想政治理论课具有特殊的作用。该课程是巩固马克思主义在高校的指导地位，坚持社会主义办学方向的重要阵地，是全面贯彻党的教育方针，落实立德树人根本任务的主干课程和核心课程。开设思想政治理论课既是我国高校的特色，也是办好我国高校教育的优势。社会主义教育的基本目标根本任务是培养社会主义建设者和接班人，社会主义人才必须有社会主义的品质，这就需要有特定的课程来实现，思想政治理论课正是起着这样的作用。思想政治理论课是一门知识性与思想性高度统一的课程，这是该课程的鲜明特色，通过思想政治理论课的教学，一方面，让学生掌握有关的知识，另一方面，更重要的是对学生进行思想政治教育。中国特色社会主义进入新时代，需要有正确的理论指导，需要有共同的价值观念，思想政治理论课在传授知识的同时对大学生进行思想品德教育、爱国主义教育、理想信念教育、集体主义教育等，培育学生健全的人格和高尚的思想品德。因此，思想政治理论课是对大学生进行思想政治教育的主渠道，是培养一代又一代社会主义建设者和接班人的重要保障。

3. 是高校落实立德树人根本任务的关键课程

我们办中国特色社会主义教育，就是要理直气壮地开好思政课，用习近平新时代中国特色社会主义思想铸魂育人，引导学生增强中国特色社会主义道路自信、理论自信、制度自信、文化自信，厚植爱国主义情怀，把爱国情、强国志、报国行自觉融入坚持和发展中国特色社会主义事业、实现中华民族伟大复兴的奋斗之中。高校肩负着培养德才兼备、全面发展的中国特色社会主义事业合格建设者和可靠接班人的重大任务。高校思想政治理论课关系高校培养什么样的人、如何培养人以及为谁培养人这个根本问题，要坚持把立德树人作为中心环节。习近平总书记在纪念五四运动100周年大会上的讲话中，对当代青年提出要求，一是要树立远大理想，树立对马克思主义的信仰、对中国特色社会主义的信念、对中华民族伟大复兴中国梦的信心，到新时代新天地中去，让青春在创新创造中闪光；二是要热爱伟大祖国，听党话、跟党走；三是要担当时代责任；四是要勇于砥砺奋斗，勇做走在时代前列的奋进者、开拓者、奉献者；五是要练就过硬本领；六是要锤炼品德修为，自觉树立和践行社会主义核心价值观，明大德、守公德、严私德。习近平总书记的这一重要论述，为高校思想政治理论课肩负起立德树人的根本任务指明了方向。

思想政治理论课的教学内容与立德树人的要求无论是在知识层面还是价值层面都是一致的，这是该门课在实现立德树人根本任务方面的独特优势和特色。思想政治理论课通过进行马克思主义理论、中国近现代、毛泽东思想和中国特色社会主义理论体系及思想道德修养方面的教学，把习近平总书记对青年大学生提出的思想品德要求落到教书育人的实践中去，与教学内容有机融为一体，在传授知识的同时，也在进行思想政治教育。通过让学生系统掌握马克思主义基本理论，引导和帮助学生树立马克思主义信仰；通过学习中国特色社会主义理论体系，坚定对中国特色社会主义、对实现中华民族伟大复兴中国梦的信心，自觉肩负起时代赋予大学生的神圣责任，努力学习文化知识、增长才干；通过对中国近现代史的学习，进一步厚植学生的爱国主义情怀，充分认识没有共产党，就没有新中国的深刻道理；通过思想道德修养课程的学习，引导学生自觉树立和践行社会主义核心价值观，做一个品德高尚的时代新人。

4. 是坚守高校意识形态阵地的前沿课程

意识形态工作是党和国家一项极端重要的工作，高校作为意识形态的前沿阵地，肩负着学习研究宣传马克思主义，培育和践行社会主义核心价值观，为实现中华民族伟大复兴中国梦提供人才保障和智力支持的重要任务。做好高校意识形态工作是一项战略工程、固本工程、铸魂工程，事关党对高校的领导，事关全面贯彻党的教育方针，事关中国特色社会主义事业后继有人，对巩固马克思主义在高校意识形态领域的指导地位具有十分重要而深远的意义。高校思想政治理论课具有鲜明的意识形态属性，该门课政治性鲜明，直接讲授马克思主义理论、中国革命史、社会主义核心价值观等主流意识形态，同时高校思想政治理论课还具有鲜明的批判性，在对学生进行主流意识形态教育的同时，对各种错误思潮进行批驳、批判，特别是对历史虚无主义、宪政民主、普世价值、民主社会主义、西方新闻观、公民社会理论等进行批驳、批判，使大学生自觉抵制形形色色错误思潮的影响，保障大学生健康成长。可见，高校思想政治理论课既肩负着学习、灌输、传播主流意识形态的职责，也肩负着批驳、批判、抵制错误意识形态的职责，该课程的意识形态功能就决定了在实现高校意识形态工作领导权、话语权过程中，必须高度重视思想政治理论课。

（二）发挥高校思想政治理论课在推进我国意识形态建设中作用的基本要求

由于高校思想政治理论课的特殊地位和职责，这就要求不断加强和改进思想政治理论课教学，使该课程更好地发挥其作用。目前，高校思想政治理论课越来越得到重视，这为发挥思想政治理论课程在我国意识形态建设的作用提供了有力保障。为有效发挥高校思想政治理论课在我国意识形态建设中的作用，就要做到以下五个方面。

1. 不断增强高校思想政治理论课的思想性、理论性和亲和力、针对性

2019 年 3 月 18 日召开的学校思想政治理论课座谈会上，习近平总书记对加强和改进思想政治理论课提出了“坚持八个统一”，即坚持政治性和学理性相统一、坚持价值性和知识性相统一、坚持建设性和批判性相统一、坚持理论性和实践性相统一、坚持统一性和多样性相统一、坚持主导性和主体性相统一、坚持灌输性和启发性相统一、坚持显性教育与隐性教育相统一。这为增强高校思想政治理论课的亲和力、针对性指明了方向。在教学实践中，高校思想政治理

论课要坚持政治性和学理性相统一，就要做到以透彻的学理分析回应学生，以彻底的思想理论说服学生，用真理的强大力量引导学生。要增强高校思想政治理论课的亲和力、针对性，就要求教师有深厚的马克思主义理论功底，不仅要用事实说话，还要做到用理论说话，思想政治理论课教师只有把理论讲清楚、讲透彻、讲生动，才能触动学生、打动学生。如果学生对教师讲的理论不清楚、不感兴趣，那么这门课的意识形态工作也就失去了依托，知识是政治性的载体，学生对所讲的知识感到茫然，政治上也就会迷茫，因此高校思想政治理论课必须做到把政治性融入学理性之中；要坚持价值性和知识性相统一，高校思想政治理论课要在传授大量科学的知识过程中，注重价值引导，积极传播正能量；要坚持建设性和批判性相统一，高校思想政治理论课就要坚定地传播主流意识形态，对学生进行马克思主义基本理论教育，坚定理论自信，用习近平新时代中国特色社会主义思想铸魂育人。同时，还要引导学生善于辨别各种错误思潮，坚决批判和抵制各种错误思潮对大学生的侵蚀，保障大学生健康成长；要坚持理论性和实践性相统一，高校思想政治理论课既要以科学理论武装人，又要重视思政课的实践性，把思政小课堂同社会大课堂结合起来。思想政治理论课教师要紧密结合现实讲授知识，把社会实践发展新变化及时融入课堂教学，增强教学内容的时代性、现实性，增强说服力；要坚持统一性和多样性相统一，高校思想政治理论课必须坚持马克思主义一元化指导地位，就要落实在教学目标、课程设置、教材使用、教学管理等方面的统一要求，又要因地制宜、因时制宜、因材施教。在统一性指导下，发挥各地、各校、各个教师的积极性、主动性、创造性，形成自己的特色和优势，不断增强高校思想政治理论课的感染力；坚持主导性和主体性相统一，高校思想政治理论课要注重发挥教师的主导作用，同时要加大对学生的认知规律和接受特点的研究，发挥学生的主体作用，采取多种方法引导学生参与课堂，增强学习的主动性，把教师和学生的积极性都调动起来；坚持灌输性和启发性相统一，高校思想政治理论课在对学生灌输科学理论的同时，要善于采取科学的方式、手段，这种灌输不是机械地灌输，而是注重采取启发性教育，引导学生发现问题、分析问题、思考问题；要坚持显性教育与隐性教育的统一，高校思想政治理论课要善于挖掘自身思想政治教育资源，既要利用所讲授的内容直接、明确地对学生进行思想教育，又要通过课外活动、与学生谈话、课堂讨论、布置作业多种途径和方式对学生进行思想教育，善于把多种资源转化为思想政治教育资源。

2. 各级领导干部要高度重视思想政治理论课

开设思想政治理论课是培养一代又一代社会主义建设者和接班人的重要保

障。习近平总书记高度重视思政课建设，在学校思想政治理论课教师座谈会上，他强调："各级党委要把思想政治理论课建设摆上重要议程，抓住制约思政课建设的突出问题，在工作格局、队伍建设、支持保障等方面采取有效措施。"① 在办好思政课的措施上，习近平总书记还要求，要建立党委统一领导、党政齐抓共管、有关部门各负其责、全社会协同配合的工作格局，"推动形成全党全社会努力办好思政课、教师认真讲好思政课、学生积极学好思政课的良好氛围。"②习近平总书记还进一步要求学校党委书记、校长要带头走进课堂，带头推动思政课建设，带头联系思政课教师。他还指出，要把统筹推进大中小学思政课一体化建设作为一项重要工程，推动思政课内涵式发展。这次座谈会的召开，充分表明习近平总书记对思想政治理论课的高度重视。

为贯彻落实习近平总书记关于加强思政课建设的指示精神，许多地方党政领导越来越重视思政课，重视马克思主义理论学科建设，重视马克思主义学院建设。很多领导干部走上讲台、深入课堂给学生上思政课、听思政课。这种开放式教学，不仅体现了各级领导重视，而且大大提升了思想政治理论课的地位和影响力，增强了学生的学习兴趣，激发了思政课教师的积极性。这些都是落实习近平总书记提出的要重视思政课的具体行动。

3. 积极探索思想政治理论课教学方式创新

为更好发挥思政课的作用，习近平总书记提出："推动思想政治理论课改革创新，不断增强思政课的思想性、理论性和亲和力、针对性。"③ 在习近平总书记这一指示精神的鼓舞下，各地各高校在推进思想政治理论课创新方面，采取了多方面的措施。近年来，有关部门通过现场会、论坛、研讨会、培训班，在全国推广100多种优秀教学方法，一批体现时代特色、适合教学需要的优秀教学方法逐步形成。如幕课、微课、反转课堂等形式都是一些新的教学方式、方法。教育部连续出版高校思想政治理论课教学方法改革年度报告。如2015年高校思想政治理论课教学方法改革年度进展报告指出，高校思想政治理论课特聘教授制度逐步推行、学生自己组织的课程参与模式取得实质性进展等。教育部将2017年确定为"高校思想政治理论课教学改革质量年"，组织各地各高校推动思想政治理论课教学方式创新，不断激发学生学习思政课的积极性主动性。在思政课教学方法创新方面，有许多闪光点，有的学校将思政课升华为艺术品，

① 习近平．思政课是落实立德树人的关键课程［J］．求是，2019（17）：13.
② 习近平．思政课是落实立德树人的关键课程［J］．求是，2019（17）：13.
③ 习近平．思政课是落实立德树人的关键课程［J］．求是，2019（17）：13.

在2018年1月举办的全国高校思政课学生艺术作品展吸引了全社会的目光，在这次作品展中，学生绘画作品“列宁在十月”，生动形象地描绘出俄国十月社会主义革命的历史细节；手工作品“一带一路”，以纤维丝质绳为材料，模拟“一带一路”路线图，展现出我国与“一带一路”国家千丝万缕的联系。这些参展的作品都是以艺术类专业学生平时的思政课作业为基础创作而成的，这些作品通过绘画、雕塑、书法、剪纸、编织、摄影、刺绣、染织等自己喜爱的形式，积极参与到思政课堂中，这大大调动了学生学习思政课的积极性，取得了良好的教学效果。针对新媒体环境中成长起来的新一代大学生喜欢短视频、微电影的特点，教育部以“我心中的思政课”为主题，开展了全国高校学生微电影展示活动。156所高校报送的191部微电影作品涵盖了各门思政课程，内容涉及当代大学生广泛关注的共享经济、精准扶贫、诚信、亲情等热点话题，展现了当代大学生思考问题的独特角度和思想深度。在2018年1月举办的这次作品展中，中南大学学生拍摄的《青年毛泽东》、西南林业大学学生拍摄的《我心中的思政课》、山东商业职业技术学院学生拍摄的《妈妈来了》等微电影受到网友追捧。用微电影这一大学生喜闻乐见的载体提升思政课的育人质量，有利于激发学生的主动性，激活思政课堂气氛。为让学生深度感受马克思主义理论课的魅力，教育部还举办了“践行核心价值观 凝聚最美中国梦”全国高校学生讲思政课公开课活动，各地各高校推荐了97堂优秀公开课，并于2017年12月上旬进行了集中展示。在集中展示现场，东北师范大学学生讲的《追逐共产主义的光芒》、北京联合大学学生讲的《坚持和发展中国特色社会主义 为实现共产主义而奋斗》、南开大学学生讲的《红色文化与文化自信》等，都展示了当代大学生丰富的知识储备和对问题的独特认识，受到高度赞扬。

4. 要善于把新媒体应用于思政课教学

当代大学生是在网络环境中成长起来的，他们的学习、生活、交往越来越离不开互联网，因此，在思政课教学过程中必须善于运用现代技术手段，图文并茂，增强课堂感染力、吸引力，并给学生参与课堂提供便利的手段。在课堂上除了使用精美的课件之外，还要善于运用网络，积极开发和运用一些教学软件。现在许多高校思政课教师使用的“超星学习通”，在引导学生参与课堂方面发挥了十分显著的作用。“超星学习通”是面向智能手机、平板电脑等移动终端的移动学习专业平台。用户可以在“超星学习通”上自助完成图书馆藏书借阅查询、电子资源搜索下载、图书馆资讯浏览，学习学校课程，进行小组讨论，查看本校通讯录，同时拥有电子图书，报纸文章以及中外文献元数据，为用户提供方便快捷的移动学习服务。思政课教师运用“超星学习通”可以检查学生出勤、进行课堂提问、让学生参与课堂讨论等。这种新的教学手段的应用对加强课堂上师生的互动具有十分显著的作用，运用这种手段学生参与热情高，课堂效果好，激发了思政课课堂的活力，增强了思政课的吸引力。在互联网时代，把最新的网络技术应用于高校思想政治理论课教学，这就使该课程不仅具有知识基础，还具有科技支撑，使高校思想政治理论课教学具有时代性，更好地适应当代大学生的生活、学习习惯，有效地实现高校思想政治理论课知识性、价值性、政治性、现实性的有机统一，进而使高校思想政治理论课成为学生真心喜欢、终身受益的课程。

5. 办好思想政治理论课关键在教师

习近平总书记指出："办好思想政治理论课关键在教师，关键在发挥教师的积极性、主动性、创造性。思政课教师，要给学生心灵埋下真善美的种子，引导学生扣好人生第一粒扣子。"① 在2019年3月18日召开的学校思想政治理论课教师座谈会上，习近平总书记第一次对思想政治理论课教师提出了全面、系统的要求，这些要求包括："第一，政治要强，让有信仰的人讲信仰，善于从政治上看问题，在大是大非面前保持政治清醒。第二，情怀要深，保持家国情怀，心里装着国家和民族，在党和人民的伟大实践中关注时代、关注社会，汲取养分、丰富思想。第三，思维要新，学会掌握辩证唯物主义和历史唯物主义，创新课堂教学，给学生深刻的学习体验，引导学生树立正确的理想信念、学会正确的思维方法。第四，视野要广，有知识视野、国际视野、历史视野，通过生动、深入、具体的纵横比较，把一些道理讲明白、讲清楚。第五，自律要严，做到课上课下一致、网上网下一致，自觉弘扬主旋律，积极传递正能量。第六，人格要正，有人格，才有吸引力。亲其师，才能信其道。要有堂堂正正的人格，用高尚的人格感染学生、赢得学生，用真理的力量感召学生，以深厚的理论功底赢得学生，自觉做为学为人的表率，做让学生喜爱的人。"②

习近平总书记对思想政治理论课教师提出的殷切期望，为高校思想政治理论课教师队伍的建设指明了方向，以这些基本要求为指导，要进一步加强高校思想政治理论课教师队伍建设，不断提高这支教师队伍的整体素质和水平，在加强思政课教师队伍建设方面采取的措施主要有：

---

① 习近平．用新时代中国特色社会主义思想铸魂育人 贯彻党的教育方针落实立德树人根本任务［N］．人民日报，2019－03－19.

② 习近平．用新时代中国特色社会主义思想铸魂育人 贯彻党的教育方针落实立德树人根本任务［N］．人民日报，2019－03－19.

不断强化对高校思想政治理论课教师队伍的培训。依托全国重点马院、12个教育部思政课教师实践研修基地，组织形式多样、对象明确、重点突出的思政课骨干教师培训；成立高等学校思想政治理论课教学指导委员会，推广高校思想政治理论课特聘教授计划，补齐师资短板，使高校思想政治理论课队伍不断扩大和优化；一些高校在与思政课教学内容相关的学科选择优秀教师进行培训充实思政课队伍；一些党政干部转岗为思政课教师；积极推动符合条件的辅导员参与思政课教学。

高校思政课教师要有扎实的马克思主义理论基础，自觉做到不断提升自身业务水平，不断加强业务修养，特别是对马克思主义经典著作，要读懂读透，全面掌握马克思主义基本原理，善于运用马克思主义立场观点认识问题、分析问题、解决问题。必须学懂弄通习近平新时代中国特色社会主义思想，用习近平新时代中国特色社会主义思想铸魂育人，推动习近平新时代中国特色社会主义思想进教材、进课堂、进大学生头脑；高校思想政治理论课教师更要注重个人的道德修为和职业道德，用高尚的道德起到示范和引领作用，成为学生人生楷模；思想政治理论课教师要增强职业自信心，不断增强担当意识和历史责任感，自觉肩负起教书育人、立德树人的神圣使命；广大高校思想政治理论课教师要用好课堂讲坛，用好校园阵地，用自己的学识、阅历、经验点燃学生对真善美的向往，使社会主义核心价值观浸润学生心田，转化为日常行为，增强学生的价值判断力、价值选择力、价值塑造力，要关注现实、关切学生，关心每个学生的发展，成为大学生政治上的指导者和引路人；高校思想政治理论课教师要坚持正确的政治方向，在事关政治原则、政治立场和政治方向的问题上与党中央保持高度一致。必须时刻牢记共产党员的政治信仰，有坚定的政治立场，要坚持学术研究无禁区、课堂讲授有纪律的原则，坚决杜绝在课堂上传播违纪违法、有害观点和言论的现象，自觉同各种错误思想观念进行批驳斗争。

四、有效发挥互联网在我国意识形态建设中的重要阵地作用

随着信息技术的快速发展，互联网在我国各个领域的普及和应用越来越广泛。中国互联网信息中心2020年4月28日发布第45次《中国互联网发展状况统计报告》，《报告》显示，截止到2020年3月，我国网民规模达9.04亿，较2018年底增加7508万，互联网普及率达64.5%，我国网络购物用户规模达7.10亿，网络消费作为数字经济的重要组成部分，在促进消费市场蓬勃发展方面正在发挥日趋重要的作用。受疫情影响，2020年网络娱乐类应用用户规模和使用率均有较大幅度提升。截至2020年3月，网络视频已成为仅次于即时通信

的第二大互联网应用类型。短视频平台在努力扩展海外市场的同时，与其他行业的融合趋势愈发显著，尤其在带动贫困地区经济发展上作用明显。截至2020年3月，我国在线教育用户规模达4.23亿，较2018年底增长110.2%。数据显示，疫情期间多个在线教育应用的日活跃用户数达到千万以上。互联网对我国经济、政治、文化、社会各个领域的影响越来越大，在网络条件下，互联网对我国政治安全、意识形态安全的深层影响更为明显，境内外敌对势力通过网络加紧对我国进行意识形态渗透，各种错误思潮和言论在互联网中不断传播，不同社会群体的利益诉求通过网络进行表达，各种社会矛盾、社会热点在网络中发酵。在这种现实背景下，习近平总书记高度重视管好、用好互联网，有效发挥互联网的积极作用，把互联网这个最大变量，成为推动工作的最大增量。习近平总书记在通过互联网推进我国意识形态建设方面，进行了多方面重要论述。在信息化时代，充分利用好互联网是促进我国意识形态建设的重要途径。互联网虽然总体上属于舆论宣传媒体，但它与传统媒体有很大区别，有其自身的特点和特殊的作用，因此，我党在论述舆论宣传在意识形态建设作用过程中，特别强调了互联网这种新兴媒体的重要性。

（一）通过互联网途径推进意识形态建设的特点

互联网作为一种新兴媒体在我国意识形态建设中，与传统媒体相比有自身的特点，只有充分认识这些特点，才能有效地发挥互联网在推进我国意识形态建设中的独特作用。

1. 通过互联网推进意识形态建设具有特定的交互性

互联网传播信息具有一种交互性，这种交互性尤其表现为传播主体与客体在传播信息、交流情感过程中的双向互动，信息不再是依赖于某一方发出，而是在双方的交流过程中形成的。人们既可以接收信息，又可以发布信息，网上的信息接收者与信息发布者可以随时换位，谁都可以自由浏览信息，谁都可以提供信息。那种“我说你听，我打动你”的单向传播模式将被双向互动的信息传播模式所取代。传统媒体是把信息“推”向大众，大众是被动接受的，而在互联网中信息传播是双向的、互动的。正是由于互联网的这种交互性，网络文化展示了最为“平民文化”的魅力。

利用互联网的这种交互功能，意识形态建设已不再是单向的思想传输过程，而是注重与广大网民进行即时的沟通和交流。意识形态工作者可以利用互联网的邮箱、博客、播客、微博、微信等交互形式，发表自己的观点，与网民讨论问题，听取网民的建议和要求，了解网民的思想动态，用主流意识形态影响网民，得到网民的认同。如党政领导干部通过网络与网民对话，听取网民的意见、建议，就体现了互联网的交互性。意识形态建设者与网民的相互交流，既可以使网民更直接地了解党和国家的最新政策，又可以使有关部门掌握网民及整个社会成员的现实要求，有效实现双方的沟通。在这种沟通中增强党政领导的公信力，这种公信力就蕴含着一种话语权。可见，互联网这种交互性带有一种“人性化”特征，在一定程度上增加了主流意识形态的亲和力，有利于推进意识形态工作顺利开展。

2. 通过互联网推意识形态建设具有明显的即时性

传播效率是搞好意识形态建设的一个内在要求，一定的意识形态越是快速地在社会传播，越能抢占话语先机，就越会及时地产生影响效果。在现实政治实践中，许多意识形态特别是以政策、决定、条令、声明、谈话、报告等方式表现出来的意识形态具有较强的时效性，如果错过了向社会传播的最佳时期，其效果就会大打折扣，其话语权的影响力就会明显减弱。互联网为人们提供了一种方便快捷并且有一定智能的信息传输媒体，互联网不仅能够高密度、大容量地存贮信息，而且能够高速度地处理和加工信息。传统媒体传播信息的方式主要是“平面传播”，而互联网是一种“立体媒体”，它能将声音、文字、图像等在瞬间加以合成，这就极大地提高了信息传播的容量和速度。在非网络时代，大部分信息主要由人工处理，速度相对缓慢，在网络条件下，信息传输以光速进行，它可以在事件发生后的两分钟内，将有关信息发布上网，评论、讨论也会迅速跟随上。从信息的流转看，信息的产生、发布、流通等几乎是同时进行的，网上信息可以同时遍布全世界，在地球另一面发生的事情，通过网络可瞬间传遍世界。

借助于互联网传播信息的快捷性，网民能够方便快捷学习和接受主流意识形态的宣传教育，及时了解国内外形势以及党和国家的方针政策，意识形态工作者要把自己的理论观点、政治见解、对现实社会的评论等信息快捷发布到网上，把党和国家的新政策、新措施快速传播给网民，并及时地对错误思潮给予批判、回应。特别是出现社会热点问题时，借助于网络的快捷性，党和政府及主流媒体及时准确地发出自己的声音，避免各种谣言的传播，有效稳定民众情绪，及时占领舆论制高点，从而使意识形态工作产生即时性的效果。

3. 通过互联网推进意识形态建设具有高度的开放性

互联网具有开放性属性，其本身就具有一种在全球传播信息的功能，借助于网络技术意识形态传播则易于穿越各种障碍，冲破一些壁垒，呈现出高度的国际化。网络是一个开放的体系，是一个四通八达、没有边界的散式结构，网络可以超越时空，使人与人之间的距离大大缩短，使人与人之间的交往变得十分便捷。互联网以其超越时空的优势有效地打破了国家和地区之间各种有形和无形的壁垒，把整个世界连接起来。互联网具有信息高速、广泛传送的特点，使世界形成了一个没有边界的信息空间。在网络条件下，国际互联网将世界上最主要的信息数据库和千万台计算机联成一张立体交叉并有交互作用的信息网络，它以其强大的触角延伸到世界各主要国家和地区，构成一个信息网络地球。网络创造了一个没有国界的世界，为人们提供了一个跨越国界的赛博空间，在这个世界，人们的相互登录和访问变得极为便利，网络缩短了人们的距离，冲破了时空限制，它可以实现千差万别、天遥地迥的行为主体之间的沟通与交流。

在互联网时代，我国意识形态建设不是在封闭环境下进行的，而是面对一个开放的环境，在这种开放的环境下，我国意识形态建设一方面要不断地吸收借鉴世界各国一切有价值的思想文化，博采众长，不断丰富我国意识形态建设的内涵、方式、手段，增强我国意识形态建设的活力；另一方面，我国意识形态建设中要坚决批判抵制西方意识形态、各种腐朽没落思想文化的侵蚀。

4. 通过互联网推进意识形态建设具有较强的协同性

互联网还具有“一体化”的特性，网络利用统一的通信协议将信息转化为彼此可以交换的语言，在计算机系统之间交换文件、跨国传递信息，实现了世界范围内的网络互联和信息资源共享。资源共享是网络的特点之一，网络综合了报纸、广播、电视、图书、录音录像等其他媒体的所有优势，汇集了世界各国的政治、经济、科技、文化、艺术等方面的信息，网络上的这些信息都是共享的，每个人都可以获得、可以拥有，网络资源的这种共享性，也增强了网络条件下信息传播的协同性。

通过互联网信息的共享性，在我国意识形态建设中就可以充分利用各种网络资源，如通过利用文字信息、图片、视频、微电影、录音录像等多样化的形式，灌输正确的思想观念，传播正能量，形成一种整体效果，避免单一传播形式的枯燥性，使各种传播形式和载体构成一种互补性、协同性效应；同时，还可以通过互联网把各方面的力量整合起来，形成强大的意识形态工作合力；意识形态工作者能更便利地采取多种形式，营造氛围，制造声势，扩大其影响力，进而增强主流意识形态建设的协同性、整体性。

（二）通过互联网途径推进我国意识形态建设的基本要求

“互联网是一个社会信息大平台，亿万网民在上面获得信息、交流信息，这会对他们的求知途径、思维方式、价值观念产生重要影响，特别是会对他们对国家、对社会、对工作、对人生的看法产生重要影响。”① 他还讲：“互联网技术和新媒体改变了文艺形态，催生了一大批新的文艺类型，也带来文艺观念和文艺实践的深刻变化。”② 这些变化正是互联网对我国社会生活产生深刻影响的一个重要表现。网络已成为我国意识形态建设的必要手段和载体，在网络条件下，我国主流意识形态必须借助于这一新的载体才能得到及时有效的传播，才能使我国主流意识形态不断吸收人类先进的思想文化，不断丰富自身的内容，进而跟上时代的步伐。在我国意识形态过程中只有善于运用网络这种现代化的手段，才能增强其感染力和时代性。要有效发挥互联网在我国意识形态建设中的作用，就要做到以下七个方面。

1. 要高度重视互联网这个意识形态的重要阵地

在信息化条件下，互联网越来越成为人们学习、工作、生活的新空间，越来越成为获取公共服务的新平台，也成为各种思想观点的集散地，成为意识形态的前沿阵地。近年来，人民群众广泛地运用手机媒体、手机短信、微信、博客、播客、微博、论坛等新媒体形态，特别是通过微博发布信息、评论的数量剧增，这些网络媒体的新形式更加便于交流观点、沟通情感，体现出很强的平等性、自主性、互动性，因而也更有效地发挥了互联网的功能。面对不断创新的互联网交互方式，通过互联网做好意识形态工作，必须树立互联网思维，构建“互联网 + 意识形态”的工作模式，使互联网成为开展意识形态工作的新平台，要制作传播贴近网民特点的新媒体内容产品，用网民喜欢的方式开展意识形态工作。因此，通过互联网途径实现意识形态工作领导权、话语权，要注重采用新形式、新手段，不断地吸引广大网民，增强说服力、感染力。

互联网的迅速发展，深刻改变着舆论生成方式和传播方式，给不同文化和价值观念交流交融交锋带来前所未有的影响。在互联网广泛普及和应用的条件下，意识形态领域许多新情况、新问题往往因网而生、因网而增，许多错误思潮也都以网络为温床生成发酵，互联网已成为意识形态斗争的主战场。谁掌握了互联网，谁就把握住了时代主动权；谁轻视互联网，谁就会被时代所抛弃。西方敌对势力一直妄图利用互联网“扳倒中国”，他们认为，社会主义国家投入西方怀抱，将从互联网开始。在互联网这个战场上，能否顶得住、打得赢，直接关系我国意识形态安全和政权安全。习近平总书记多次强调，过不了互联网这一关，就过不了长期执政这一关。要根据形势发展需要，把网上舆论工作、

① 习近平．在网络安全和信息化工作座谈会上的讲话［N］．人民日报，2016－04－26.

② 习近平．在文艺工作座谈会上的讲话［N］．光明日报，2015－10－15.

意识形态工作作为宣传思想工作的重中之重来抓，宣传思想工作是做人的工作，人在哪儿，重点就应该在哪儿，目前我国网民数量已达9亿多，特别是很多年轻人大部分都是从网上获取信息，我们必须正视这个事实，要掌握互联网这个舆论战场上的主动权，不能被边缘化了。

习近平总书记特别重视占领网络意识形态阵地，他讲，我们一定要有阵地意识，宣传思想阵地，我们不去占领，敌对势力就会去占领。习近平总书记认为，思想舆论领域大致有三个地带：第一个是红色地带，主要是主流媒体和网上正面力量构成的，这是我们的主阵地，一定要守住，不能丢了。第二个是黑色地带，主要是网上和社会上一些负面言论构成的，还包括各种敌对势力制造的舆论，其影响不可低估。第三个是灰色地带，处于红色地带和黑色地带中间，主要是一些模糊、错误的认识。习近平总书记讲，对不同地带要采取不同策略，对红色地带，要巩固和发展，不断扩大社会影响；对黑色地带，要勇于进入，敢于斗争；对于灰色地带，要大规模开展工作，加快其转化为红色地带，防止其向黑色地带蜕变。习近平总书记讲，这些工作要抓紧起来做，坚持下去，必然会取得成效。这充分表明，习近平总书记在占领网络意识形态阵地问题上，有鲜明的战略意识、阵地意识，为我们用好、管好互联网提供了基本遵循。

2. 要善于运用网络了解民意，在网上走群众路线

新时代中国共产党特别强调领导干部要善于在网上走群众路线。习近平总书记讲："网民来自老百姓，老百姓上了网，民意也就上了网。"① 习近平总书记认为，在网络条件下，要坚持党的群众路线，各级领导干部就要学会通过网络走群众路线，他指出，群众在哪儿，我们的领导干部就要到哪儿，不然怎么联系群众呢？领导干部要经常通过上网了解群众所思所愿，收集好想法、好建议，积极回应网民关切，解疑释惑。"善于运用网络了解民意、开展工作，是新形势下领导干部做好工作的基本功。"② 他要求各级干部特别是领导干部一定要不断提高这项本领。关于通过网络了解民意、贴近群众的问题，习近平总书记具体指出，网民大多数是普通群众，来自四面八方，各自经历不同，观点和想法肯定是五花八门的，不能要求他们对所有问题都看得那么准、说得那么对，要多一些包容和耐心，对建设性意见要及时吸纳，对困难要及时帮助，对不了解情况的要求要及时宣介，对模糊认识要及时廓清，对怨气怨言要及时化解，对错误看法要及时引导和纠正，让互联网成为我们同群众交流沟通的新平台，

① 习近平．习近平谈治国理政：第2卷［M］．北京：外文出版社，2017：336.
② 习近平．习近平谈治国理政：第2卷［M］．北京：外文出版社，2017：336.

成为了解群众、贴近群众、为群众排忧解难的新途径，成为发扬人民民主、接受人民监督的新渠道。为更有效地走网上群众路线，习近平总书记对领导干部提出要求，领导干部要增强同媒体打交道的能力，善于运用媒体宣讲政策主张，了解社情民意、发现矛盾问题、引导社会情绪、动员人民群众、推动实际工作。其中就包括领导干部运用新媒体的能力。习近平总书记明确要求各级党政机关和领导干部要提高互联网组织群众、宣传群众、引导群众、服务群众的本领。

习近平总书记在具体谈到在网上联系新的类型文艺工作者时，分析认为，近些年来，民营文化工作室、民营文化经纪机构、网络文艺社群等新的文艺组织大量涌现，网络作家、签约作家、自由撰稿人、独立制片人、独立演员歌手、自由美术工作者等新的文艺群体十分活跃。在网络条件下，要走网上群众路线，我们要扩大工作覆盖面，延伸联系手臂，用全新的眼光看待他们，用全新的政策和方法团结、吸引他们，引导他们成为繁荣社会主义文艺的有生力量。这种做法实际上是在网上走群众路线的一种具体表现，表明我们党在网上联系的群众越来越广泛，这也是适应信息化条件下，党的群众路线的一种新探索。

3. 要加强思想理论网站、网页建设，不断加强网络意识形态阵地

在互联网条件下，要有效推进意识形态建设，新时代中国共产党特别重视网络平台建设，强调要下定决心、保持恒心、找准重心，加快推动信息领域核心技术突破。

网络条件下，为加强意识形态建设，必须建设好集思想性、知识性、趣味性、服务性于一体的主题教育网站、思想理论教育资源网站、特色网站等，开办一批贴近网民生活的网络名站名栏目，要推进辅导员博客、思想政治工作者博客、政务微博、微信公众号等网络新媒体建设，扩大主流意识形态的育人覆盖面，增强渗透力。搭建吸引网民广泛参与的网络互动平台，建立新媒体平台联动机制。要以党政机关官方网站、微博、微信为龙头，以各部门、各单位新媒体为基础，构建全方位、立体式网络格局。有关部门要加大互联网科技投入力度，扩大网络规模，优化网络结构，扩大信息量，增强功能，用马克思主义意识形态占领网络阵地，抢占思想政治教育制高点。主流媒体新闻网站和主要教育网页要不断改进创新，切实增强吸引力和感染力，提高网上意识形态工作能力。通过高校互联网阵地建设，形成覆盖范围广、影响力大的国家主流意识形态网络传播与宣传体系，使这些网站、网页成为我国主流意识形态的宣讲阵地、研讨阵地，成为传播我国主流意识形态的新途径、展示我国主流意识形态的新空间，在互联网中充分展示我党的创新理论，不断发出我国主流意识形态时代的强音，牢牢把握网络意识形态工作的主动权、话语权。

4. 要加强网络内容建设，营造风清气正的网络空间

网络空间是亿万民众的精神家园，网络空间天朗气清、生态良好，符合人民利益，网络空间乌烟瘴气、生态恶化，不符合人民利益。谁都不愿意生活在一个充斥着虚假、诈骗、攻击、谩骂、恐怖、色情、暴力的空间。习近平总书记非常重视网络内容建设，他明确指出："加强网络内容建设，做强网上正面宣传，培育积极健康、向上向善的网络文化，用社会主义核心价值观和人类优秀文明成果滋养人心、滋养社会，做到正能量充沛、主旋律高昂，为广大网民特别是青少年营造一个风清气正的网络空间。"① 党的十九大报告在此强调，加强互联网内容建设，建立网络治理体系，营造晴朗的网络空间。对此，各类网站要充分认识所肩负的责任，积极开发马克思主义意识形态教育资源，大力传播社会主义主流意识形态，积极宣传党的路线方针政策，大力弘扬社会主义核心价值观，把网络变成开展马克思主义意识形态教育的重要手段。要组织开展各种形式的网上思想道德活动，要密切关注网上动态，了解网民的思想状况。要认真贯彻积极利用、科学发展、依法管理、确保安全的方针，加强和改进网络文化建设和管理，加强网上舆论引导，唱响网上思想文化主旋律。要在内容、形式上不断创新，提高点击率、浏览量，增强网站的影响力，善于把深奥晦涩的理论转化为广大网民喜闻乐见、易于接受的信息，进而用马克思主义的科学品质和内在精神去感染网民。在互联网中加大正面宣传力度，让正面的声音更多地进入网络阵地，不能任凭各种错误思潮、观点、言论在网上自由泛滥。要充分发挥党的创新理论在网络媒体中的旗帜作用，不断增强主流意识形态的吸引力、感召力。在党的宣传思想工作会议上，习近平总书记再次强调要坚持以人民为中心的创作导向，坚持营造风清气正的网络空间。

5. 重视提高网络综合治理能力

互联网传播信息具有很强的快捷性、开放性、隐蔽性、海量性、渗透性等特征，在互联网传播的信息中泥沙俱下、鱼龙混杂，其中存在着有害信息、虚假信息、反动信息等，互联网中传播的各种社会思潮中也存在为数众多的反动、落后、消极的思想观点，这就对主流意识形态带来巨大冲击，针对互联网信息传播的这种状况和特点，有必要对互联网中的行为进行规范和管理。在互联网管理方面，要逐步完善管理体制和机制，运用技术、行政和法律手段加强对网络的管理，严防各类有害信息在网上传播，打击网络谣言。要依法加强网络社会管理，加强网络新技术的管理，确保互联网可管可控。要加强对互联网、手

① 习近平．在网络安全和信息化工作座谈会上的讲话［N］．人民日报，2016－04－26.

机短信等现代媒体的应用和管理，科学把握其特点和规律，理顺管理体制，引导网上舆论，净化网络舆论空间，加强内容管理特别是视听节目管理，有效防范和遏制有害信息传播。开展文明办网、文明上网活动。要遵循网络特点和网上信息传播规律，加强网上正面宣传，唱响主旋律，组织网络媒体参与重大宣传报道，从而为我国意识形态建设营造良好的网络文化环境。

习近平总书记非常重视对互联网综合治理，他指出，要坚持正能量是总要求，管得住是硬道理，用得好是真本事，科学认识网络传播规律，提高用网治网水平，推动互联网这个最大变量变成事业发展的最大增量。他强调，要依法加强网络社会治理，加强网络新技术新应用的管理，确保互联网可管可控。习近平总书记指出，互联网是我们面临的最大变量，必须坚持管建结合、善管善用，按照网络生态和运行规律，综合运用法律手段、技术手段加强网络治理，壮大主流思想舆论，使网络这个“最大变量”成为最大机遇。

习近平总书记指出：“我们要本着对社会负责、对人民负责的态度，依法加强网络空间治理。”① 在互联网治理方面，习近平总书记明确指出：“互联网不是法外之地。利用网络鼓吹推翻国家政权，煽动宗教极端主义，宣扬民族分裂思想，教唆暴力恐怖活动，等等，这样的行为要坚决制止和打击，决不能任其大行其道。利用网络进行欺诈活动，散布色情材料，进行人身攻击，兜售非法物品，等等，这样的言行也要坚决管控，决不能任其大行其道。”② 习近平总书记特别指出：“要提高网络综合治理能力，形成党委领导、政府管理、企业履责、社会监督、网民自律等多主体参与，经济、法律、技术等多种手段相结合的综合治网格局。”③ 要压实互联网企业的主体责任，决不能让互联网成为有害信息、造谣生事的平台。要加强互联网行业自律，调动网民积极性，动员各方面力量参与治理。法律对网络群体和个体行为的制约具有惩戒性、威慑力，如果法律对网络中群体和个体的行为做出了基本的规范要求，那么这些网络主体的行为就要保持克制态度，使自己在互联网中的行为不触犯法律，用相关的法律规范约束好自己。习近平总书记特别重视法治在网络治理中的作用。习近平总书记讲，要加快网络立法进程，完善依法监管措施，化解网络风险。他强调要推动依法管网、依法办网、依法上网，确保互联网在法治轨道上健康运行。国家有关部门要加强对互联网的法治管理，通过互联网领域的立法、执法过程，

---

① 习近平．在网络安全和信息化工作座谈会上的讲话［N］．人民日报，2016-04-26.
② 习近平．在网络安全和信息化工作座谈会上的讲话［N］．人民日报，2016-04-26.
③ 习近平．自主创新推进网络强国建设［N］．人民日报，2018-04-22.

打击和遏制网络违法、网络犯罪行为，确保网络安全。只有构建起严格的法律规范，这样也就使一些社会思潮的传播必须在法律许可的范围内，以不危害我国文化安全、损害马克思主义意识形态为基本的规范要求。

加强网络综合治理还需要制度层面的规范。要坚持政府管理网络的主导权，利用行政措施加强对互联网的监管；加强网络中网站和主页的管理，尤其是对网络中的信息发布、网络链接加强监管，控制信息源头。制度所强调的不仅是结构性制约，还有方向性制约，制度具有强制性、全局性、稳定性、系统性的特征，借助于互联网中制度的这种特性，构筑起“信息海关”堵塞、过滤有害信息，遏制不良信息，净化网络空间，引领网络文化朝着符合党和人民利益的方向发展。

加强网络综合治理也需要行业自律和网民自律。这就要求网络经营商、运营商要加强行业自律，遵奉自主、无害、公正等一些基本原则，自觉承担社会责任和道德责任，坚持经济效益和社会效益相统一；要不断提升网民的网络素养，这种网络素养包括分析信息能力、评价信息能力、选择信息能力等，网民要具有信息规则理念、信息道德理念，具有自我管理意识和健全的网络人格；要注重把现实生活中的一些基本道德规范逐步自觉地运用到网络环境中，使网络自身的道德要求与现实社会的道德要求融合在一起，共同规范互联网行为主体的行为，具体来说就是要做到自觉遵纪守法，倡导社会公德，提倡先进文化，摒弃消极颓废，提倡自主创新，摒弃盗版剽窃，提倡互相尊重，摒弃造谣诽谤，提倡诚实守信，摒弃弄虚作假，提倡社会关爱，摒弃低俗沉迷，提倡公平竞争，摒弃尔虞我诈，提倡人人受益，消除数字鸿沟。要坚守法律法规底线；社会主义制度底线；国家利益底线；公民合法权益底线；社会公共秩序底线；道德风尚底线；信息真实性底线。

6. 要积极开展网上舆论斗争，维护网络安全

为有效利用好互联网在我国意识形态建设中的作用，新时代中国共产党非常重视开展积极的网上斗争。习近平总书记认为，网上斗争是一种新的舆论斗争形态，必须讲求战略战术，要机动灵活，针锋相对，要积极主动，不能被敌对势力牵着鼻子走。要深入分析网上斗争的特点和规律，要加强教育引导，好的要鼓励，不好的要管束，不能放任自流。为有效开展网上舆论斗争，就要善于加强网络舆情研判分析。就必须及时发现矛头性、倾向性问题，建立网络舆情快速反应机制，及时发现问题，及时引导，善于抢占话语先机，早预断、早发声、早造势，掌握主动权。要构建科学的网络舆情分析机制，网络舆情具有复杂性、多样性的特点，运用辩证逻辑方法，对互联网中大量的信息进行定量、

定性分析。还要研究网络舆论的特点，研究网民的接受习惯，加强网络舆情的监测、分析和研判。应成立舆情研究中心，搞好网络空间安全研究实训基地建设，严格执行网络舆情处置与管理办法，加强网络舆情搜集研判，不断健全网民思想动态分析研判机制，及时发现处置网上不良信息，做好重大活动和热点问题、突发事件的网上舆论引导，通过客观全面的舆情分析，批判抵制错误思想在网上的蔓延。

新时代中国共产党非常重视网络安全问题，习近平总书记指出，目前网络安全威胁和风险日益突出，并日益向政治、经济、文化、社会、生态、国防等领域传导渗透。习近平总书记指出："没有网络安全就没有国家安全，就没有经济社会稳定运行，广大人民群众利益也难以得到保障。"① 习近平总书记强调，面对复杂严峻的网络安全形势，我们要保持清醒头脑，各方面齐抓共管，切实维护网络安全。为维护网络安全，要建立统一高效的网络安全风险报告机制、舆情共享机制、研判处置机制，准确把握网络安全风险发生的规律、动向、趋势。他进一步指出，要树立正确的网络安全观，加强信息基础设施网络安全防护，加强网络安全信息统筹机制、手段、平台建设，加强网络安全事件应急指挥能力建设，积极发展网络安全产业，做到关口前移，防患于未然。要落实关键信息基础设施防护责任，行业、企业作为关键信息基础设施运营者承担主体防护责任，主管部门履行好监管责任。要依法严厉打击网络黑客、电信网络诈骗、侵犯公民个人隐私等违法犯罪行为，切断网络犯罪的利益链条，持续形成高压态势，维护人民群众合法权益。深入开展网络安全知识技能宣传普及，提高广大人民群众网络安全意识和防护技能。习近平总书记要求各级领导干部要主动适应信息化要求，强化互联网思维，不断提高对互联网规律的把握能力、对网络舆论的引导能力、对信息化发展的驾驭能力、对网络安全的保障能力。

7. 推动传统媒体和新兴媒体融合发展，把新媒体运用到意识形态工作中

推动媒体融合发展是党中央着眼巩固舆论宣传阵地做出的重大部署。2014 年 8 月 18 日习近平总书记在中央全面深化改革委员会第四次会议上指出，着力打造一批形态多样、手段先进、具有竞争力的新型主流媒体，建成几家拥有强大实力和传播力、公信力、影响力的新型媒体集团，形成立体多样、融合发展的现代传播体系。要加快传统媒体与新兴媒体融合发展，改变舆论生成方式和舆论生态，通过实现传统媒体与新兴媒体的融合发展，在宣传内容上实现严谨性、客观性，在传播流程上实现多样性，在传播速度上实现即时性。为了实现

① 习近平．自主创新推进网络强国建设［N］．人民日报，2018－04－22.

传统媒体与新兴媒体的融合，舆论宣传工作就要积极打造现代传媒新矩阵，除了建立网站、手机报、微信、微博外，还要建立新的融合平台，真正实现不同平台之间的互联互通，实现平台与用户之间的互利互动。要用互联网思维打造传统媒体，推动传统媒体借力发展，实现传统媒体、新闻网站、微博、微信公众号等各类媒体有效整合，实现内容、技术、平台等方面的共享融通，达到资源通融、内容兼顾、宣传互融的目的，贯通舆论和理论，打通网上和网下。还要形成一体化的组织结构、传播体系和管理体制，打造新型主流媒体，增强其在互联网环境下舆论传播的核心竞争力，占领新的舆论阵地。

习近平总书记非常重视传统媒体与新兴媒体融合发展，他指出，推动传统媒体和新兴媒体融合发展，要遵循新闻媒体传播规律和新兴媒体发展规律，强化互联网思维，坚持传统媒体和新兴媒体优势互补、一体发展。他还讲，要推动融合发展，主动借助新媒体传播优势。为推动传统媒体和新兴媒体融合发展，习近平总书记还指出，要坚持先进技术为支撑、内容建设为根本，推动传统媒体和新兴媒体在内容、渠道、平台、经营、管理等方面的深度融合。习近平总书记认为，要推动融合发展，就要主动借助新媒体优势，要抓住时机、把握节奏、讲究策略，从时、度、效着力，体现时、度、效要求。2019 年 1 月 25 日习近平总书记在中央政治局第十二次集体学习时的讲话中对推动传统媒体与新兴媒体的融合问题，进行了系统论述，他指出，推动媒体融合发展建设全媒体成为我们面临的一项紧迫课题。要应用信息革命成果，推动媒体融合向纵深发展，做大做强主流舆论，巩固全党全国人民团结奋斗的共同思想基础，为实现“两个一百年”奋斗目标、实现中华民族伟大复兴的中国梦提供强大精神力量和舆论支持。在这次会议上他还进一步指出，党报、党刊、党台、党网等主流媒体必须紧跟时代，大胆运用新新技术、新机制、新模式，加快融合发展步伐，实现宣传效果的最大化和最优化。为有效实现媒体融合，习近平总书记强调，我们要因势而谋、应势而动、顺势而为，加快推动媒体融合发展，使主流媒体具有强大传播力、引导力、影响力、公信力，形成网上网下同心圆，使全体人民在理想信念、价值理念、道德观念上紧密团结在一起，让正能量更强劲、主旋律更高昂。为推动媒体融合发展，要坚持一体化发展方向，通过流程优化、平台再造，实现各种媒介资源、生产要素有效整合，实现信息内容、技术应用、平台终端、管理手段共融互通，催化融合质变，放大一体效能，打造一批具有强大影响力、竞争力的主流媒体。习近平总书记还指出，要统筹处理好传统媒体和新兴媒体、中央媒体和地方媒体、主流媒体和商业平台、大众化媒体和专业性媒体的关系，形成资源集约、结构合理、差异发展、协调高效的全媒体传播体系。党的十九届四中全会进一步强调，建立以内容建设为根本、先进技术为支撑、创新管理为保障的全媒体传播体系。

五、切实发挥文化在我国意识形态建设中的涵育作用

文化与意识形态是不可分的，一方面，意识形态广义上属于文化范畴，属于政治文化。意识形态决定文化建设的性质，决定文化前进方向和发展道路。另一方面，文化发展为意识形态建设创造必备的环境和条件，文化对意识形态具有涵养、支撑、促进等多方面的作用。文化中有些内容就属于意识形态，文化中反映阶级利益和国家政治生活的则属于政治文化，这部分政治文化就是意识形态。中国特色社会主义文化实际上也是一种意识形态，习近平总书记讲，中国特色社会主义文化源自中华民族五千多年文明史所孕育的中华优秀传统文化，熔铸于党领导人民在革命、建设、改革中创造的革命文化和社会主义先进文化，植根于中国特色社会主义伟大实践。发展中国特色社会主义文化，就是以马克思主义为指导，坚守中华文化立场，立足当代中国现实，结合当今时代条件，发展面向现代化、面向世界、面向未来的，民族的科学的大众的社会主义文化。习近平总书记进一步指出，要推动中华优秀传统文化创造性转化、创新性发展，继承革命文化，发展社会主义先进文化，不忘本来、吸收外来、面向未来，更好地构筑中国精神、中国价值、中国力量。“中国精神、中国价值、中国力量”实际上也就是意识形态问题，在这里习近平总书记实际上阐述了文化对我国意识形态建设的宏观作用。

（一）文化在意识形态建设中的重要性

1. 文化及文化自信对国家和民族未来发展的重要性

中华民族有五千多年的文明史，创造了灿烂的中华文明，为人类做出了卓越贡献，成为世界上最大的民族。在国家和民族未来发展中，文化起着非常重要的作用，习近平总书记讲：“文化是一个国家、一个民族的灵魂。历史和现实都表明，一个抛弃了或者背叛了自己历史文化的民族，不仅不可能发展起来，而且很可能上演一幕幕历史悲剧。”① 他还讲，文明特别是思想文化是一个国家、一个民族的灵魂。无论哪一个国家、哪一个民族，如果不珍惜自己的思想文化，丢掉了思想文化这个灵魂，这个国家、这个民族是立不起来的。一个国家、一个民族要获取持久的发展力量，必须重视自身的文化，对自身文化有深

---

① 习近平．习近平谈治国理政：第2卷［M］．北京：外文出版社，2017：349.

深的自信，这样国家和民族的发展才有凝聚力、向心力。党的十九大报告中提出，文化是一个国家、一个民族的灵魂。文化兴国运兴，文化强民族强。把文化的发展与国家、民族未来发展紧密联系在一起，这充分说明了文化的重要性。习近平总书记认为，思想文化建设虽然决定于经济基础，但又对经济基础发生反作用，先进的思想文化一旦被群众掌握，就会转化为强大的物质力量；反之，落后的、错误的观念如果不破除，就会成为社会发展的桎梏。习近平总书记讲，理论自觉、文化自信，是一个民族进步的力量，价值先进、思想解放，是一个社会活力的源泉。国家之魂，文以化之，文以铸之。我们要立足中国，面向现代化、面向世界、面向未来，巩固马克思主义在意识形态领域指导地位，发展社会主义先进文化，加强社会主义精神文明建设，不断提高人民思想道德觉悟、文明素养，不断铸就中华文化新辉煌。习近平总书记讲，一个国家、一个民族的强盛，总是以文化强盛为支撑，没有文明的继承和发展，没有文化的弘扬和繁荣，就没有中国梦的实现。对于文化的作用，习近平总书记指出："文化是民族生存和发展的重要力量。人类社会每一次跃进，人类文明每一次升华，无不伴随文化的历史性进步。"①

习近平总书记非常重视文化自信，他讲："文化自信，是更基础、更广泛、更深厚的自信，是更基本、更深沉、更持久的力量。坚定文化自信，是事关国运兴衰、事关文化安全、事关民族精神独立性的大问题。"② 习近平总书记讲，在五千多年文明发展中孕育的中华优秀传统文化，在党和人民伟大斗争中孕育的革命文化和社会主义先进文化，积淀着中华民族最深层的精神追求，代表着中华民族独特的精神标识。习近平总书记把文化自信与民族复兴联系在一起，习近平总书记在十九大报告中指出，没有高度的文化自信，没有文化的繁荣发展，就没有中华民族的伟大复兴。要坚持中国特色社会主义文化发展道路，激发全民族创造活力，建设社会主义文化强国。

2. 特别重视优秀传统文化在意识形态建设中的重要作用

习近平总书记从多个方面阐述了中华优秀传统文化的重要价值。习近平总书记深刻地指出："优秀传统文化是一个国家、一个民族传承和发展的根本，如果丢掉了，就割断了精神命脉。"③ 习近平总书记还讲，民族文化是一个民族区别于其他民族的独特标识。一个国家的"精神命脉""独特标识"，实际上也是

① 习近平．在文艺工作座谈会上的讲话［N］．光明日报，2015-10-15.
② 习近平．习近平谈治国理政：第2卷［M］．北京：外文出版社，2017：349.
③ 习近平．习近平谈治国理政：第2卷［M］．北京：外文出版社，2017：313.

一个国家的软实力，也是一个国家的民族精神，这些都是这个国家的意识形态，从这个方面讲，习近平总书记所阐述的优秀传统文化对民族精神的本源性作用，实际上也就深刻论述了优秀传统文化对意识形态的作用。中华民族有着深厚的文化传统，形成了富有特色的思想体系，体现了中国人几千年来积累的智慧和理性思辨。习近平总书记还指出："中华优秀传统文化是中华民族的精神命脉，是涵养社会主义核心价值观的重要源泉，也是我们在世界文化激荡中站稳脚跟的坚实根基。"① 习近平总书记这一论述，就更为明确地阐明了优秀传统文化对我国意识形态建设的内在作用，因为社会主义核心价值观、世界文化之间的交流交融交锋问题都是当前我国意识形态建设的重要内容。

习近平总书记还从优秀传统文化对民族、国家发展作用的宏观视野阐明了优秀传统文化的重要作用。习近平总书记讲，中华民族具有五千多年连绵不断的文明历史，创造了博大精深的中华文化，为人类文明进步做出了不可磨灭的贡献，优秀传统文化是中华民族生生不息、发展壮大的重要滋养。中华优秀传统文化对中华文明形成并延续发展几千年而从未中断，对形成和维护中国团结统一的政治局面，对形成和巩固中国多民族和合一体的大家庭，对形成和丰富中华民族精神，对激励中华儿女，维护民族独立、反抗外来侵略，对于推动中国社会发展进步、促进中国社会利益和社会关系平衡，都发挥了十分重要的作用。中华优秀传统文化蕴藏着解决当代人类面临的难题的重要启示，比如，关于道法自然、天人合一的思想，关于天下为公、大同世界的思想，关于自强不息、厚德载物的思想，关于以民为本、安民富民乐民的思想，关于为政以德、政者正也的思想，关于苟日新日日新又日新、革故鼎新、与时俱进的思想，关于脚踏实地、实事求是的思想，关于经世致用、知行合一、躬行实践的思想，关于集思广益、博施众利、群策群力的思想，关于仁者爱人、以德立人的思想，关于以诚待人、讲信修睦的思想，关于清廉从政、勤勉奉公的思想，关于俭约自首、力戒奢华的思想，关于中和、泰和、求同存异、和而不同、和睦相处的思想，关于安不忘危、存不忘亡、治不忘乱、居安思危的思想，等等。这些优秀中华传统文化都对当今世界解决一些现实问题提供了有益的启示和智慧，习近平总书记讲："中国优秀传统文化的丰富哲学思想、人文精神、教化思想、道德观念等，可以为人们认识和改造世界提供有益启迪，可以为治国理政提供有

① 习近平．在文艺工作座谈会上的讲话［N］．光明日报，2015－10－15.

益启示，也可以为道德建设提供有益启发。”①

（二）发挥文化在我国意识形态建设中作用的基本要求

关于如何发挥文化在意识形态建设中的作用，习近平总书记对此进行了多方面的重要论述，这主要包括以下四个方面的重要内容。

1. 树立正确历史观，尊重历史

任何一种文化都有自己的历史渊源，我们文化源自悠久的中华文明史，要发挥文化的作用，就必须尊重历史，不能搞历史虚无主义。习近平总书记指出，中国共产党人不是历史虚无主义者，也不是文化虚无主义者。我们从来认为，马克思主义基本原理必须同中国具体实际紧密结合起来，应该科学地对待民族传统文化。在带领中国人民进行革命、建设、改革的长期历史实践中，中国共产党始终是中国优秀传统文化的忠实继承者和弘扬者。习近平总书记强调，坚持文化自信，离不开对中华民族历史的认知和运用。历史是一面镜子，从历史中，我们能够更好地看清世界、参透生活、认识自己。同历史对话我们能够更好地认识过去、把握当下、面向未来，没有历史感，文化工作者就很难有丰富的灵感和深刻的思想，只有尊重历史，掌握历史，文化工作者才能获得无穷的滋养，挖掘历史中有价值的东西，只有树立正确的历史观，尊重历史，才能使文化作品立之当年、传之后人，进而有效发挥文化熏陶人、教育人的作用。

2. 注重发挥文化背后的思想和价值观的作用

任何文化形式、文化业态背后都有一定的价值取向，发挥文化的作用就必须注重文化形式、文化业态背后的思想和价值的作用，习近平总书记讲：“对文艺来讲，思想和价值观念是灵魂，一切表现形式都是表达一定思想和价值观念的载体。离开了一定思想和价值观念，再丰富多样的表现形式也是苍白无力的。”② 任何一个国家和民族在其发展历程中，都要受到文化所倡导的价值和思想观念的影响。任何一个时代都有每个时代的精神，文化作品所反映的价值和思想观念就要体现这种时代精神，文化形式和文化业态只有反映时代精神，与国家、民族发展休戚与共，才能把握好时代脉搏、聆听时代声音、回答时代问题、承担时代使命。

社会主义核心价值观是当代中国精神的集中体现，是凝聚中国力量的思想道德基础，要有效发挥文化在意识形态建设中的作用，就要求广大文化工作者，

① 习近平．在纪念孔子诞辰 2565 周年国际学术研讨会上的讲话［N］．光明日报，2014－09－25.

② 习近平．习近平谈治国理政：第 2 卷［M］．北京：外文出版社，2017：351.

把培育和弘扬社会主义核心价值观作为根本任务，坚定不移用中国人独特的思想、情感去创作属于这个时代，体现社会主义核心价值观、又有鲜明中国风格的文化作品，习近平总书记讲，坚守我们的核心价值观，必须发挥文化的作用。这样使文化的形式成为弘扬社会主义核心价值观的载体，进而有效发挥文化在宣传、维护主流意识形态中的作用。在任何文化作品、文化业态中，我们要高扬爱国主义主旋律，激发每个中国人民族自豪感和国家荣誉感，引导人们树立正确的历史观、民族观、国家观、文化观。要颂扬改革开放和社会主义现代化建设的蓬勃实践，颂扬多彩的中国、进步的中国、团结的中国、强大的中国，激励全国各族人民朝气蓬勃迈向未来。在文化作品中，要礼赞英雄，对中华民族的英雄要心怀崇敬，让英雄精神在文化作品中得到传扬，坚决批驳、反对亵渎英雄的事情。

总之，在一切文化形式、文化业态中都要宣传、弘扬正确的价值和思想观念，这些价值和思想观念都是意识形态的表现形式，对正确价值和思想观念的宣传、弘扬，就是在积极推动社会主义主流意识形态建设。

3. 积极推动文化事业和文化产业的发展

要发挥文化在意识形态建设中的作用，首先要求文化有强大的影响力、渗透力，如果文化落后，文化对社会经济发展的支撑能力较弱，那么，文化对意识形态建设的作用，就会被抑制、被削弱。文化的影响力、渗透力与文化事业、文化产业的发展是紧密相连的，文化事业和文化产业是文化发展的重要推动力，是文化发挥作用的重要载体。可以说，文化事业、文化产业的发展，不仅能创造直接的经济效益，而且还会带来深远的社会效益、政治思想效益。2020 年 9 月 19 日习近平总书记在湖南考察时讲，文化产业既有市场属性，又有意识形态属性，其中意识形态属性是本质属性。正因如此，习近平总书记多次强调要大力发展文化事业和文化产业。他指出，通过发展文化事业和文化产业，满足人民过上美好生活的期待，为人民群众提供丰富的精神食粮，为大力发展文化事业和文化产业就要深化文化体制改革，完善文化管理体制，加快构建把社会效益放在首位、社会效益和经济效益相统一的体制机制。要完善公共服务体系，深入实施文化惠民工程，丰富群众性文化活动。加强文物保护和文化遗产保护传承。健全现代文化产业体系和市场体系，创新生产经营机制，完善文化经济政策，培育新型文化业态。

4. 实现优秀传统文化的创造性转化、创新性发展

优秀传统文化在我国意识形态建设中发挥着不可替代的作用，是一种宝贵的文化资源，要把这种文化资源充分挖掘出来，有效地利用好优秀传统文化，

就要加强对中华优秀传统文化的挖掘和阐发，努力实现优秀中华传统文化的创造性转化和创新性发展，把跨越时空、超越国度、富有永恒魅力、具有当代价值的文化精神弘扬起来。习近平总书记讲："对传统文化中适合于调理社会关系和鼓励人们向上向善的内容，我们要结合时代条件加以继承和发扬，赋予其新的含义。"① 弘扬中华优秀传统文化要处理好继承和创造性发展的关系，传承中华优秀传统文化，绝不是简单重复，也不是盲目排外，而是古为今用、洋为中用，辩证舍去，推陈出新，摒弃消极因素，继承积极因素。中国共产党既是中国先进文化的积极引领者和践行者，又是中华优秀传统文化的忠实传承者和弘扬者。对待中华传统文化的态度上，要有鉴别地加以对待，有扬弃地予以继承，要本着科学的态度，继承和弘扬中华优秀传统文化，努力用中华民族创造的一切精神财富来以文化人、以文育人。中华优秀传统文化与我国社会主义市场经济、民主政治、先进文化、社会治理等还存在需要协调适应的地方，传承和弘扬中华优秀传统文化，要重点做好创造性转化和创新性发展，使之与现实文化相融相通。"创造性转化，就是要按照时代特点和要求，对那些至今仍有借鉴价值的内涵和陈旧的表现形式加以改造，赋予其新的时代内涵和现代表达形式，激活其生命力。"② 创新性发展，就是要按照时代的新进步新要求，对中华优秀传统文化的内涵加以补充、拓展、完善，增强其影响力和感召力。传承和弘扬中华优秀传统文化，并不是意味着故步自封。中华民族是一个兼收并蓄、海纳百川的民族，在漫长的历史进程中，不断学习、吸收世界各国优秀文化，形成有本民族特色的文化。文明因多样而交流，因交流而互鉴，因互鉴而发展。我们要坚持从本国本民族实际出发，坚持取长补短，择善而从，在不断汲取各种文明养分中发展中华文化。

六、全面加强意识形态工作队伍建设

意识形态工作最终需要人来做，建设一支政治强、业务精、作风正、纪律严的意识形态队伍，对做好意识形态工作提供有力的人才和队伍支撑。意识形态工作队伍的整体素质直接关系到意识形态工作的成效，关系到意识形态建设各项政策措施的实施。意识形态工作队伍包括的范围非常广泛，从广义上讲，

---

① 习近平．在纪念孔子诞辰 2565 周年国际学术研讨会上的讲话［N］．光明日报，2014－09－25.

② 中共中央宣传部．习近平新时代中国特色社会主义思想学习纲要［M］．北京：学习出版社，人民出版社，2019：147.

一切从事与意识形态工作有关的人员都属于意识形态队伍，从狭义上讲，主要是舆论宣传工作者、党政干部、思想政治教育工作者、理论工作者、教育工作者、文化工作者等。习近平总书记非常重视意识形态工作队伍建设，反复强调要加强意识形态工作队伍建设，对意识形态队伍的素质、能力、责任等提出了多方面要求，明确提出“要加快培养造就一支政治坚定、业务精湛、作风优良、党和人民放心的新闻舆论工作队伍。”① 他还讲：“努力打造一支政治过硬、本领高强、求实创新、能打胜仗的宣传思想工作队伍。”② “建设政治素质过硬、业务能力精湛、育人水平高超的高素质教师队伍是大学建设的基础性工作。”③ 总的来看，习近平总书记关于意识形态队伍建设的要求，主要包括以下几个方面。

（一）意识形态队伍必须政治坚定、政治过硬

意识形态工作事关党的前途命运、事关国家长治久安、事关民族凝聚力和向心力。意识形态工作政治原则强、政治敏锐度高，因此，对意识形态工作队伍的要求首先是政治素质的要求。习近平总书记高度重视意识形态队伍的政治素质，他明确提出意识形态工作者要政治坚定、政治上可靠等方面的基本要求。习近平总书记在新闻舆论工作座谈会上对新闻舆论工作者进一步提出要求，要增强政治家办报意识，在围绕中心、服务大局中找准坐标定位，牢记社会责任，不断解决好“为了谁、依靠谁、我是谁”这个根本问题。他还明确指出：“宣传思想部门工作要强起来，首先是领导干部要强起来，班子要强起来。”④ 当前，提高意识形态队伍的政治素质，就要增强“四个意识”，坚定“四个自信”，自觉做到“两个维护”，要站在党和国家大局上想问题、看问题，这既是新闻媒体队伍的根本政治任务，也是根本政治纪律和政治规矩。要善于把握政治导向，把政治要求体现到工作中去。在复杂的国际舆论形势下和繁重的工作任务中增强政治自觉、理论底气，锤炼出政治过硬、政治坚定的看家本领。

（二）意识形态队伍必须业务精湛、本领高强

习近平总书记非常重视意识形态队伍的业务素质，他明确指出：“各级宣传

---

① 习近平．在党的新闻舆论工作座谈会上的讲话［N］．人民日报，2016－02－20.
② 习近平．在全国宣传思想工作会议上的讲话［N］．人民日报，2018－08－21.
③ 习近平．在北京大学师生座谈会上的讲话［N］．人民日报，2018－05－03.
④ 习近平．胸怀大局把握大势着眼大事 努力把宣传思想工作做得更好［N］．人民日报，2013－08－21.

部门领导同志要加强学习、加强实践，真正成为让人信服的行家里手。"① 他要求担任宣传思想部门领导工作的，除政治上可靠外，总是需要在理论上、笔头上、口才上或其他专业上有"几把刷子"。习近平总书记要求，在宣传思想部门干部配备上，不能只考虑干部资历因素，要多考虑岗位素质需要。要提高业务能力，勤奋学习、多锻炼，努力成为全媒型、专家型人才。在全国宣传思想工作会议上，习近平总书记对宣传思想工作者队伍的业务能力提出了更高、更具体的要求，他指出，要调查研究，增强本领能力，"不断增强脚力、眼力、脑力、笔力"②，增强新闻媒体的"四力"建设，也是培养新闻媒体工作者优良作风的前提，提高舆论宣传的质量，进而把党管媒体原则落到实处。"泰山之高，背而弗见；秋毫之末，视之可察。"新闻媒体报道的说服力在于脚力。"纸上得来终觉浅，绝知此事要躬行"。习近平总书记告诫新闻媒体工作者"在路上心里才有时代，在基层心里才有群众，在现场心里才有感动"。③ 只有勤于"脚力"，才能获得客观真实的第一手资料，写出有温度、有品质，感动人们、让人民接受的有说服力的好作品。新闻媒体舆论的"活力"在于善于用眼力发现事件，用脑力透过显现辨明事件本质。"涉潜水者见虾，其颇深者察鱼鳖，其尤甚者观蛟龙。"新闻媒体工作者要善于观察、发现、判断和辨别，要勤于思考善于用心，多思多想，让脑子动起来、让眼睛活起来，提高思考能力和发现辨别能力，透过现象看到问题的本质，写出有活力的好作品。新闻媒体报道的影响力在于"笔力"。新闻媒体报道讲究语言的艺术性和受阅对象，运用语言要根据报道的内容区分特色和个性。对事件报道角度的呈现、分析、报道内容的深度挖掘、受众反馈的处理等等，都需要新闻媒体工作者有较强的组织语言的艺术功底，使报道产生正向的影响力。在新闻媒体报道的写作过程中，要遵照习近平总书记所指示的那样，少一些结论和概念，多一些事实和分析；少一些空泛说教，多一些真情实感；少一些抽象道理，多一些鲜活事例。学会把官方文件语言、学术深奥理论用清新活泼、通俗易懂的大众语言表达，学会把抽象的概念、高深的智慧转化为平实质朴的语言、深入浅出的道理，使意识形态工作有高度、有力度、有温度、接地气，进而增强主流意识形态影响力。

---

① 习近平．胸怀大局把握大势着眼大事 努力把宣传思想工作做得更好［N］．人民日报，2013－08－21.

② 习近平．在全国宣传思想工作会议上的讲话［N］．人民日报，2018－08－21.

③ 中共中央文献研究室．习近平总书记重要讲话文章选编［M］．北京：人民出版社，2016：436－437.

（三）意识形态队伍必须作风优良、一身正气

习近平总书记高度重视意识形态队伍的作风建设，只有建设一支作风优良的意识形态队伍，才能保证意识形态建设任务的顺利完成。习近平总书记要求意识形态队伍要转变作风改文风，俯下身、沉下心，察实情、说实话、动真情，努力推出有思想、有温度、有品质的作品。要严格要求自己，加强道德修养，保持一身正气。要加强意识形态队伍一身正气的培养，全心全意为人民服务，要反映人民群众的意愿传播信息、传播真理，还要对社会、对人民负责，是真理或符合人民利益的，就要理直气壮、大张旗鼓地宣传、颂扬，是谬误或违反人民利益的，就应该坚决摒弃、批判。“广大新闻舆论工作者要讲责任、讲品位、讲格调，加强道德修养，保持一身正气，自觉抵制歪风邪气，以实际行动赢得社会尊重和人民赞誉。”① 意识形态队伍只有具有高尚的品德，才能维护好意识形态队伍的职业声誉和道德形象，履行好意识形态工作职责，肩负起时代的重任。面对复杂的国内外形势，我国意识形态队伍需要努力形成与我国国际地位和经济实力相匹配的传播影响力的优良作风，打造和展示意识形态队伍的良好形象。意识形态队伍只有转变作风文风，才能树立和弘扬科学务实的工作作风，把基层当作最好的课堂、把群众当作最好的老师，才能带着强烈的正义感、责任感维护党和人民的利益，在意识形态工作实践中自觉弘扬和践行社会主义核心价值观，恪守职业道德，按照新闻媒体价值标准进行选择和评判，做到公正无私，不追名逐利，不把个人偏见和好恶带到工作中。深入到火热的人民群众生活中去感受人民的呼吸，研究群众的喜怒哀乐，研究人民群众的愿望、要求，体会人们的精神、命运。充分挖掘生动、鲜活资源，报实情、说实话、鼓实劲、求实效，以高度的责任感和科学务实作风，努力推出有思想、有温度、有品质的作品。在国际舞台上，以优良的作风不断扩大影响力，生动诠释中国道路、中国理论、中国制度、中国文化，着重讲好中国的故事、中国共产党的故事、中国人民的故事，让世界更好地读懂中国。

（四）意识形态队伍必须求实创新、开拓进取

习近平总书记十分重视意识形态队伍的求实创新，他指出宣传思想干部要不断掌握新知识、熟悉新领域、开拓新视野。时代在进步、社会在发展，新形势、新任务不断对意识形态建设提出新要求，这就促使意识形态工作者不断学习新知识，不断创新工作思路和工作方式，增强意识形态工作的吸引力、感召

---

① 中共中央文献研究室．习近平总书记重要讲话文章选编［M］．北京：人民出版社，2016：439.

力。特别是随着信息技术的快速发展，就要求广大意识形态队伍熟知网络条件下意识形态工作的特点，熟悉网络意识形态领域的状况，把握网络条件下意识形态建设的规律，把互联网变成意识形态工作的最大增量。随着我国对外开放不断深化、扩大，广大意识形态工作队伍不仅要有立足国内，而且要有国际视野，做到思路更广泛、视野更开阔。意识形态队伍的求实创新是与意识形态工作本身的不断创新联系在一起的，意识形态工作的创新对意识形态队伍求实创新提出现实要求，意识形态队伍必须适应我国意识形态工作不断创新的发展趋势。关于意识形态工作的创新，习近平总书记进行了多方面的论述，他指出，思想政治工作重点要抓好理念创新、手段创新、基层工作创新，努力以思想认识新飞跃打开工作新局面，积极探索有利于破解工作难题的新举措新办法。他还强调思想政治工作要因事而化、因时而进、因势而新。习近平总书记还要求："要运用新媒体新技术使工作活起来，推动思想政治工作传统优势同信息技术高度融合，增强时代感和吸引力。"① 他还指出："要加强传播手段和话语方式创新，让党的创新理论'飞入寻常百姓家'。"② 意识形态队伍只有做到求实创新，不断进取，才能保持意识形态工作活力和创造力，增强意识形态工作的实效性。在新的时代国际国内新闻舆论环境下，不仅要研究国内不同民族受众的习惯特点，也要研究国外不同受众的习惯特点。尤其是在当前我们提出了"五位一体"总体布局、"四个全面"战略布局、五大发展理念、经济发展新常态，我们倡导正确义利观、人类命运共同体、新型大国关系、共建"一带一路"等重大理念，要加大宣传力度。随着"构建人类命运共同体"理念得到世界各国人民的赞誉，信息传播的全球化使对外新闻信息交流比以往任何时候都更加重要。这就要求意识形态工作者要创新转换对外话语表达方式，打造融通中外对话体系，用中国理论阐释中国实践，用中国实践升华中国理论，更加鲜明的展现中国思想，更加响亮地提出中国主张。

（五）意识形态队伍要不畏艰难、能打胜仗

面对复杂多变的形势和艰巨的意识形态任务，习近平总书记对广大意识形态工作者提出的一个重要要求，就是能打胜仗。我们党正在带领全国各族人民为实现中华民族伟大复兴中国梦，进行具有许多新的历史特点的伟大斗争，面临的挑战和困难前所未有。意识形态工作同样也面临着挑战、困难和问题。意识形态领域面临两个方面的硬仗要打。一个是国内主战场，我们党带领全国各

---

① 习近平．把思想政治工作贯穿教育教学全过程［N］．人民日报，2016－12－09.

② 习近平．在全国宣传思想工作会议上的讲话［N］．人民日报，2018－08－21.

族人民进行前所未有的伟大工程进程中，国内出现了一些杂音，各种错误思潮传播时起时伏，不断与马克思主义争夺意识形态阵地，试图影响、干扰党和国家的方针政策，在一定时期和一定程度上对人民群众的思想观念造成混乱。另一个是国际舆论战场，西方和敌对势力千方百计侮辱、抹黑、敌视、阻挠我们国家的发展和建设，试图把我国“污名化”“妖魔化”。为此，建设一支不畏艰难、能打胜仗的意识形态队伍具有现实必要性。面对当前国内思想舆论上的杂音和各种错误思潮，面对西方敌对势力的攻击、污蔑、渗透，意识形态队伍必须发扬敢于斗争、善于斗争、敢打硬仗、能打胜仗的精神。

在国内意识形态领域，对国内外各种势力的渗透、污名、摸黑、攻击，要坚决地予以强有力的揭露、批驳，在没有硝烟的舆论斗争战场上，意识形态队伍要冲锋在前，要立场坚定、旗帜鲜明，敢于亮剑，敢于斗争。习近平总书记指出，中华民族伟大复兴，绝不是轻轻松松、敲锣打鼓就能实现的，实现伟大梦想必须进行伟大斗争。在前进道路上我们面临的风险考验指挥越来越复杂，甚至遇到难以想象的惊涛骇浪。我们“必须增强‘四个意识’，坚定‘四个自信’，做到‘两个维护’，坚定斗争意志，当严峻形势和斗争任务摆在面前时，骨头要硬，敢于出击，敢战能胜。”① 凡是危害中国共产党领导和我国社会主义制度的各种风险挑战，凡是危害我国主权、安全、发展利益的各种风险挑战，凡是危害我国核心利益和重大原则的各种风险挑战，凡是危害我国人民根本利益的各种风险挑战，凡是危害我国实现“两个一百年”奋斗目标、实现中华民族伟大复兴的各种风险挑战，我们都必须进行坚决斗争。关于意识形态方面的斗争，习近平总书记还指出：“任何人任何势力企图歪曲中国共产党的历史、丑化中国共产党的性质和宗旨，中国人民都绝不答应！任何人任何势力企图歪曲和改变中国特色社会主义道路、否定和丑化中国人民建设社会主义的伟大成就，中国人民都绝不答应！任何人任何势力企图把中国共产党和中国人民割裂开来、对立起来，中国人民都绝不答应！”② 意识形态队伍要弘扬主旋律、传播正能量，凝聚全国各族人民的智慧和力量，坚持巩固马克思主义意识形态领域的指导地位，为实现中华民族伟大复兴的中国梦不懈奋斗。

在国际舆论战场上，意识形态队伍既要敢于、善于同各种各样反华、辱华

① 习近平．在中央党校（国家行政学院）中青年干部培训班开班仪式上的讲话［N］．人民日报，2019－09－04.

② 习近平．在纪念中国人民抗日战争暨世界反法西斯战争胜利75周年座谈会上的讲话［N］．人民日报，2020－09－04.

言论进行坚决斗争，又要加强对外话语体系的建立。习近平总书记要求，要加强对外话语体系的建设，意识形态队伍特别是舆论宣传队伍要有不畏艰险，敢打硬仗的决心、有能打胜仗的毅力，提高我国国际话语权。目前，我国意识形态队伍的一项重要任务是宣传和阐释中国特色，让世界人民客观地认识中国、了解中国，这是一个艰巨的任务，也是意识形态队伍的当代使命。我国意识形态队伍要抓住国际形势的新变化，抓住国际形势百年未有之变局，在进行积极斗争的同时，还要更新理念、选择手段、创新宣传方式破解难题，在加强对外话语体系的建立中创造中华文化的新辉煌，对各国出现的新思想、新观点、新知识、新成果要加强宣传报道为我所用。既要传播好中国声音，又要融通中外做好对外宣传工作，真正成为一支让党和人民放心的、不畏艰险、能打胜仗的新闻媒体队伍。

结　语

新时代中国共产党意识形态建设理论的内容是丰富多样的，主要涉及舆论宣传、思想政治教育、哲学社会科学、互联网、文化文艺、价值观、道德、爱国主义、革命精神等多个方面，这些内容形成了一个理论体系，因此，应该从理论高度把握新时代中国共产党意识形态建设问题。本著作在探究新时代中国共产党意识形态建设理论方面，首先研究了这一理论的思想基础是来自马克思主义意识形态理论，分析了新时代中国共产党意识形态建设的现实基础，新时代中国共产党意识形态建设理论是对我国目前意识形态建设面临现实问题的反映，有具体的现实基础。新时代中国共产党意识形态建设理论与马克思主义经典作家所论述的意识形态理论有内在联系，新时代中国共产党意识形态建设理论内容十分丰富，涉及多个领域，该书对这些内容进行了较为系统的梳理，在此基础上，该书对新时代中国共产党意识形态建设途径进行了深入研究。尽管该书对新时代中国共产党意识形态建设理论进行了多方面的研究，但是，由于该书体系的制约，该著作没有专门研究。有些问题在书中没有展开或没有明确研究，如关于新时代中国共产党意识形态建设着力点的研究、关于意识形态制度化建设的研究、关于意识形态话语方式的研究、关于意识形态建设与文化建设关系的研究等作者有意在完成这部著作的基础上继续具体地研究新时代中国共产党意识形态建设理论，进而推动对新时代中国共产党意识形态建设理论的研究进一步深化、具体化。

主要参考文献

［1］马克思，恩格斯．马克思恩格斯选集：1－4卷［M］．北京：人民出版社，2012.

［2］列宁．列宁专题文集：论马克思主义［M］．北京：人民出版社，2009.

［3］列宁．列宁专题文集：论社会主义［M］．北京：人民出版社，2009.

［4］列宁．列宁专题文集：论无产阶级政党［M］．北京：人民出版社，2009.

［5］毛泽东．毛泽东选集：1－4卷［M］．北京：人民出版社，1991.

［6］毛泽东．毛泽东文集：6－7卷［M］．北京：人民出版社，1999.

［7］邓小平．邓小平文选：第2卷［M］．北京：人民出版社，1994.

［8］邓小平．邓小平文选：第3卷［M］．北京：人民出版社，1993.

［9］江泽民．江泽民文选：1－3卷［M］．北京：人民出版社，2006.

［10］胡锦涛．胡锦涛文选：1－3卷［M］．北京：人民出版社，2016.

［11］习近平．习近平谈治国理政［M］．北京：外文出版社，2014.

［12］习近平．习近平谈治国理政：第2卷［M］．北京：外文出版社，2017.

［13］习近平．习近平谈治国理政：第3卷［M］．北京：外文出版社，2020.

［14］中共中央文献研究室．十六大以来重要文献选编：上［M］．北京：中央文献出版社，2005.

［15］中共中央文献研究室．十六大以来重要文献选编：中［M］．北京：中央文献出版社，2006.

［16］中共中央文献研究室．十六大以来重要文献选编：下［M］．北京：中央文献出版社，2008.

［17］中共中央文献研究室．十七大以来重要文献选编：上［M］．北京：

中央文献出版社，2009.

［18］中共中央文献研究室．十七大以来重要文献选编：中［M］．北京：中央文献出版社，2011.

［19］中共中央文献研究室．十七大以来重要文献选编：下［M］．北京：中央文献出版社，2013.

［20］中共中央文献研究室．十八大以来重要文献选编：上［M］．北京：中央文献出版社，2014.

［21］中共中央文献研究室．十八大以来重要文献选编：中［M］．北京：中央文献出版社，2016.

［22］中共中央党史和文献研究院．十八大以来重要文献选编：下［M］．北京：中央文献出版社，2018.

［23］中共中央党史和文献研究院．十九大以来重要文献选编：上［M］．北京：中央文献出版社，2019.

［24］中共中央宣传部．毛泽东邓小平江泽民论思想政治工作［M］．北京：学习出版社，2000.

［25］中共中央宣传部．毛泽东邓小平江泽民论社会主义道德建设［M］．北京：学习出版社，2001.

［26］中共中央文献研究室．江泽民论社会主义精神文明建设［M］．北京：中央文献出版社，1999.

［27］中共中央宣传部．习近平总书记系列重要讲话读本［M］．北京：学习出版社，人民出版社，2014.

［28］中共中央宣传部．习近平总书记系列重要讲话读本［M］．北京：学习出版社，人民出版社，2016.

［29］中共中央宣传部．习近平新时代中国特色社会主义思想学习纲要［M］．北京：学习出版社，人民出版社，2019.

［30］中共中央文献研究室．习近平关于全面深化改革论述摘编［M］．北京：中央文献出版社，2014.

［31］本书编写组．习近平总书记教育重要论述讲义［M］．北京：高等教育出版社，2020.

［32］中共中央文献研究室．习近平关于社会主义政治建设论述摘编［M］北京：中央文献出版社，2017.

［33］中国社会科学院马克思主义研究院．马克思恩格斯列宁论意识形态［M］．北京：人民出版社，2009.

[34] 习近平．在庆祝改革开放40周年大会上的讲话 [J]．求是，2018 (24)．

[35] 习近平．在"不忘初心、牢记使命"主题教育工作会议上的讲话 [J]．求是，2019 (13)．

[36] 习近平．在庆祝全国人民代表大会成立六十周年大会上的讲话 [J]．求是，2019 (18)．

[37] 习近平．在第十三届全国人民代表大会第一次会议上的讲话 [J]．求是，2020 (10)．

[38] 习近平．在"不忘初心、牢记使命"主题教育总结大会上的讲话 [J]．求是，2020 (13)．

[39] 习近平．中国共产党领导是中国特色社会主义最本质的特征 [J]．当代党员，2020 (14)．

[40] 习近平．思政客课是落实立德树人根本任务的关键课程 [J]．求是，2020 (17)．

[41] 习近平．习近平给北京大学学生回信勉励当代青年 [N]．人民日报，2013－05－05.

[42] 习近平．胸怀大局把握大势着眼大事 努力把宣传思想工作做得更好 [N]．人民日报，2013－08－21.

[43] 习近平．在纪念毛泽东诞辰120周年座谈会上的讲话 [N]．人民日报，2013－12－27.

[44] 习近平．在联合国教科文组织总部的演讲 [N]．人民日报，2014－03－28.

[45] 习近平．在纪念孔子诞辰2565周年国际学术研讨会上的讲话 [N]．光明日报，2014－09－25.

[46] 习近平．在庆祝"五一"国际劳动节暨表彰全国劳动模范和先进工作者大会上的讲话 [N]．人民日报，2015－04－29.

[47] 习近平．在文艺工作座谈会上的讲话 [N]．光明日报，2015－10－15.

[48] 习近平．在网络安全和信息化工作座谈会上的讲话 [N]．人民日报，2016－04－26.

[49] 习近平．在庆祝中国共产党成立95周年大会上的讲话 [N]．人民日报，2016－07－02.

[50] 习近平．努力把我国基础教育越办越好 [N]．人民日报，2016－

09－10.

［51］习近平．把思想政治工作贯穿教育教学全过程［N］．人民日报，2016－12－09.

［52］习近平．在省部级主要领导干部学习贯彻十八届六中全会精神专题研讨班开班式上的讲话［N］．人民日报，2017－02－14.

［53］习近平．在政法大学考察时的讲话［N］．人民日报，2017－05－04.

［54］习近平．自主创新推进网络强国建设［N］．人民日报，2018－04－22.

［55］习近平．深刻感悟和把握马克思主义真理力量［N］．人民日报，2018－04－24.

［56］习近平．在北京大学师生座谈会上的讲话［N］．人民日报，2018－05－03.

［57］习近平．在纪念马克思诞辰200周年大会上的讲话［N］．人民日报，2018－05－07.

［58］习近平．举旗帜聚民心育新人兴文化展形象更好完成新形势下宣传思想工作任务［N］．人民日报，2018－08－23.

［59］习近平．坚持中国特色社会主义教育发展道路 培养德智体美劳全面发展的社会主义建设者和接班人［N］．人民日报，2018－09－11.

［60］习近平．在纪念五四运动100周年大会上的讲话［N］．光明日报，2019－05－01.

［61］习近平．在中央党校（国家行政学院）中青年干部培训班开班仪式上的讲话［N］．人民日报，2019－09－04.

［62］习近平．用新时代中国特色社会主义思想铸魂育人 贯彻党的教育方针落实立德树人根本任务［N］．人民日报，2019－03－19.

［63］中共中央关于坚持和完善中国特色社会主义制度 推进国家治理体系和治理能力现代化若干重大问题的决定［EB/OL］．新华网，2019－11－05.

［64］习近平．在同各界优秀青年代表座谈时的讲话［EB/OL］．新华网，2013－05－04.

［65］习近平．在哲学社会科学工作座谈会上的讲话［EB/OL］．新华网，2016－05－18.

［66］习近平．把党的政治建设作为党的根本性建设 为党不断从胜利走向胜利提供重要保证［EB/OL］．新华网，2018－06－30.

［67］习近平致信祝贺中央电视台建台暨新中国电视事业诞生60周年

[EB/OL]. 央视网，2018-09-26.

[68] 习近平. 在全国民族团结进步表彰大会上的讲话 [EB/OL]. 新华网，2019-09-27.

[69] 习近平. 在全国抗击新冠肺炎疫情表彰大会上的讲话 [EB/OL]. 央视网，2020-09-09.

后　记

写后记是一件愉悦的事情，因为这是在享受自己的劳动成果。后记不是随便可以写的，只有自己撰写的书稿完成后，才可以写。寒来暑往，历经三个春秋，终于完成了这部著作，不免有感而发。

该专著是河北省教育厅人文社会科学研究重大课题攻关项目“习近平意识形态建设思想整体性研究”（ZD201819）最终成果。

中国共产党高度重视意识形态问题，十八大以来，中国共产党在加强意识形态建设方面提出了很多新观点、新论断，形成了系统化的理论，因此，有必要从理论高度对这一问题进行全面研究。基于这种思考和责任，2018 年 5 月本人把这一选题申报了河北省教育厅人文社会科学研究重大课题攻关项目这一课题有幸获批，本人既高兴，又有压力，这种压力一方面来自这一课题时间紧、任务重，另一方面主要来自，这一课题的内容政治性、理论性、现实性很强，完成有很大的难度。既然已经立项，就要本着高度负责的态度认真完成这一课题。为保障高质量地完成这项研究任务，本课题组在河北省教育厅有关领导的指导和协调下，邀请该领域的知名专家参予这一项目的开题，对其中观点进一步深化、完善，此后，课题组成员进行了大量的资料搜集工作。本书所搜集的资料很大一部分是习近平总书记关于意识形态建设方面的一些讲话，其中，有的是一些直接资料，如习近平总书记关于宣传舆论工作、思想政治工作、社会主义核心价值观建设、理想信念问题、爱国主义教育、发扬革命精神等方面的重要论述。除这些直接资料外，还需要查一些间接资料，在一些间接资料中，习近平总书记的一些重要讲话，也包含或涉及意识形态问题，如习近平总书记召集的企业家座谈会、扶贫攻坚方面的讲话等，也会论述到党的政治文化、价值观、中国精神等问题，这些问题也是研究新时代中国共产党意识形态建设理论的重要资料。总之，为完成这部著作在搜集资料方面下了很大功夫，也起到了实效，总体上看，该书运用的资料还是较为翔实的。这就为系统深入研究新时代中国共产党意识形态建设理论提供了有力支撑。特别要提到的是，在完成这部著作的过程中，2020年春天，一场突如其来的新冠肺炎疫情在我国爆发，这次新冠肺炎疫情是中华人民共和国成立以来在我国发生的传播速度最快，感染范围最高广、防控难度最大的一次重大公共卫生突发事件。我国疫情防控取得重大成效，彰显了中国共产党领导和社会主义制度的优越性，彰显了中国精神、中国价值、中国力量，这些都是研究我国意识形态建设的新素材。疫情防控期间的封闭管理虽然对该书的撰写带来一定的不便，但疫情防控期间各行业特别是广大医务工作者的拼搏奉献精神和感人场面，也激发了本人完成这部著作的动力。完成这部著作的经历很值得回味，因为书稿的很大一部分是抗击疫情过程中完成的。我在后记中特别说明这一点，也是在侧面记录以习近平同志为核心的党中央，把人民群众生命安全和身体健康放在第一位，生动形象地体现执政为民的理念。也是在践行社会主义意识形态的本质要求。

该著作完成之际，正值中国共产党成立100周年，此书也是向党献出的一份礼物！

本课题在立项后，在开题准备过程中河北省教育厅刘树船处长做了大量指导和协调工作，对此，深表感谢！

在开题过程中，王莹教授、陈春生教授、王凤鸣教授、王秀华教授、陈秀梅教授、赵庆元教授等提出了宝贵意见，本人受益匪浅，深表谢意！

本书在完成过程中得到了河北师范大学马克思主义学院博士生导师张骥教授、博士导师李素霞教授、博士生导师韩来平教师的多方面帮助，谨表谢忱！

我爱人董同娟在繁重的书稿校对过程中，付出了艰辛劳动，道一声：辛苦啦！

本书在出版过程中得到河北师范大学马克思主义学院学术著作出版基金的资助。

特别感谢光明日报出版社及编辑同志，为该书的出版提供的帮助和付出的艰辛劳动！

申文杰
2020年12月28日写于石家庄